Carolin Steinhauser, Suzann Heinemann
Nachhaltiges 360°-Management im Tourismus

Carolin Steinhauser, Suzann Heinemann

Nachhaltiges 360°-Management im Tourismus

—

DE GRUYTER
OLDENBOURG

ISBN 978-3-11-074832-1
e-ISBN (PDF) 978-3-11-074850-5
e-ISBN (EPUB) 978-3-11-074858-1

Library of Congress Control Number: 2022936314

Bibliografische Information der Deutschen Nationalbibliothek
Die Deutsche Nationalbibliothek verzeichnet diese Publikation in der Deutschen
Nationalbibliografie; detaillierte bibliografische Daten sind im Internet über
http://dnb.dnb.de abrufbar.

© 2022 Walter de Gruyter GmbH, Berlin/Boston
Einbandabbildung: cnythzl/DigitalVersion Vectors/Getty Images
Satz: Integra Software Services Pvt. Ltd.
Druck und Bindung: CPI books GmbH, Leck

www.degruyter.com

Inhaltsverzeichnis

Abbildungsverzeichnis

https://doi.org/10.1515/9783110748505-203

Tabellenverzeichnis

https://doi.org/10.1515/9783110748505-204

Abkürzungsverzeichnis

ABTA	Association of British Travel Agents
ANVR	Allgemeiner Niederländischer Verband der Reisebüros
BAFA	Bundesamt für Wirtschaft und Ausfuhrkontrolle
BEE	Bundesverband Erneuerbare Energie
BfN	Bundesamt für Naturschutz
BHKW	Blockheizkraftwerk
CCF	Corporate Carbon Footprint
CCS	Carbon Capture and Storage
CERES	Coalition for Environmentally Responsible Economies
CSR	Corporate Social Responsibilty
DAX	Deutscher Aktienindex
DGU	Deutsche Gesellschaft für Umwelterziehung
DMO	Destinationsmanagementorganisation
DNK	Deutscher Nachhaltigkeitskodex
DTV	Deutscher Tourismus Verband
DZT	Deutsche Zentrale für Tourismus
ECEAT	European Center for Ecological and Agricultural Tourism
EEG	Erneuerbare-Energien-Gesetz
EMAS	ECO Management and Audit Scheme
ESG	Environment Social Governance
ETIS	European Tourism Indicator System
e.V.	Eingetragener Verein
FEE	Foundation for environmental education
FF	Forschungsfrage
GDV	Gesamtverband der Deutschen Versicherungswirtschaft
GOTS	Global Organic Textile Standard
GRI	Global Reporting Initiative
GSTC	Global Sustainable Tourism Council
GWP	Global Warming Potential
IAO	Internationale Arbeitsorganisation
ISO	International Organization for Standardization
ITB	Internationale Tourismus Börse
IUCN	International Union for Conservation of Nature
IVN	Internationaler Verband der Naturtextilwirtschaft
JOCA	Japan Organic Cotton Association
LED	Leuchtdiode
MDG	Millennium Development Goals
NAI	Natur-Aktien-Index
NASA	National Aeronautics and Space Administration
NGO	Non-governmental organization
NTO	National Tourist Office
OECD	Organization for Economic Co-operation and Development
ÖPNV	Öffentlicher Personennahverkehr
OTA	Online Travel Agency
PET	Polyethylenterephthalat
POI	Point of Interest
RGV	Raufutter-fressende Großvieheinheiten

https://doi.org/10.1515/9783110748505-205

SPA	Sanus per aquam
SRI	Socially Responsible Investment
TOI	Tour Operator Initiative
UN	United Nations
UNEP	United Nations Environment Programme
UNO	United Nations Organization
UNESCO	United Nations Educational, Scientific and Cultural Organization
UNWTO	World Tourism Organization
USD	US-Dollar
WCED	World Commission on Environment and Development
WWF	World Wide Fund For Nature

Grußwort

Auch der Tourismus kommt am Megatrend Nachhaltigkeit nicht vorbei. Das vorliegende Buch gibt nicht nur einen Einblick in die Komplexität dieses Themas, sondern liefert auch praktische Handreichungen. Damit wird es besonders relevant für alle Umsetzungspartner, die zur Transformation des Tourismus beitragen. Die Praxisnähe zeigt sich durch zahlreiche Branchen-Beispiele und praktische Tools, wie die Checkliste.

Es gibt eine Reihe von Faktoren, die dafür sorgen werden, dass sich künftig nicht nachhaltiges Wirtschaften immer weniger rechnet. Exemplarisch seien hier die Anforderungen der Finanzmärkte und Kreditinstitute, die Regulatorik, die schrittweise Einbeziehung der ökologischen und sozialen Schäden in den Preis (Stichwort CO_2-Bepreisung, Lieferkettengesetz) und die Nachfrage der Reisenden genannt. Das heißt aber auch, dass alle Beteiligten im Tourismus gut beraten sind, jetzt diese Themen verstärkt in den Blick zu nehmen.

Es geht jetzt darum, nicht mehr Teil des Problems zu sein, sondern Teil der Lösung zu werden!

Mobilität, Unterbringung, Verpflegung und Zulieferung – im Tourismus liegen große Herausforderungen. Im täglichen Doing und in der Beschaffung: schadstoffreiche Materialien (im Buch wird der Plastik-Einwegslipper als Beispiel genannt), nicht recycelfähige Materialien, intransparente Lieferketten, der Wahnsinn eines All-inclusive-Angebotes, bei dem oft Lebensmittel, die auf den Buffets verfügbar sein müssen, am Ende übrig bleiben. Hier kommt noch ein großes Stück Arbeit auf die Branche zu. Besonders spannend ist, dass das Buch auch aufzeigt, wo die Gäste schon zu mehr Nachhaltigkeit bereit sind: bei Hygiene- und Kosmetikartikeln in Nachfüllspendern, beim Verzicht auf die tägliche Zimmerreinigung, den Handtuchwechsel und die Minibar auf dem Zimmer. Und die Digitalisierung hilft auch! Ob bei intelligenter Raumsteuerung, Elektromobilität und smarten Apps.

Transparenz statt Greenwashing

Für den Tourismus ist jetzt wichtig: Die ökologische und soziale Nachhaltigkeit muss im Kerngeschäft der beteiligten Akteure verankert werden. Es ist in Ordnung, sich hier im wahrsten Sinne des Wortes auf die Reise zu begeben. Aber bitte die Ziele und Schritte auf dem Weg zur Zielerreichung transparent kommunizieren. Sonst besteht die Gefahr des Greenwashing.

https://doi.org/10.1515/9783110748505-206

Das Buch bietet einen großartigen Ansatzpunkt, gemeinsam dafür zu sorgen, dass das Reisen von heute nicht den Generationen von morgen schadet.

Dr. Katharina Reuter, Geschäftsführerin
Bundesverband Nachhaltige Wirtschaft BNW e.V.

Vorwort

Der Tourismus ist eine Netzwerkbranche, in der unterschiedliche Stakeholder zusammenarbeiten müssen. Mit dem vorliegenden Buch möchten wir eine Vielzahl an aktuellen Themen für den nachhaltigen Tourismus ansprechen, die sowohl für die einzelnen Akteure in der Branche, aber auch für die Gäste relevant sein können.

Zudem ist es für uns durch unseren engen Bezug zur Hochschule Fresenius wichtig, derzeitige Bachelor- und Masterstudierende an den aktuellen nachhaltigen Entwicklungen im Tourismus teilhaben zu lassen. Durch den praktischen und akademischen Bezug wird der Anspruch verfolgt, fundierten Erkenntnisgewinn in die Branche zu bringen. Auch möchten wir die Möglichkeit schaffen, implizites Wissen bei verschiedenen Leistungsträgern aufzudecken und offenkundig zu machen. In so vielen innovativen Unternehmen werden nachhaltige Produkte und Prozesse entwickelt und Überlegungen angestellt, wie nachhaltiger mit dem Kunden agiert werden kann und wie gemeinsam die Umwelt geschützt werden kann. Oft ist dieses Wissen verdeckt vorhanden, aber es geht darum, es aufzudecken, zu sammeln und zu veröffentlichen.

Ziel dieses Werkes ist es, wie aus Abbildung 1 ersichtlich, die Nachhaltigkeit aus Sicht der Hochschule, der Gäste, der verschiedenen Leistungsträger und der notwendigen Partner zu beleuchten. Daher wollen wir mit den unterschiedlichen Sichtweisen aus den verschiedenen Blickwinkeln nicht den Anspruch auf Vollständigkeit oder gar die „optimale Lösung" der aufgezeigten Thematiken erheben. Allerdings soll der Leser sensibilisiert werden, im Sinne der Nachhaltigkeit nicht nur den Fokus auf das eigene Unternehmen zu legen, sondern ganzheitlich unter Berücksichtigung der verschiedenen Blickwinkel nachhaltige Problemlösungen zu entwickeln.

Hierdurch ergibt sich ein 360°-Blick, der schematisch in der Abbildung 1 enthalten ist und den Titel dieses Buches verdeutlicht.

Folgende Schlüsselfragen sollen dabei helfen, eine 360°-Perspektive bei der nachhaltigen Produkt- und Prozessentwicklung umzusetzen:

Hochschulperspektive:
– Welche Begrifflichkeiten kursieren im Nachhaltigkeitsmanagement?
– Welche Nachhaltigkeitsmodelle gibt es?
– Wie kann eine Nachhaltigkeitsstrategie umgesetzt werden?

Gästeperspektive:
– Welche Lebensstile haben die Menschen heute?
– Worauf legen die Gäste beim nachhaltigen Reisen Wert?
– Wie hat sich das Reisen durch die Covid-19-Pandemie verändert?

https://doi.org/10.1515/9783110748505-207

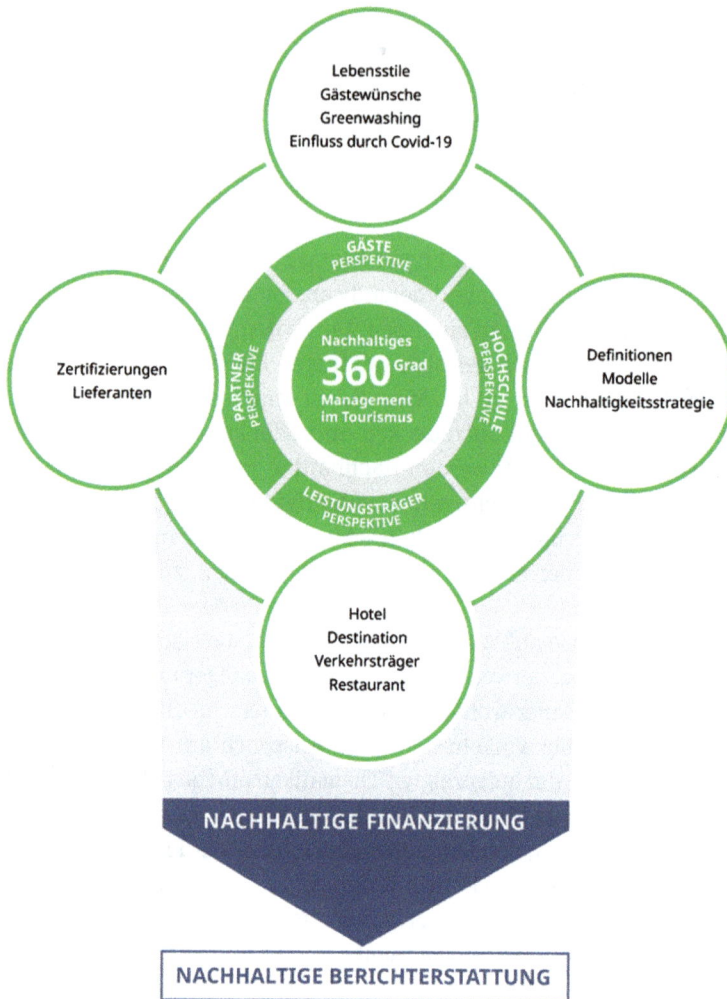

Abbildung 1: Nachhaltiges 360°-Management im Tourismus (eigene Darstellung).

Leistungsträgerperspektive:

– Wie können die verschiedenen Leistungsträger nachhaltige Produkte und Prozesse umsetzen?
– Welche Best-Practice-Beispiele gibt es?
– Was sind die nachhaltigen Besonderheiten der einzelnen Leistungsträger?

Partnerperspektive:
- Wie und wo kann ich mein Unternehmen zertifizieren lassen?
- Was beinhaltet das Lieferkettensorgfaltspflichtengesetz?
- Welche Partner und Lieferanten helfen mir bei nachhaltigen Veränderungsprozessen?

Das Fundament des nachhaltigen 360°-Managements im Tourismus bildet eine angemessene Finanzierung, um größere nachhaltige Projekte umzusetzen. Gleichzeitig werden in der Finanzwelt immer mehr Projekte und Maßnahmen zum Umwelt- und Klimaschutz unterstützt. Eine anschließende Berichterstattung über die nachhaltigen Aktivitäten in den verschiedenen Bereichen informiert die Stakeholder über die umfassende Umsetzung.

Gastautoren unterstützen das Werk mit direkten Einblicken aus der Praxis. Diese sollen zeigen, wie die einzelnen Themenfelder im Tourismusalltag umgesetzt werden. Zum Abschluss bietet die Checkliste die Möglichkeit, unternehmenseigene Aufgaben festzuhalten und diese auf die eigene Umsetzbarkeit im touristischen Unternehmen zu überprüfen.

Dieses Buch soll kein Ratgeber mit erhobenem Zeigefinger sein, der die Menschen und Leistungsträger ein nachhaltigeres Leben lehren soll, sondern soll praktische Anwendung mit wissenschaftlicher Erkenntnis in Einklang bringen. Nachhaltigkeit ist essenziell wichtig und kann auch Spaß machen.

Zur besseren Lesbarkeit wird in der vorliegenden Arbeit auf die gleichzeitige Verwendung männlicher und weiblicher Sprachformen verzichtet. Es wird das generische Maskulinum verwendet, wobei beide Geschlechter gleichermaßen gemeint sind.

Wir wünschen Ihnen, dass Sie sich den einen oder anderen Tipp aus dem Buch mitnehmen können oder eine Inspiration für eigenes nachhaltiges Handeln im Tourismus gewinnen. Fangen Sie gleich heute damit an!

Carolin Steinhauser & Suzann Heinemann

1 Bedeutung und Entwicklung der Nachhaltigkeit

Nachhaltigkeit beschäftigt uns viel im Alltag. Zahlreiche Umweltkatastrophen und auch die Corona-Pandemie zeigen uns, dass wir nicht bald, sondern sofort handeln müssen, um unseren Planeten auch für zukünftige Generationen zu erhalten. Der Tourismus ist und bleibt eine volatile Branche und gehört damit zu den größten Wirtschaftszweigen, zu der weltweit 100 Millionen Beschäftigte zählen.

Die Reisebranche muss derzeit massive Verluste verkraften. So unternahmen die Deutschen im Jahr 2019 etwa 71 Millionen Urlaubsreisen im In- und Ausland und gaben dafür zirka 73 Milliarden Euro aus (Verband Internet Reisevertrieb e.V. 2020, S. 18).

Laut aktuellen Zahlen der UNWTO (2020) gingen die internationalen Touristenankünfte im ersten Halbjahr 2020 um 65 Prozent zurück. Der massive Rückgang der internationalen Reisenachfrage bis August 2020 im Vergleich zum gleichen Zeitraum 2019 bedeutet einen Verlust von 730 Milliarden US-Dollar an Exporteinnahmen aus dem internationalen Tourismus. Dies ist mehr als das Achtfache des Verlustes, der durch die globale Wirtschafts- und Finanzkrise 2009 entstanden ist (UNWTO 2020).

Eines steht fest: Das Reisen von morgen wird wohl anders sein, als wir es bisher gewohnt waren. Aber eine andere Art zu reisen muss nicht schlechter sein. Die Reiselust bleibt unverändert stark, wodurch der Urlaub nach der Pandemie wieder an Bedeutung gewinnen wird. Den Menschen kann sich die Chance bieten, etwas achtsamer, verantwortungsvoller und wertschätzender zu reisen.

Touristische Aktivitäten können auf verschiedene Weisen Umweltbeeinträchtigungen darstellen, beispielsweise durch den Verbrauch von Energie und den Ausstoß von Luftschadstoffen.

Tourismus wird zu einem komplexen Themenfeld, innerhalb welchem zahlreiche Bereiche wie Mobilität, Unterbringung, Verpflegung und Zulieferer im Verhältnis zu Umweltbelastungen und -auswirkungen betrachtet werden müssen.

Reisende verbrauchen knappe Ressourcen. Oft fallen Hauptreisezeiten zumeist in trockene, regenarme Jahreszeiten, in welchen Wasser knapp ist und zur Versorgung der Bevölkerung und Sicherung der Landwirtschaft wichtig ist. Es gibt unterschiedliche Gründe (De Salvo 2021), warum auf mehr Nachhaltigkeit beim Reisen zu achten ist, die Aktualität des Themas und die Notwendigkeit des Handelns verdeutlicht der nachfolgende Beitrag von Petra Hedorfer (Vorsitzende des Vorstandes der Deutschen Zentrale für Tourismus).

Gastbeitrag: Nachhaltigkeit als Schlüssel für einen erfolgreichen Incoming-Tourismus

Petra Hedorfer, Vorsitzende des Vorstandes der Deutschen Zentrale für Tourismus

Nachhaltiges 360°-Management im Tourismus schließt alle Reiseformen ein: Inlandsreisen ebenso wie grenzüberschreitenden Tourismus, Urlaubsreisen ebenso wie den Geschäftsreisetourismus. Dem Incoming-Tourismus kommt in diesem Zusammenhang in mehrfacher Hinsicht

---

https://doi.org/10.1515/9783110748505-001

eine besondere Bedeutung zu: aus wirtschaftlichen Erwägungen, aus Imagegründen, unter Wettbewerbsaspekten und mit Blick auf die Zukunft des internationalen Tourismus.

Wirtschaftliche Hebelwirkung versus ökologischer Footprint

Etwa ein Fünftel aller Übernachtungen in Deutschland wurden vor Corona von ausländischen Gästen generiert, ihr Anteil an den touristischen Konsumausgaben der Übernachtungsgäste lag bei fast 30 Prozent. Die wirtschaftliche Wertschöpfung beim Incoming ist also überproportional hoch.

Zugleich wurden in der Klimadebatte der vergangenen Jahre Fernreisen, Billigflüge, Kreuzfahrten, Overtourism etc. kritischer betrachtet.

Es ging und geht im gesellschaftlichen Diskurs immer stärker um die Frage, wie auch in der weltweiten Tourismusindustrie eine Balance aus Ökonomie, Ökologie und sozialer Verantwortung hergestellt und letztendlich auch den Kunden vermittelt werden kann. Wir müssen uns und allen potenziellen Gästen klarmachen, dass nachhaltiges Agieren essenziell für die Zukunft des Tourismus ist.

Wir haben durch die Klimadebatte im deutschen Incoming zwar keine rückläufige Nachfrage verzeichnet, aber wir beobachten die sich abzeichnenden Trends sehr genau. Entsprechend haben wir als National Tourist Board bereits vor mehr als zehn Jahren eine kritische Bestandsaufnahme vorgenommen und ein Innovationsmanagement installiert, das sich ausdrücklich mit Zukunftsfragen wie Nachhaltigkeit und Inklusion beschäftigt. Dies mündete in einer Drei-Säulen-Strategie, die den externen Wissenstransfer und einen begleitenden Kommunikationsansatz mit einer organisationsinternen Nachhaltigkeitsinitiative koppelt.

Nachhaltigkeit als komplexe Herausforderung verstehen

Es würde zu kurz greifen, wenn Nachhaltigkeit auf Klimafolgen reduziert wird. Die Zukunftschancen des Tourismus sind deutlich komplexer: Reisen sorgt für Wohlstand in den Destinationen, wenn er mit sozial-ökonomischem Verantwortungsbewusstsein gemanagt wird. Das schließt die Entwicklung qualifizierter und angemessen bezahlter Fachkräfte ein und die Nutzung regionaler Ressourcen, beispielsweise Lieferanten von Lebensmitteln und Waren des täglichen Bedarfs für touristische Einrichtungen, wie Hotels. Damit einhergehen die Einbeziehung der lokalen Bevölkerung in die Entwicklung der touristischen Infrastruktur und die intelligente Lenkung von Besucherströmen, um die Balance zwischen den Menschen vor Ort und den Gästen zu wahren.

Ein weiterer Aspekt in einem nachhaltigen Tourismusmanagement, der für den Incoming-Tourismus an Bedeutung gewinnt, ist das Thema Inklusion. Soziale Teilhabe aller ist in immer mehr Ländern und damit Quellmärkten des Incoming-Tourismus gesellschaftlicher Konsens. Der demografische Wandel in den entwickelten Industrienationen beschleunigt den Anspruch auf barrierefreien Komfort. Destinationen, deren Tourismusmanagements diesen Aspekt vernachlässigen, verlieren den Anschluss im internationalen Wettbewerb.

Expertise sammeln und teilen

Nachhaltigkeit ist unterdessen als ein zentrales Handlungsfeld vieler Organisationen, NTOs und DMOs erkannt worden. Heute und in Zukunft braucht Nachhaltigkeit Netzwerke, Fachkompetenz sowie politische und ökonomische Rahmenbedingungen. Durch eine umfassende Vernetzung auf nationaler und internationaler Ebene kann die entstehende Expertise genutzt und multipliziert werden. Zugleich entsteht eine positive Wechselwirkung: Wer überzeugende Best Practices in der internationalen Fachöffentlichkeit präsentiert, kann auch einen Imagegewinn als nachhaltiges Reiseziel verbuchen.

Internationale Kommunikation stärken

Die Verankerung von Nachhaltigkeit im Markenkern funktioniert nur, wenn den Werten konkrete Taten folgen. Nachhaltige Produkte müssen glaubwürdig, bezahlbar und buchbar sein. Die Feel-

Good-Kampagne der DZT verfolgt den Ansatz, zertifizierte konkrete touristische Angebote einem breiten internationalen Publikum zu präsentieren und so potenzielle Reisende für einen nachhaltigen Urlaub zu inspirieren. Aufgrund der außerordentlich starken Resonanz bei den Endkunden haben wir die Kampagne nach ihrem Launch im Corona-Jahr 2020 fortgesetzt und auf weitere Märkte ausgedehnt.

Mit gutem Beispiel vorangehen

Nachhaltiger Tourismus wird nur glaubwürdig, wenn er aus den NTOs und DMOs heraus vorgelebt wird. Das ist eine unternehmensübergreifende Managementaufgabe. Die DZT ist auf dem Weg der Corporate Social Responsibility (CSR) sowie der nachhaltigen Unternehmensführung weit vorangeschritten. Das greift in alle Bereiche der Organisation ein – vom nachhaltigen Ressourcen- und Eventmanagement über die CO_2-Kompensation unvermeidlicher Dienstreisen bis zur Vereinbarung von Familie und Beruf. Die Green-Globe-Zertifizierung, von der DZT seit 2013 jährlich erfolgreich bestanden, ist ein geeignetes Instrument auch für touristische Unternehmen, Erfolge auf diesem Weg zu dokumentieren.

Der Kunde bestimmt unser Tun

Der Schutz der Umwelt und natürlicher Ressourcen gehört laut Anholt-Ipsos-Nation Brands Index zu den drängendsten globalen Aufgaben (NBI 2021). Bezogen auf die Reiseindustrie bedeutet das: Mit dem Ausbruch der Covid-19-Pandemie hat der Wertewandel der Kunden im internationalen Reiseverkehr – hin zu mehr sozioökologischer Verantwortung – deutlich an Dynamik gewonnen. Laut Sustainable Travel Report von booking.com sagen 61 Prozent der befragten internationalen Reisenden 2021, dass die Pandemie sie motiviere, in Zukunft nachhaltiger zu reisen.

Zwischenbilanz

Im NBI 2021 wurde Deutschland als eine der Nationen genannt, die im Umgang mit dem Klimawandel am besten agieren würden, und im SDG-Index 2021, der die Fortschritte bei der Erreichung der globalen Klimaziele abbildet, verbesserte sich Deutschland 2021 vom fünften auf den vierten Platz. Damit bestehen gute Chancen, dass positives nachhaltiges Image und konkret buchbare touristische Angebote dem Incoming-Tourismus post Corona starke Impulse geben.

Perspektiven

Nachhaltiger Tourismus bedeutet nicht Verzicht oder Rückschritt, sondern Authentizität, Servicebewusstsein, Empathie für die Kunden und ihren Bedürfnissen. Die aktuellen gesellschaftlichen Megatrends, wie digitale Transformation, ökologische Verantwortung, Veränderungen der Arbeitswelt, demografischer Wandel oder gestiegenes Fürsorge- und Sicherheitsbedürfnis, stärken das Verantwortungsbewusstsein der Kunden. Für immer mehr Reisende ist Nachhaltigkeit ein wesentliches Kriterium für Qualitätstourismus mit erstklassigen Urlaubserlebnissen. Nachhaltigkeit bedeutet gelebte Gastfreundschaft und steht damit für eine der Leitlinien im Tourismusmanagement der Zukunft.

1.1 Earth Overshoot Day

Ein wichtiger Indikator in der Klimadebatte ist der Earth Overshoot Day, der ebenfalls die Brisanz des Themas zum Ausdruck bringt. Dieser Tag bedeutet, dass die Menge der nachhaltig nutzbaren Ressourcen eines Jahres bereits verbraucht ist. Er wird jedes Jahr vom Global Footprint Network errechnet und verdeutlicht die ökologischen Grenzen des Planeten Erde. Dem Angebot der Natur wird die Nachfrage der Weltbevölkerung nach Ressourcen gegenübergestellt. Aus den Angaben des Global Footprint Network ist zu entnehmen, dass sich dieser kritische und für die Zukunft der Erde hochrelevante Tag über die Jahrzehnte immer weiter nach vorne geschoben hat. Wurde er 1990 noch mit dem 11. Oktober und 2000 mit dem 23. September angegeben, so fiel er im Jahr 2010 bereits auf den 7. August. Erfreulicherweise kann über die letzten zehn Jahre hinweg eine Verlangsamung der stetigen Vorwärtsbewegung festgestellt und der Earth Overshoot Day für das Jahr 2019 mit dem 29. Juli angegeben werden. Dennoch bedeutet dieses Datum, dass der Erdüberlastungstag in den letzten 20 Jahren um ganze zwei Monate nach vorne gerückt ist und die Menschheit die Natur derzeit 1,75-mal schneller nutzt, als sich die Ökosysteme unseres Planeten regenerieren können (Global Footprint Network 2019). Führt man sich diese Tatsache vor Augen, bedeutet das wie aus Abbildung 2 ersichtlich, dass die Weltbevölkerung derzeit so lebt, als hätte sie 1,75 Erden zu ihrer Verfügung. Hierbei lassen sich durchaus gravierende Unterschiede in den verschiedenen Weltregionen festhalten. Würden alle Menschen so leben wie die momentane Bevölkerung der USA, bräuchten wir 5 Erden. Deutschland brachte es im Jahr 2019 immerhin noch auf einen Verbrauch von 3 Erden und China „konsumiert" nach aktuellem Stand jährlich 2,2 Erden. Indien verbraucht im Gegensatz dazu gegenwärtig 0,7 Erden pro Jahr (Statista 2021b).

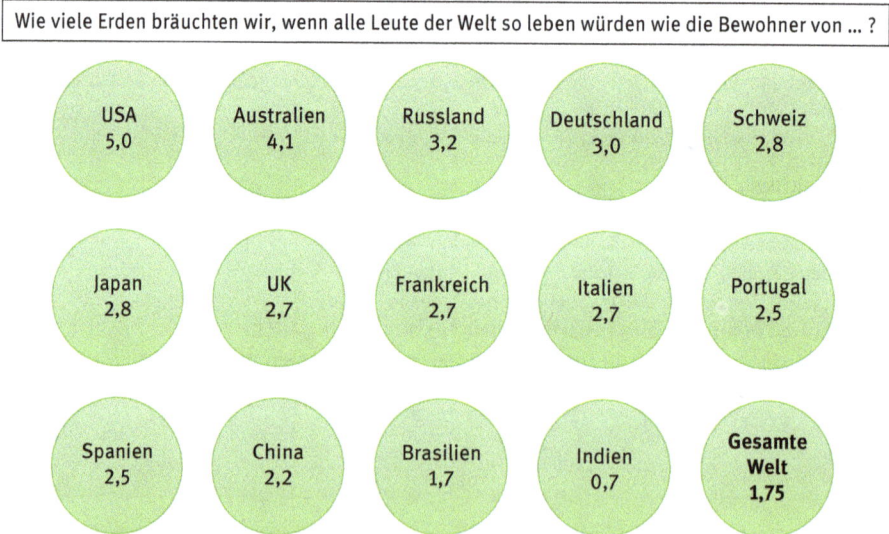

Wie viele Erden bräuchten wir, wenn alle Leute der Welt so leben würden wie die Bewohner von … ?

USA 5,0	Australien 4,1	Russland 3,2	Deutschland 3,0	Schweiz 2,8
Japan 2,8	UK 2,7	Frankreich 2,7	Italien 2,7	Portugal 2,5
Spanien 2,5	China 2,2	Brasilien 1,7	Indien 0,7	Gesamte Welt 1,75

Abbildung 2: Erdüberlastungstag weltweit (Global Footprint Network 2019).

Der Erdüberlastungstag für 2019 wird auf den 29. Juli datiert, genauso wie im Jahr 2021 (Utopia 2021b). Würden die Ressourcen der Erde zu gleichen Anteilen auf alle Länder gemäß der Zahl ihrer Einwohnerinnen und Einwohner verteilt, hätte Deutschland gemäß den Berechnungen des Global Footprint Network seinen Anteil im Jahr 2021 bereits Anfang Mai aufgebraucht (Umweltbundesamt 2021c). Ab diesem Zeitpunkt leben die Deutschen auf Kosten zukünftiger Generationen. Wäre der Ressourcenverbrauch der Weltbevölkerung so groß wie in Deutschland, dann hätte die Menschheit alle regenerierbaren Ressourcen verbraucht, die ihr für das gesamte Jahr zu Verfügung stehen. Der Grund hierfür liegt nicht zuletzt an einem fortlaufend steigendem Ressourcenverbrauch unserer wohlstands- und wachstumsorientierten Gesellschaft. Schon die historische Entwicklung des Begriffes der Nachhaltigkeit zeigt, dass er einem ressourcenökonomischen Prinzip entstammt, das auf das 18. Jahrhundert zurückgeht.

1.2 Historische Entwicklung

Seinen Ursprung hat der Begriff der Nachhaltigkeit in der Forstwirtschaft. Dort taucht er in der Schrift „Sylvicultura oeconomica" des Oberberghauptmanns Hans Carl von Carlowitz (1645–1714) erstmals im Jahr 1713 auf, als davon gesprochen wird, dass Bäume, die abgeholzt werden, nachgepflanzt werden müssten, um die Ressourcenbasis – an der zugleich die wirtschaftliche Überlebensfähigkeit hing – langfristig nicht zu erschöpfen. Ausgelöst wurde diese Denkhaltung durch eine zunehmende Holzknappheit beim Bergwerksbau, u. a. in der Silberstadt Freiberg in Sachsen. Nachhaltigkeit entwickelte sich fortan zum zentralen Grundsatz des Forstwesens und beschrieb das Nachhalten des Rohstoffes Holz für zukünftige Generationen als eine unentbehrliche Sache. Es sollte pro Jahr nicht mehr Holz geschlagen werden als nachwachsen konnte. In diesem Sinne kann Nachhaltigkeit als ein ressourcenökonomisches Prinzip verstanden werden, welches es ermöglicht, eine Ressource dauerhaft gewinnbringend zu verwenden (Pufé 2017, S. 37 f.).

In der zweiten Hälfte des 20. Jahrhunderts traten Umweltprobleme und -belastungen, die durch globales wirtschaftliches und technisches Wachstum ausgelöst wurden, immer deutlicher zutage. Der Schutz von Umwelt und Natur rückte verstärkt in den Fokus und wurde zu einem öffentlichen Thema. Im Jahr 1968 formte sich der Club of Rome, der sich aus renommierten Wissenschaftlern, Kultur- und Wirtschaftsexperten sowie Politikern aus aller Welt zusammensetzte. Zum ersten Mal wurde nun der Erhalt der ökologischen Ressourcen für eine lebenswerte und nachhaltige Zukunft der Menschheit thematisiert. Der Club of Rome setzt sich auf gemeinnützige Weise bis heute für dieses Ziel ein. Die von ihm erarbeitete und viel beachtete Studie „Grenzen des Wachstums" wurde 1972 veröffentlicht. In ihr wurden die gravierenden negativen Folgen verdeutlicht, die zwangsläufig auf die Menschheit zukämen, sollte sie nicht bereit sein, in Zukunft ressourcenverträglicher zu wirtschaften. Dennis Meadows und sein Forscherteam mahnten darin: „Wenn die gegenwärtige Zunahme der Weltbevölkerung, der Industrialisierung, der Umweltverschmutzung, der Nahrungsmittelproduktion und der Ausbeutung von natürlichen

Rohstoffen unverändert anhält, werden die absoluten Wachstumsgrenzen auf der Erde im Laufe der nächsten hundert Jahre erreicht" (Meadows et al. 1972, S. 17). Das Ergebnis der Studie und zahlreicher durchgeführter Computersimulationen war stets dasselbe: ein rasches und unaufhaltbares Absinken der Bevölkerungszahl der Erde, des Lebensstandards sowie der industriellen Kapazität, wenn es nicht gelänge, dieses tödliche und wenig nachhaltige Wachstum zu durchbrechen beziehungsweise das Ruder herumzureißen und das Wachstum in eine andere Richtung zu lenken. Durch gezielte Verknüpfung ökonomischer, ökologischer und sozialer Aspekte erfuhr der Begriff Nachhaltigkeit nunmehr eine deutliche Ausdehnung in seiner Bedeutung. Dem Club of Rome wurde 1973 für seine Studie der Friedenspreis des Deutschen Buchhandels verliehen. 2006 erhielt die Studie ein Update. Meadows schrieb dazu: „Die globale Herausforderung kann man einfach zusammenfassen: Um eine Entwicklung tragfähig zu gestalten, muss die Menschheit das Konsumniveau der Armen dieser Welt anheben, gleichzeitig aber den ökologischen Fußabdruck der Menschheit insgesamt senken" (Held et al. 2016, S. 264).

1980 erschien der Bericht der Weltnaturschutzunion (International Union for Conservation of Nature, IUCN). Darin wurde die Strategie für einen weltweiten Natur- und Artenschutz veröffentlicht, die 34 Ländern gleichzeitig vorgestellt wurde und unter Mitwirkung von 450 Organisationen aus über 100 Ländern entstand. Der Bericht enthielt u. a. eine rote Liste der bedrohten Tier- und Pflanzenwelt (IUCN 2021).

Im Jahr 1983 wurde eine unabhängige Sachverständigenkommission, die Weltkommission für Umwelt und Entwicklung (World Commission on Environment and Development, WCED) von den Vereinten Nationen gegründet. Die Kommission hatte zum Ziel, eine internationale Diskussion zur globalen Umweltpolitik zu gestalten und einen Perspektivenbericht zu verfassen, wie eine langfristig tragfähige und umweltschonende globale Entwicklung bis zum Jahr 2000 und darüber hinaus aussehen könnte. Der offizielle Titel des Berichts lautete „Unsere gemeinsame Zukunft" (Our Common Future), wobei er – nach der Vorsitzenden Gro Harlem Brundtland – besser als Brundtland-Report bekannt ist. Verknüpft werden darin zentrale gesellschaftliche Probleme wie Bevölkerungswachstum, Umweltverschmutzung und Armut. Er definiert, was wir bis heute allgemein unter nachhaltiger Entwicklung verstehen: „Humanity has the ability to make development sustainable to ensure that it meets the needs of the present without compromising the ability of future generations to meet their own needs" (WCED 1987, S. 6). Der Bericht konzipierte erstmalig das Leitbild einer nachhaltigen Entwicklung und stellte es einer breiten Öffentlichkeit vor. Gemeint war damit, die Grundbedürfnisse aller Menschen weltweit dauerhaft zu erfüllen, und zwar unter Berücksichtigung der Tragekapazität der natürlichen Umwelt und unter Einbezug von Umwelt- und Naturschutz, Wirtschaftswachstum sowie Armutsbekämpfung. Globale Umweltprobleme wurden dabei in erster Linie als das Resultat nicht nachhaltiger Konsum- und Produktionsmuster im Norden und großer Armut im Süden gesehen. Demzufolge bedeutet nachhaltiges Agieren also auch, Umwelt und Entwicklung in Einklang zu bringen und einen dauerhaften Gleichgewichtszustand zu erhalten. Erwähnenswert erscheint noch der Hinweis auf den Unterschied zwischen den Begriffen Nachhaltigkeit und nachhaltige Entwicklung. Nachhaltigkeit verweist auf einen Zustand, Statik und Beständigkeit, wohingegen nachhaltige Entwicklung Bewegung, Dynamik, das Werdende und Entstehende impliziert (Pufé 2017, S. 42f.).

Mit dem Brundtland-Bericht war die Einsicht geboren, Worten und Ideen auch Taten folgen zu lassen. Um ebensolche Verträge und Konventionen ging es 1992 auf dem sogenannten Erdgipfel in Rio de Janeiro (Weltgipfel Rio de Janeiro 1992), der beachtliche zwölf Tage dauerte und an dem 178 Staaten teilnahmen. Die herausfordernde Aufgabe lag darin, trotz zahlreicher Interessensgegensätze – z. B. bei den Themen Wald- oder Klimaschutz – weltweit verbindliche Abkommen auszuarbeiten und zu verabschieden. Eines der bekanntesten ist die Agenda 21 (von 172 Staaten unterzeichnet), ein entwicklungs- und umweltpolitisches Aktionsprogramm für das 21. Jahrhundert. Sie enthält detaillierte Handlungsaufträge sowohl hinsichtlich sozioökonomischer Fragestellungen (Armut, Gesundheit) als auch ökologischer Aspekte (Klima, Artenvielfalt). Eine weitere Verschlechterung der Lebenssituation armer Menschen soll verhindert und eine nachhaltige Ressourcennutzung sichergestellt werden. Als federführende Organe der einzelnen Staaten werden die Regierungen in die Pflicht genommen, auf jeweils nationaler Ebene die unterschiedlichen Perspektiven diverser Zielgruppen und Akteure (lokale Initiativen, Kinder) einzunehmen und in Form von nationalen Aktionsprogrammen und Strategien für eine bestmögliche und passgenaue Umsetzung zu sorgen. Der Konferenz von 1992 folgten noch drei weitere große Konferenzen in New York (1997), Johannesburg (2002) und abermals Rio de Janeiro (2012), auf denen die Erweiterung der Ziele diskutiert und deren Einhaltung kontrolliert wurden.

Nachdem bereits im Jahr 2000 acht Millennium Development Goals (MDGs) von UNO, Weltbank, OECD und mehreren NGOs formuliert wurden, kam es auf dem UN-Nachhaltigkeitsgipfel 2015 in New York schließlich zur Verabschiedung der Agenda 2030 für eine nachhaltige Entwicklung. Sie ist – anders als die MDGs, die hauptsächlich auf Entwicklungsländer zielten – für alle Staaten dieser Welt gültig, egal ob Industriestaat, Schwellen- oder Entwicklungsland. Im Kern steht ein Katalog aus 17 ambitionierten Zielen, die Sustainable Development Goals (SDGs) genannt werden und in Anlehnung an die MDGs entworfen wurden. Sie haben eine Laufzeit bis zum Jahr 2030. Fünf zentrale Botschaften (5 Ps) wurden als handlungsleitende Prinzipien vorangestellt: People, Planet, Prosperity, Peace und Partnership (Tabelle in Pufé 2017, S. 56). Die wichtigsten Meilensteine sind in Abbildung 3 dargestellt.

Das Jahr 2017 bestimmte die Generalversammlung der Vereinten Nationen zum International Year of Sustainable Tourism for Development. Mit dem Jahr soll auf die Wichtigkeit, Tourismus nachhaltiger für die betroffenen Menschen und die natürliche Umwelt zu gestalten, hingewiesen werden. Gleichzeitig soll das „Internationale Jahr" dazu beitragen, alle Beteiligten für eine Zusammenarbeit zur Etablierung des Tourismus als Wegbereiter für nachhaltige Veränderungen zu gewinnen.

1948	Gründung der Weltnaturschutzunion
1968	Gründung des Club of Rome
1972	Erste internationale Konferenz über die menschliche Umwelt in Stockholm/Studie des Club of Rome: „Grenzen des Wachstums"
1979	Weltklimakonferenz
1980	Bericht der IUCN
1987	Brundtland-Bericht der Weltkommission für Umwelt und Entwicklung der Vereinten Nationen; erstmalige Definition des Begriffs nachhaltige Entwicklung in einem politischen Dokument
1992	Erdgipfel in Rio de Janeiro (Rio-Konferenz) – seit Stockholm die erste größere internationale Konferenz zur Diskussion von Umweltfragen in einem globalen Rahmen
1997	Weltgipfel Rio+5 in New York; brachte Ernüchterung nach Bilanzierung der Bemühungen seit 1992.
2000	Milleniumsgipfel der UN in New York mit Verabschiedung der acht MDGs
2002	Weltgipfel Rio+10 in Johannesburg; erneute Diskussion der Umsetzungsmöglichkeiten der Rio-Konventionen in Zeiten voranschreitender Globalisierung
2006	Update der Studie „Grenzen des Wachstums"
2012	Weltgipfel Rio+20; Ansinnen der Staats- und Regierungschefs comm dem Thema Nachhaltigkeit neuen Schwung zu verleihen
2015	Formulierung der 17 SDGs und Verabschiedung der Agenda 2030 in New York, Weltklimakonferenz in Paris: 196 Länder einigen sich auf ein weltweites und rechtlich verbindliches Ziel zur Treibhausgasneutralität im Laufe der zweiten Hälfte des 21. Jahrhunderts.
2017	International Year of Sustainable Tourism for Development

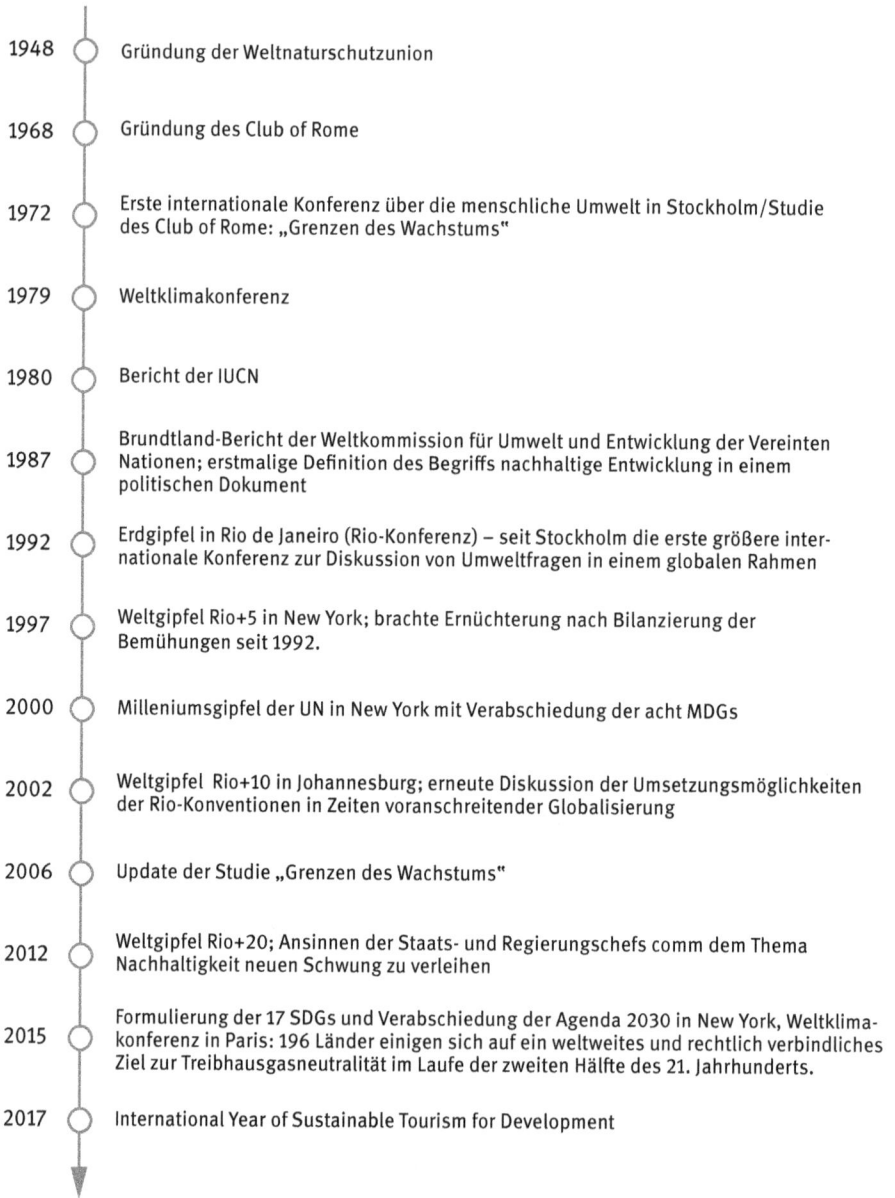

Abbildung 3: Zeitstrahl nachhaltige Entwicklung (eigene Darstellung).

Das Interesse der Öffentlichkeit sollte verstärkt auf nachhaltigen Tourismus gelenkt und zugleich unterstrichen werden, welchen positiven Beitrag zur Entwicklung nachhaltiger Tourismus zu leisten imstande ist.

Fünf zentrale Schnittstellen wurden dabei besonders hervorgehoben:
1. Inklusives und nachhaltiges Wirtschaftswachstum
2. Soziale Inklusion, Beschäftigung und Abbau von Armut
3. Ressourceneffizienz, Umweltschutz und Klimawandel
4. Kulturelle Werte, Diversity und Überlieferung/Erbe
5. Gegenseitiges Verstehen, Friede und Sicherheit (UNWTO 2017)

Im Rahmen der Agenda 2030 zielt das „Internationale Jahr" darauf ab, eine Änderung der Politik, der Geschäftspraktiken und des Konsumverhaltens im Sinne eines nachhaltigen Tourismussektors zu erreichen mit dem Ziel, die Erfordernisse der 17 Sustainable Development Goals umzusetzen. Diese werden nachfolgend thematisiert und erläutert.

1.3 Sustainable Development Goals

Die 17 Ziele für nachhaltige Entwicklung (Sustainable Development Goals, SDGs) sind politische Zielsetzungen der Vereinten Nationen, die weltweit der Sicherung einer nachhaltigen Entwicklung auf ökonomischer, sozialer sowie ökologischer Ebene dienen sollen. Sie sind Teil der Agenda 2030, welche im September 2015 durch die Mitgliedsstaaten der Vereinten Nationen in New York verabschiedet wurde. Die Ziele, welche durch 169 konkrete Vorgaben genauer charakterisiert sind, richten sich an die Regierungen der gesamten Welt, jedoch auch an Unternehmen, Wissenschaft und Non-Profit-Organisationen. Die UN haben sich durch diese Grundlage die Vorgabe gesetzt, bis zum Jahr 2030 weltweit die Armut zu beenden sowie Frieden und Wohlstand unter umweltschonenden Gesichtspunkten allen Menschen der Erde zu ermöglichen (United Nations 2020b).

Die 17 SDGs lauten in Anlehnung an Abbildung 4 (Bundesregierung 2021a; Bundesregierung 2021d):
1. **Keine Armut:** *Armut in all ihren Formen und überall beenden*
   Das erste SDG gilt als eines der Rahmenziele zur Erreichung der weiteren Entwicklungsziele. Die UN hat es sich zur Aufgabe gemacht, die extreme Armut weltweit völlig zu beenden. Als arm zählen all jene, die weniger als 1,25 USD pro Tag zur Verfügung haben. Weiterhin soll die Anzahl der Menschen, welche generell in Armut leben, mindestens halbiert werden.
2. **Kein Hunger:** *Den Hunger beenden, Ernährungssicherheit und eine bessere Ernährung erreichen sowie eine nachhaltige Landwirtschaft fördern*
   Bis 2030 soll jegliche Art der Fehlernährung beendet und eine sichere Versorgung aller Menschen mit genügend Nahrungsmitteln und zu ausgewogenen Bedingungen gewährleistet werden. Die Produktion dieser Lebensmittel hat nachhaltig zu

Abbildung 4: 17 Sustainable Development Goals (United Nations 2020b).

erfolgen, so dass Ökosysteme und die genetische Vielfalt von Pflanzen und Tieren erhalten bleiben.

3. **Gesundheit und Wohlergehen:** *Ein gesundes Leben für alle Menschen jeden Alters gewährleisten und ihr Wohlergehen fördern*
   Das dritte Ziel definiert eine erhebliche Senkung der Müttersterblichkeit und der Todesfälle bei Neugeborenen und Kindern. Zudem sollen Epidemien wie AIDS, Tropenkrankheiten und Tuberkulose sowie andere übertragbare Krankheiten verstärkt bekämpft und ausgerottet werden. Weiterhin ist vorgesehen, die gesundheitliche Aufklärung zu intensivieren, Arzneimittel- und Impfstoffforschung intensiver zu fördern und allgemein das globale Gesundheitsmanagement zu verbessern.

4. **Hochwertige Bildung:** *Inklusive, gleichberechtigte und hochwertige Bildung gewährleisten und Möglichkeiten lebenslangen Lernens für alle fördern*
   Weltweit sollen alle Kinder, Jugendlichen und Erwachsenen, unabhängig von Geschlecht, körperlichen beziehungsweise geistigen Einschränkungen, Ethnizität oder Glauben, Zugang zu qualitativ hochwertiger Bildung erhalten. Die Bildungseinrichtungen sollen kostenfrei und kostengünstig zur Verfügung stehen.

5. **Geschlechtergleichheit:** *Geschlechtergleichstellung erreichen und alle Frauen und Mädchen zur Selbstbestimmung befähigen*
   Die UN haben es sich zum Ziel gesetzt, jegliche Formen von Benachteiligung und Gewalt gegenüber Mädchen und Frauen zu unterbinden. Weibliche Personen sollen weltweit die gleichen Chancen und Teilhabemöglichkeiten erhalten, auch in Bezug auf Führungspositionen.

6. **Sauberes Wasser und Sanitäreinrichtungen:** *Verfügbarkeit und nachhaltige Bewirtschaftung von Wasser und Sanitärversorgung für alle gewährleisten*
   Bis 2030 ist allen Menschen Zugang zu sauberem und erschwinglichem Trinkwasser zu gewährleisten ebenso wie zu einer einwandfreien Sanitärversorgung und entsprechenden Hygieneartikeln. Die Wasserqualität soll durch Verhinderung von Verschmutzungen und Wiederaufbereitung erheblich steigen. Zusätzlich sind bereits bis zum Jahre 2020 die Ökosysteme von Gewässern verstärkt zu bewahren.

7. **Bezahlbare und saubere Energie:** *Zugang zu bezahlbarer, verlässlicher, nachhaltiger und moderner Energie für alle sichern*
   Ziel 7 beschreibt die Vorgabe, bis 2030 weltweit den Anteil erneuerbarer Energien deutlich zu erhöhen und hinsichtlich der Energieeffizienz die Steigerungsrate zu verdoppeln. Alle Menschen sollen Zugang zu günstigen und neuzeitlichen Energiequellen erhalten. Die globale Kooperation ist zu vertiefen, um die Forschung in diesem Bereich voranzutreiben.

8. **Menschenwürdige Arbeit und Wirtschaftswachstum:** *Dauerhaftes, breitenwirksames und nachhaltiges Wirtschaftswachstum, produktive Vollbeschäftigung und menschenwürdige Arbeit für alle fördern*

Die Vereinten Nationen haben es sich zur Mission gemacht, die wirtschaftliche Produktivität durch verstärkten Einsatz moderner, innovativer Technologien zu erhöhen. Ein jährliches Wirtschaftswachstum gemäß den jeweiligen Gegebenheiten der einzelnen Länder ist anzustreben, was jedoch keinesfalls mit einer weiteren Zerstörung der Umwelt einhergehen darf. Eine schonendere und effizientere Ressourcennutzung muss gewährleistet werden. Maßnahmen zur Beendigung von Zwangsarbeit, insbesondere durch Kinder, sind zu ergreifen. Jeder Mensch soll bis 2030 einer Vollbeschäftigung nachgehen können, welche arbeitsschutzrechtlich konform ist.

9. **Industrie, Innovation und Infrastruktur:** *Eine widerstandsfähige Infrastruktur aufbauen, breitenwirksame und nachhaltige Industrialisierung fördern und Innovationen unterstützen*
Bis 2030 ist eine Verbesserung und Modernisierung der Infrastruktur aller Länder in Angriff zu nehmen. Weiterhin möchten die UN eine umweltfreundliche Industrie subventionieren und deren Anteil am Bruttoinlandsprodukt erhöhen. Ebenso ist die Forschung in diesem Bereich zu fördern.

10. **Weniger Ungleichheiten:** *Ungleichheit in und zwischen Ländern verringern*
Um dieses Ziel zu erreichen, ist insbesondere ein Wachstum des Einkommens der ärmsten 40 Prozent der Bevölkerung anzustreben. Letztendlich soll allen Menschen, diskriminierungsfrei, ein chancengleiches und selbstbestimmtes Leben ermöglicht werden. Hierfür ist außerdem eine stärkere Zusammenarbeit der Entwicklungsländer untereinander und eine gemeinsame Vertretung ihrer Interessen im Zuge der globalen Entscheidungsfindung notwendig. Weiterhin wird eine verbesserte Migrationspolitik anvisiert.

11. **Nachhaltige Städte und Gemeinden:** *Städte und Siedlungen inklusiv, sicher, widerstandsfähig und nachhaltig gestalten*
Bis 2030 sollen alle Menschen Zugang zu erschwinglichem und sicherem Wohnraum erhalten ebenso wie zu nachhaltig ausgebauten und günstigen (öffentlichen) Verkehrssystemen. Allgemein sind Städte und Gemeinden im Zuge der Urbanisierung umweltfreundlich und diskriminierungsfrei zu gestalten und auf diese Weise auch die ökologische Pro-Kopf-Belastung zu senken. Maßnahmen zur Prävention von Katastrophen sind zu verstärken und so die Zahl der Betroffenen und Todesopfer zu verringern.

12. **Nachhaltige/r Konsum und Produktion:** *Nachhaltige Konsum- und Produktionsmuster sicherstellen*
Bis 2030 sollen alle Ressourcen nachhaltig erzeugt und möglichst lukrativ verwendet werden. Die Verschwendung von Nahrungsmitteln pro Person und entlang der Wertschöpfungskette ist drastisch zu senken. Weiterhin sind eine starke Reduktion des anfallenden Abfalls, dessen naturfreundliche Handhabung sowie der nachhaltig korrekte Umgang mit Chemikalien notwendig.

13. **Maßnahmen zum Klimaschutz:** *Umgehend Maßnahmen zur Bekämpfung des Klimawandels und seiner Auswirkungen ergreifen*

Ausreichende Vorkehrungen für den Klimaschutz sind bei der Planung und Durchführung von politischen Strategien zu berücksichtigen. Ebenso ist eine verbesserte Sensibilisierung bezüglich Klimaschutzmaßnahmen und Anpassungsmechanismen vonnöten und das generelle Wissen der Menschheit über diese Themen zu erhöhen. Global ist eine stärkere Adaption an all jene Gefahren zu erreichen, die durch den Klimawandel bedingt sind.

14. **Leben unter Wasser:** *Ozeane, Meere und Meeresressourcen im Sinne nachhaltiger Entwicklung erhalten und nachhaltig nutzen*
Bis 2025 haben die UN sich vorgenommen, jeglicher Form von Meeresverschmutzung vorzubeugen. Für das Jahr 2020 bestand die Zielsetzung in einer nachhaltigen Bewirtschaftung von maritimen Ökosystemen sowie einer verschärften Regelung zur Verhütung illegaler Fischerei. Eine erhebliche Verringerung der Ozeanversauerung sowie die umfangreiche Verbreitung von wissenschaftlichen Erkenntnissen und Technologien zum nachhaltigen Umgang mit den Weltmeeren sind in den SDGs ebenfalls vorgesehen.

15. **Leben an Land:** *Landökosysteme schützen, wiederherstellen und ihre nachhaltige Nutzung fördern, Wälder nachhaltig bewirtschaften, Wüstenbildung bekämpfen, Bodendegradation beenden und umkehren und dem Verlust der biologischen Vielfalt ein Ende setzen*
Für das Jahr 2020 planten die Vereinten Nationen die verstärkte Förderung einer ökologischen Nutzung von Wäldern sowie generell die Bewahrung, Renaturierung und verantwortungsvolle Bewirtschaftung der Ökosysteme auf dem Land. Weiterhin sollten bis zu diesem Zeitpunkt Handlungen für die Verhinderung der Ausbreitung invasiver Arten ergriffen werden. Bis 2030 sollen zudem verstärkte Maßnahmen gegen das immer häufigere Auftreten von Dürreregionen sowie für den Schutz der Berglandschaften umgesetzt werden. Ebenso ist angestrebt, Wilderei zu beenden und mehr monetäre Unterstützung für die Bewahrung der Biodiversität zu etablieren.

16. **Frieden, Gerechtigkeit und starke Institutionen:** *Friedliche und inklusive Gesellschaften für eine nachhaltige Entwicklung fördern. Allen Menschen Zugang zur Justiz ermöglichen sowie leistungsfähige, rechenschaftspflichtige und inklusive Institutionen auf allen Ebenen aufbauen*
Das Ziel 16 schreibt die starke Reduktion sämtlicher Ausdrucksformen von Gewalt und dadurch bedingter Todesfälle vor. Insbesondere dem Missbrauch von Kindern ist ein Ende zu setzen. Im Rahmen dieser Zielsetzungen ist eine Stärkung der Rechtssysteme notwendig. Zudem soll die Korruptionsrate deutlich gesenkt werden, ebenso wie der kriminelle Fluss von Geldern und Waffen.

17. **Partnerschaften zur Erreichung der Ziele:** *Umsetzungsmittel stärken und die globale Partnerschaft für nachhaltige Entwicklung mit neuem Leben erfüllen*
Von den Ländern des globalen Nordens soll verstärkt und zuverlässig finanzielle Unterstützung an die sich entwickelnden Länder weitergeleitet werden. Umweltfreundliche Technologien sind diesen Ländern kostengünstig zur Ver-

fügung zu stellen, und über die Welthandelsorganisation ist der gerechte und geregelte Handel zu gewährleisten. Es gilt, die globale Partnerschaft für nachhaltige Entwicklung zu fördern und den Kapazitätsausbau in den Entwicklungsländern durch umfangreiche Datensammlungen zu ermöglichen.

> *„Nachhaltigkeit wird in den nächsten fünf Jahren eine übergeordnete Rolle im Tourismus spielen, wir würden auch einen Schritt weiter gehen, Tourismus-Betriebe, die das Thema Nachhaltigkeit nicht priorisieren, werden es in Zukunft schwer haben.*
> *Die Welttourismusorganisation UNWTO sieht in acht von 17 Nachhaltigkeitszielen der Vereinten Nationen eine explizite Verantwortung und Chance für die Reisebranche.*
> *Tourismus-Betriebe selbst, aber auch Reisende übernehmen dafür eine wichtige Verantwortung und können positive Auswirkungen maximieren, negative minimieren."* (Wirelane GmbH 2021)

Aus den Jahresberichten 2020 und 2021 der UN über den Stand der Erreichung der nachhaltigen Entwicklungsziele geht hervor, dass die bisher erzielten Fortschritte nicht ausreichend sind, um die ehrgeizigen Vorsätze bis 2030 in vollem Umfang zu erreichen. Nur wenn Regierungen, Unternehmen und die Zivilgesellschaft ihre Anstrengungen zur Einhaltung der SDGs bündeln und drastisch erhöhen, können massive Klimaveränderungen und das weitere Auseinanderklaffen der Kluft zwischen bereits entwickelten und sich noch in der Entwicklung befindlichen Ländern verhindert werden. Dafür werden allerdings aus vielen Ländern umfangreichere und zuverlässigere Daten benötigt, damit die Umsetzung der Zielvorgaben hinreichend überprüft werden kann (United Nations 2020b; United Nations 2021).

Das Erreichen der Ziele bis zum Jahr 2030 ist anspruchsvoll, stellt auf der anderen Seite jedoch auch keine unmögliche Herausforderung dar. Nach aktuellen Abschätzungen würden bereits 2 Prozent des globalen Bruttoinlandsprodukts genügen, um alle SDGs zu erreichen. Die finanziellen Aufwendungen, welche für die Einhaltung der Vorgaben benötigt werden, stellen gerade für wohlhabendere Länder keine besonders hohen Belastungen dar. Um beispielsweise extreme Armut zu bekämpfen, würden jährlich 175 Milliarden USD benötigt (nach Berechnungen des Ökonomen Jeffrey Sachs). Dieser Betrag entspricht unter einem Prozent des Gesamteinkommens der reichsten Länder der Welt (United Nations 2021).

Um diesen Entwicklungen entgegenzuwirken, ist es notwendig, nicht nur operative Maßnahmen umzusetzen, sondern eine langfristige Strategie aufzustellen. Ziel sollte es sein, dass die 17 SDGs auf globaler und lokaler Ebene realisiert werden können.

Der Tourismus stellt dabei eine wesentliche Säule dar und wird in den folgenden Kapiteln in den verschiedenen Perspektiven für eine nachhaltige Entwicklung dargestellt und beleuchtet.

2 360°-Management im Tourismus: Hochschulperspektive

Die Hochschulperspektive legt ein gemeinsames Begriffsverständnis dar und zeigt verschiedene Nachhaltigkeitsmodelle auf mit dem Ziel, eine passende Nachhaltigkeitsstrategie für das eigene Unternehmen zu entwickeln. Sie bildet die Grundlage für die weiteren nachfolgenden Perspektiven.

2.1 Definitionen

Eine universell gültige oder allumfassende Definition des Nachhaltigkeitsbegriffes gibt es bis zum heutigen Tag nicht. Kulturgeschichtlich gesehen erfuhr der Begriff über die Zeit unterschiedliche Deutungen, Zuordnungen und Interpretationen, die eine komplexe und dynamische Bedeutungsvielfalt entstehen ließen. Nachhaltigkeit kann insofern vielmehr als ein „erst noch an Kontur gewinnendes, verschieden interpretiertes Leitbild, das unterschiedliche [...] Weltbilder ebenso wie Anliegen, Bedürfnisse und Modelle einer guten Gesellschaft unter sich vereint" (Pufé 2017, S. 25) verstanden werden.

Grober (2013) führt in seinem Buch „Die Entdeckung der Nachhaltigkeit" aus, dass das Wort Nachhaltigkeit ein sprachliches Doppelleben führe, welches sich in den letzten 300 Jahren in der Alltagssprache etabliert hat und etwas grundsätzlich Dauerhaftes, Nachdrückliches und Intensives meint, ohne auf den soziopolitischen Entwicklungsrahmen abzuzielen.

„Nachhaltiger Tourismus muss soziale, kulturelle, ökologische und wirtschaftliche Verträglichkeitskriterien erfüllen. Er ist langfristig, d. h. in Bezug auf heutige wie auf zukünftige Generationen, ethisch und sozial gerecht und kulturell angepasst, ökologisch tragfähig sowie wirtschaftlich sinnvoll und ergiebig" (Strasdas 2017, S. 24 f.).

Die heute allgemein akzeptierte und am weitesten verbreitete Definition des Begriffes ist in dem 1987 veröffentlichten Bericht der Brundtland-Kommission „Unsere gemeinsame Zukunft" erarbeitet worden: „Nachhaltige Entwicklung ist eine Entwicklung, die gewährleistet, dass künftige Generationen nicht schlechter gestellt sind, ihre Bedürfnisse zu befriedigen als gegenwärtig lebende" (Hauff 1987, o.S.).

Nachhaltigkeit beschreibt folglich ein ressourcenökonomisches Prinzip, das sich als System selbst- und beständig fortsetzt. Dazu ist eine systematische Verknüpfung der globalen ökonomischen, ökologischen und sozialen Entwicklungen notwendig. Auch die Modelle zur nachhaltigen Tourismusentwicklung greifen diese Dimensionen auf. Nachhaltigem Tourismus wird klassischerweise zugeschrieben, umweltschonend, klimafreundlich und verantwortungsvoll zu sein. Als artverwandt gelten der sanfte Tourismus und der Ökotourismus (siehe auch Strasdas 2017).

https://doi.org/10.1515/9783110748505-002

Sanfter Tourismus: Der Begriff wurde in den 1980er Jahren vom Zukunftsforscher Robert Jungk geprägt. Anlass war, dass neben der immer weiter zunehmenden Kritik an der – nach wie vor – starken Zunahme des Tourismus auch die ersten Analysen vorgelegt und Steuerungsmechanismen entwickelt wurden, um weg vom Massentourismus hin zu einem ökologisch wertvollen Tourismus zu gelangen. Charakteristika von *harten* und *sanften* Reisen wurden von ihm im Geo-Magazin vorgestellt. Der Begriff sanfter Tourismus entwickelte sich fortan als Gegenbewegung zum Massentourismus (Baumgartner/Röhrer 1998, S. 11 ff.) und wurde „als Alternative zum gewöhnlichen Reisen gesehen, bei dem es um Partizipation und Selbstbestimmung, die Bewahrung gefährdeter traditioneller Kulturen und persönliche Entfaltung beziehungsweise neue Formen des touristischen Erlebens ging" (Balàs/Strasdas 2018, S. 17). Heutzutage und nach BfN (Bundesamt für Naturschutz) fasst man darunter umwelt- und sozialverträgliches Reisen mit optimaler Wertschöpfung und im Einklang mit einer neuen Reisekultur im Gegensatz zum harten Tourismus zusammen. Die Ziele des sanften Tourismus lauten: 1. Touristen sollen der Natur nicht schaden und so wenig wie möglich negativ durch ihr Verhalten auf sie einwirken, 2. Natur soll möglichst ursprünglich erlebt werden, 3. Touristen passen sich der Kultur des bereisten Gastgeberlandes an und respektieren diese (Bundesamt für Naturschutz 2021).

Freiwilliges Reisen ohne unmittelbare Notwendigkeit galt bis zur Mitte des 19. Jahrhunderts als Privileg der gesellschaftlichen Oberschicht. Der heute weit verbreitete Massentourismus fand seinen Anfang mit der Demokratisierung des Reisens nach dem Zweiten Weltkrieg (Steinecke 2010). Ab diesem Zeitpunkt wurde Tourismus für viele Länder zu einem bedeutenden Wirtschaftsfaktor. Zeitgleich setzte – u. a. angetrieben durch Hans Magnus Enzensbergers „Theorie des Tourismus" von 1958 – die moderne Tourismuskritik ein (Balàs/Strasdas 2018, S. 17).

Der harte Tourismus kann mit dem Begriff „Massentourismus" gleichgesetzt werden. Hierbei handelt es sich um einen negativ belasteten Begriff, welcher den Tourismus als Massenbewegung beschreibt, die schwerwiegende Folgen für die Umwelt und die in der touristischen Destination lebenden Menschen haben kann. Diese können beispielsweise sein (Gilbrich 2020):
- Steigender CO_2-Ausstoß durch umweltschädliche Verkehrsmittel
- Mangelnde Abwasser- und Müllentsorgung
- Mietpreiserhöhung und mangelnder Wohnraum in Ballungszentren
- Zerstörung von Landschaften und Lebensräumen von Tieren und Pflanzen

Als Beispiele für harten Tourismus mit einem großen Angebot an eine breite Bevölkerungsgruppe können außerdem Fernreisen (hoher Schadstoffausstoß durch Flugzeuge), All-inclusive Reisen (in sich geschlossene Hotelanlagen, kaum unkontrollierter Kontakt zur einheimischen Bevölkerung, geringe touristische Wertschöpfung), Kreuzfahrttourismus (Umweltbelastung durch Abfälle, Abwasser und Treibstoff, geringer Kontakt zu Einheimischen, Überschreiten der Belastungsgrenze einer Destination durch hohe Anzahl an Passagieren), Golftourismus (großer Wasser- und Flächenverbrauch zur Bewässerung der Anlagen) und (Kinder-)Sextourismus (extreme Form der Ausbeutung der einheimischen Bevölkerung) gelten.

Ist Massentourismus mit nachhaltigem Tourismus vereinbar oder handelt es sich um konfliktäre Konzepte? Frühere Veröffentlichungen sehen unüberwindbare Barrieren, die nicht miteinander in Einklang zu bringen sind. Später herrschten Haltungen vor, die einen fließenden Übergang zwischen den beiden extremen Polen sehen (Weaver 2012). Es wird deutlich, dass Massentourismus massiv negative Auswirkungen haben kann, doch kann dies auch für nicht kontrollierbaren Individualtourismus gelten, der sich stark ausbreitet. Nachhaltiger Massentourismus bedarf einer guten Steuerung und hat den Vorteil der räumlichen Konzentration. Pauschalisierende Aussagen sind nicht zutreffend, und die jeweiligen Destinationen und Angebote müssen analysiert werden.

Ökotourismus: Der Begriff des Ökotourismus wurde ungefähr zeitgleich zu dem des sanften Tourismus in den 1990er Jahren geprägt und bezeichnet eine Form des Tourismus, die auf die Belange der Umwelt und der lokalen Bevölkerung besondere Rücksicht nimmt. Vorstellen kann man sich darunter beispielsweise umweltfreundliches Verhalten mit Tierbeobachtungen oder Naturfotografie, verbunden mit konsumtiven Aktivitäten wie Fischen am Urlaubsort. Die Begriffe Ökotourismus, ökologischer Tourismus und naturnaher Tourismus werden häufig synonym verwendet. Im Gegensatz zum sanften Tourismus ist der Ökotourismus mehr entwicklungsorientiert in Bezug auf Natur, Tiere und Landschaft ausgerichtet und konnte sich besonders häufig in Entwicklungsländern durchsetzen beziehungsweise wird vor allem in Verbindung mit diesen genannt. Dort werden pragmatische Ansätze zur Schaffung von alternativen Einkommens- und Finanzierungsmöglichkeiten von Schutzgebieten und deren Umgebung verfolgt. Es geht also um Reisen in nahezu unberührte Gebiete, die ohne negative Folgen für Umwelt oder lokale Bevölkerung bleiben. Eine mögliche Definition sieht den Ökotourismus „als Reisen zu nahezu ungestörten oder unverschmutzten Orten mit dem präzisen Ziel, die Landschaft, ihre ursprüngliche Pflanzenwelt und wilde Tiere sowie jene bestehende kulturelle Erscheinungsform (vergangene und gegenwärtige), die in diesem Gebiet anzutreffen ist, zu studieren, zu bewundern und zu genießen" (Ceballos-Lascurain 2008, S. 193).

2.2 Modelle

Das ursprünglichste Modell zur Nachhaltigkeit, welches sich Mitte der 1990er Jahre etablierte und keinem einzelnen Autor allein zugeschrieben werden kann, sondern vielmehr historisch gewachsen ist, versinnbildlicht die drei konstitutiven Wesensbestandteile der Nachhaltigkeit: Ökologie, Ökonomie und Soziales. Es wird das Drei-Säulen-Modell genannt, auf dem die Nachhaltigkeit fußt (siehe Abbildung 5). Dieses Prinzip wird auch als „Triple Bottom Line" bezeichnet. Die „drei Säulen der

Nachhaltigkeit stehen miteinander in Wechselwirkung und bedürfen langfristig einer ausgewogenen Koordination" (Strasdas 2017, S. 13). Die Säule der Ökologie hat das Ziel, bestehende Ökosysteme (z. B. Artenvielfalt oder Klima) für nachfolgende Generationen in ihrer ursprünglichen Gestalt zu erhalten sowie einen dauerhaft verantwortungsbewussten Umgang mit natürlichen Ressourcen sicherzustellen. Hinsichtlich der ökonomischen Nachhaltigkeit wird darauf Wert gelegt, das wirtschaftliche Handeln so auszurichten, dass es eine dauerhaft tragfähige Grundlage für Erwerb und Wohlstand entweder einer einzelnen Organisation oder der Gesellschaft als Ganzes bietet. Die wirtschaftlichen Ressourcen sollen vor Ausbeutung geschützt werden. Des Weiteren sollen der Fortbestand und die Entwicklung sozialer Systeme wie beispielsweise Demokratie, Rechtsstaatlichkeit oder soziale Gerechtigkeit gesichert werden. Ziel soll es sein, die Gesellschaft hin zu einem partizipativen Gefüge zu entwickeln und dadurch die Teilnahme eines jeden Individuums an der gesellschaftlichen Interaktion zu ermöglichen und einen sozialen Ausgleich stattfinden zu lassen. Es soll eine lebenswerte, global gerechte und zukunftsfähige Gesellschaft erreicht werden.

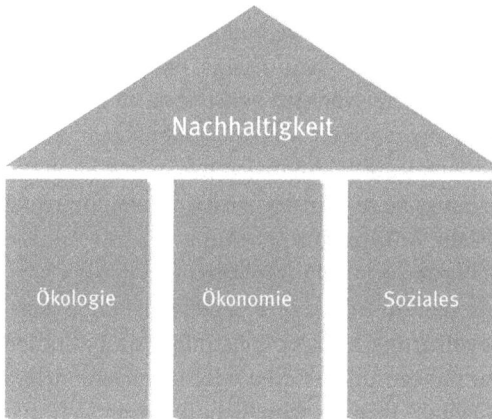

Abbildung 5: Drei-Säulen-Modell der Nachhaltigkeit (eigene Darstellung).

Das Drei-Säulen-Modell kann für alle touristischen Leistungsträger eingesetzt werden, nachfolgend wird es am Beispiel eines nachhaltig agierenden Hotelbetriebes veranschaulicht.

Ökologie: Grüner Strom (Ökostrom), Wasser-Ökosysteme (Grauwasser), LED-Beleuchtung, Photovoltaik, Wasserspar-Duschkopf, Öko-Zertifizierung, Wäsche- und Handtuchwechsel nur auf Wunsch des Gastes, Recycling, Müllvermeidung, Einsatz nachwachsender Rohstoffe, regionale und saisonale Produkte, Papiervermeidung etc.

Ökonomie: Ausrichtung der Wirtschaftsweise auf die Erzielung eines stabilen Betriebsgewinns, Marketingaktivitäten, passgenau auf die Zielgruppe abgestimmte Angebote, Blick über den Tellerrand und auf die Aktivitäten der Wettbewerber, Engagement im Destinationsmanagement, um die Region für die Kunden attraktiv zu halten, Stakeholder-Orientierung (Sicherung von Arbeitsplätzen, EK-Quote), Revenue Management, Innovationsbereitschaft etc.

Soziales: Zufriedenheit der Mitarbeiter durch professionelle Führung derselben, Personalentwicklung, faire Entlohnung, gute Arbeitsbedingungen, Verzicht auf den Einsatz von Produkten fragwürdiger Herkunft, innovative Teilzeitmodelle, Inklusion, Unterstützung sozialer Projekte und Stärkung der Region etc.

Die Hauptkritikpunkte am Drei-Säulen-Modell liegen darin begründet, dass die Beziehungen zwischen den einzelnen Säulen nicht abgebildet werden (die drei Säulen stehen vielmehr jeweils alleine für sich, auch wenn die Nachhaltigkeit als großes Ganzes allumfassend darüber thront), es zu Gewichtungsproblemen (welche Säule trägt schwerer?) und im Zuge dessen zu unterschiedlicher Prioritätensetzung kommen kann (möglicherweise wird eine Säule im Unternehmen übergewichtet, während einer anderen kaum Beachtung geschenkt wird). Außerdem bestehen Zielkonflikte zwischen den einzelnen Dimensionen (beispielsweise zwischen Ökologie/ Sozialem und Ökonomie, da ökologisch und sozial nachhaltige Ansätze in aller Regel kostenintensiver sind als solche, die rein auf Gewinnmaximierung ausgerichtet sind).

Die größte Herausforderung für das Management einer jeden Unternehmung bleibt daher, nachhaltige Konzepte ökonomisch sinnvoll in die bestehende Organisation zu integrieren. Dafür braucht es in aller Regel eine Anpassung und Neuausrichtung der Unternehmenskultur/-strategie/-struktur.

Eine Weiterentwicklung des Nachhaltigkeitsmodells stellt das gleichseitige Nachhaltigkeitsdreieck dar. Die drei Dimensionen von Nachhaltigkeit bilden jetzt die jeweiligen Eckpunkte. Dieses Modell in Abbildung 6 soll veranschaulichen, dass allen drei Seiten die gleiche Bedeutung zukommt und dass ein gemeinsames Zentrum existiert, in welchem sämtliche Aspekte zusammenfließen, auch wenn fallweise der ein oder andere Eckbereich stärker ausgeprägt ist oder gewichtet wird. In neuesten Veröffentlichungen (wie z. B. in einer Abbildung der aktuellen deutschen Nachhaltigkeitsstrategie) wird um das Dreieck noch ein Kreis gezogen, um die absoluten Grenzen des Systems Erde zu verdeutlichen (Balàs/Strasdas 2018, S. 34). In Abgrenzung dazu fungieren die Seiten des Dreiecks als relative Grenzen.

Bezogen auf den Tourismus liegen die ökonomischen Ziele u. a. darin, die regionale Wirtschaft zu stärken und Reisende einen Beitrag zur Wertschöpfung leisten zu lassen. Im sozialen Bereich können die Schaffung von Arbeitsplätzen direkt im Reiseland, die Teilhabe der Bevölkerung am Tourismus, interkultureller Austausch zwischen Reisenden und Lokalbevölkerung sowie die Erzielung wechselseitiger Zufriedenheit zwischen diesen beiden Partnern aufgeführt werden. Ökologisch

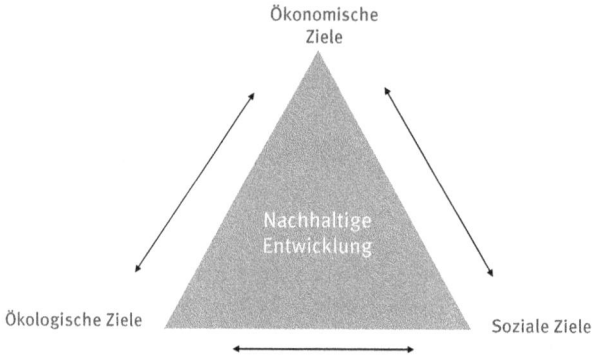

Abbildung 6: Nachhaltigkeitsdreieck (eigene Darstellung).

wäre an die Reduzierung von Treibhausgas-Emissionen sowie des Ressourcenverbrauchs zu denken.

Andere Quellen stellen die nachhaltige Tourismusentwicklung als Fünfeck-
Pyramide dar (Müller 2007, S. 29), deren Spitze das Gestaltungsrecht für zukünftige
Generationen bildet. Die fünf Ecken an der Basis repräsentieren 1. wirtschaftlichen
Wohlstand, 2. optimale Bedürfnisbefriedigung der Gäste, 3. intakte Kultur, 4. intakte
Natur und 5. subjektives Wohlbefinden der Einheimischen (siehe Abbildung 7). Touris-
musbezogener wirtschaftlicher Wohlstand lässt sich zum einen durch das Einkommen
der in Tourismus, Hospitality oder Event Tätigen erreichen und zum anderen durch
das Einkommen derjenigen, die eine Reise unternehmen und dafür bezahlen.

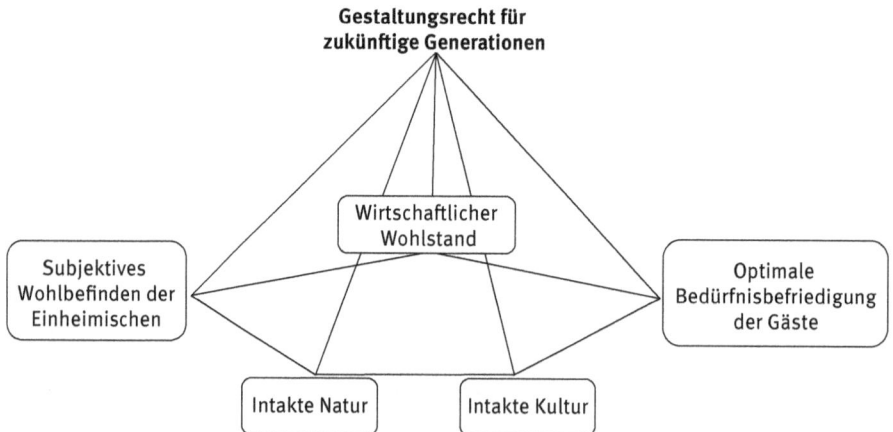

Abbildung 7: Fünfeck-Pyramide (eigene Darstellung in Anlehnung an Müller 2007).

Auch die Wertschöpfung am Zielort trägt – im Idealfall – maßgeblich zum wirtschaftlichen Wohlstand im bereisten Land bei. Wirtschaftlicher Wohlstand ist darüber hinaus in der Lage, Ungleichheiten und das internationale Nord-Süd-Gefälle zu reduzieren. Gästezufriedenheit bemisst sich aus der Differenz zwischen Erwartung und Wahrnehmung (Berry/Parasuraman/Zeithaml 1992). Intakte Kultur definiert sich über die Pflege der einheimischen Kultur, Gastfreundschaft, Kulturgüterschutz und kulturelles Schaffen. Intakte Natur dementsprechend durch Ressourcenschutz, Biodiversität und landschaftliche Vielfalt. Subjektives Wohlbefinden bestimmt sich durch den Grad an Eigenständigkeit, persönlicher Freiheit und Selbstverwirklichung und hängt zudem von der kulturellen Identität sowie der Anpassungsfähigkeit der aufeinandertreffenden Kulturen ab.

Gemeinsam ist diesen drei Modellen, dass sie alle eine vernetzte Sichtweise verfolgen, die sämtliche Anspruchsgruppen der Leistungsträger im Tourismus-, Hotel- und Eventmarkt umfasst. Immer wieder wird auf den Dreiklang der Dimensionen Ökologie, Ökonomie und Soziales verwiesen. Vor allem ab dem Dreiecksmodell wird deutlich, dass sich die einzelnen Dimensionen beeinflussen und dass Nachhaltigkeit ein kontinuierlicher Prozess mit (möglichen) Zielkonflikten ist. Dadurch werden eine stetige Bewertung der Ist-Situation, Kontrolle und Gegensteuerung notwendig. Das Fünfeckmodell erhebt Qualität zum Normativ und schult das kritische Auge der Gäste. Besonders am Beispiel des Tourismus wird deutlich, dass der sozialen Dimension große Aufmerksamkeit geschenkt wird und auch in Zukunft weiterhin geschenkt werden muss.

2.3 Nachhaltigkeitsstrategie

Prinzipiell stellt eine Strategie „eine geplante Maßnahmenkombination zur langfristigen Ausrichtung und Erreichung der grundlegenden Ziele eines Unternehmens dar" (von Freyberg/Zeugfang 2014, S. 4). Dementsprechend stellt die Nachhaltigkeitsstrategie eines Unternehmens die geplanten Maßnahmen zur Umsetzung und Entwicklung der Nachhaltigkeitsziele dar. Gemäß der OECD verfolgt eine Nachhaltigkeitsstrategie einen kontinuierlichen Verbesserungsprozess, wobei die globalen Ziele in den drei Bereichen der Nachhaltigkeit berücksichtigt werden sollen (Schulz/von Hauff/Wagner 2018). Daher orientiert sich die Nachhaltigkeitsstrategie eines Unternehmens zumeist an den 17 Sustainable Development Goals, welche 2015 von den Vereinten Nationen formuliert wurden (siehe Kapitel 1.3).

Durch die ansteigende Nachfrage an nachhaltigen Urlaubsangeboten müssen auch touristische Unternehmen und Leistungsträger Strategien entwickeln, um den veränderten Ansprüchen langfristig gerecht zu werden. Die zu formulierenden Leitprinzipien sollen den zukunftsorientierten touristischen Entwicklungen entsprechen. Allerdings gibt es keine allgemeingültigen Strategien in der Tourismusbranche. Auch wenn viele Maßnahmen in mehreren Bereichen umsetzbar sind, muss jedes Gewerbe individuelle Konzepte erarbeiten.

Das Gastgewerbe als touristischer Leistungsträger kann durch die Entwicklung zu einem ökologischen Hotel bereits einen großen Beitrag zur Nachhaltigkeit leisten. Die Nachhaltigkeitsstrategien von Hotels verfolgen verschiedenste Leitlinien, wobei einige grüne Investitionen als Grundlagen zur nachhaltigen Entwicklung festgestellt werden können. Für Hotels, welche sich von Grund auf nachhaltig platzieren möchten, beginnt diese Strategie bei einer innovativen und ökologischen Bauart des Hotelgebäudes. Dabei werden Technologien und Anlagen verwendet und eingebaut, welche eine effiziente Nutzung der Energien sicherstellen.

Noch spezifischer kann die Nachhaltigkeitsstrategie einer Gastronomie betrachtet werden. Dabei ist der meistgenannte Faktor die Verwendung regionaler Produkte. Für eine ganzheitliche Strategie gilt es allerdings, auch den ökonomischen und sozialen Aspekt der Nachhaltigkeit mit der Unternehmung zu vereinen. Im gastronomischen Bereich des Tourismus kann dabei das ökonomische Wirtschaften und somit die Reduktion der Lebensmittelverschwendung genannt werden. Außerdem sollen hier, wie auch in der Hotellerie und allen anderen Dienstleistungsbereichen des Tourismus, faire Arbeitsbedingungen geschaffen und Arbeitnehmer aus der Region bevorzugt werden (Antonschmidt/Fritz/Lund-Durlacher 2018, S. 1ff.). Diese müssen wiederum gemäß der Nachhaltigkeitsstrategie im Unternehmen zur Umsetzung dieser Maßnahmen sensibilisiert werden.

Eine große Herausforderung stellt die Entwicklung einer Nachhaltigkeitsstrategie für die Luftfahrt dar. Ein bedeutender Schritt in dieser Industrie war die Reduktion der Verwendung von Einwegplastik im gastronomischen Bereich bis hin zum völligen Verzicht (Bundesregierung 2021b). Allerdings ist in dieser Branche die Umweltverschmutzung durch die CO_2-Emissionen der ausschlaggebende Faktor hinsichtlich nachhaltiger Entwicklung (siehe Kapitel 4.3 Verkehrsträger).

Um auch heute schon nachhaltiger zu agieren, bieten viele Airlines direkt in der Buchungsstrecke ihren Kunden die Möglichkeit von Kompensationszahlungen an (Aviation Media & IT GmbH 2019). Die Darstellung als grüne Airline durch das Angebot von Kompensationszahlungen ist allerdings sehr umstritten, da zwar nachhaltige Projekte unterstützt werden, aber dennoch der Ausstoß an CO_2 nicht verringert wird. Trotz allem sind diese Zahlungen nicht zu unterschätzen, wenn Fluggesellschaften im Zuge ihrer Nachhaltigkeitsstrategie beispielsweise die arbeitsbedingten Flüge ihrer Mitarbeiter zu 100 Prozent kompensieren. Zudem beinhaltet die Strategie in dieser Branche oft die Kooperation mit Unternehmen, welche an der Forschung und Entwicklung umweltfreundlicher Treibstoffe für Flugzeuge arbeiten (Deutsche Lufthansa AG 2020, S. 18).

Wichtig bei der Integration einer Nachhaltigkeitsstrategie in ein Unternehmen ist die Implementierung der nachhaltigen Verhaltensweisen in das Leitbild des Unternehmens. Da mit einer Nachhaltigkeitsstrategie ein kontinuierlicher Verbesserungsprozess einhergeht, müssen Ziele gesetzt, regelmäßig überprüft und gegebenenfalls die Arbeitsweisen überarbeitet werden (Antonschmidt/Fritz/Lund-Durlacher 2018, S. 8).

Wie bei jeder Unternehmensstrategie müssen auch die Nachhaltigkeitsziele den sich ändernden Umständen angepasst werden. Wenn in Anlehnung an das Gesetz vom 31. August 2021 die Klimaneutralität ein verpflichtendes Kriterium für Energie, Gebäude, Verkehr, Industrie und Landwirtschaft wird, können die Treibhausgas-Emissionen zu einem zentralen Aspekt einer jeden Nachhaltigkeitsstrategie werden (Bundesregierung 2021c). CO_2-Emissionen müssen ermittelt, reduziert und kompensiert werden, um das hochgesteckte Ziel einer Klimaneutralität 2045 in Deutschland zu erreichen (siehe Kapitel 6) (Bundesministerium für Umwelt, Naturschutz, nukleare Sicherheit und Verbraucherschutz 2021).

Grundsätzlich sind zur Entwicklung einer Nachhaltigkeitsstrategie die Antworten auf folgende Fragen zu finden:

- Wie ist der nachhaltige Status quo im Unternehmen?
- Was soll erreicht werden? Was sind unsere nachhaltigen Ziele?
- Wie wollen wir diese Ziele mit konkreten Maßnahmen erreichen?
- Wie können diese Ziele gemessen werden?
- Wie kontrollieren und bewerten wir unseren Erfolg?
- Welche Korrekturmaßnahmen sind ggf. erforderlich?

Da es sich um einen Dienstleistungssektor handelt, stellen die Mitarbeiter einen ausschlaggebenden Faktor im gesamten Tourismus dar. Deshalb ist es notwendig, das Personal eines Unternehmens, welches eine Nachhaltigkeitsstrategie verfolgen möchte, dementsprechend zu schulen und aufzuklären (Lombardi 2020). Wenn diese Grundlagen geschaffen sind, sind noch der Gast und weitere Stakeholder von der Nachhaltigkeitsstrategie zu überzeugen. Ein transparenter Stakeholder-Dialog und die Kommunikation über die nachhaltige Ausrichtung sind essenziell.

Durch die mit der Masse an grünen Bezeichnungen einhergehende Überforderung ist für die Umsetzung einer Nachhaltigkeitsstrategie zudem ein effektives Marketingkonzept erforderlich (Lombardi 2020). Das wichtigste Kriterium hierbei ist die vertrauenswürdige und transparente Vermittlung des Mehrwertes, den ein Unternehmen durch seine nachhaltigen Bemühungen schaffen kann (Lombardi 2020). Dies beginnt bereits mit der eigenen Darstellung in der Öffentlichkeit. Einer der ersten Schritte ist somit die Beschreibung der Nachhaltigkeitsaspekte des Unternehmens in dessen Online-Auftritt. Laut einer Studie von trivago.it, die 2011 durchgeführt wurde, werden als Hauptkriterien für ein nachhaltiges Hotel der Ressourcenverbrauch und die Energieeffizienz gesehen. Das heißt wiederum, dass grüne Energie, Schonung der Ressourcen und Verringerung des Verbrauchs als Startpunkte einer erfolgreichen Nachhaltigkeitsstrategie umgesetzt und vermarktet werden sollten. Weitere Umfragen verdeutlichen, dass vielen Konsumenten die Bedeutung von Nachhaltigkeit und die Vielzahl der Möglichkeiten zur Förderung dieser in einem Unternehmen nicht klar sind (Lombardi 2020). Die richtige Kommunikation ist also ein ausschlaggebendes Kriterium für den Erfolg einer Nachhaltigkeitsstrategie.

Ein klassisches touristisches Beispiel für eine Nachhaltigkeitsstrategie ist die Aufstellung eines Biobauernhofes als Urlaubsdestination. Biobauernhöfe zeichnen sich meist durch ihre Ressourcenschonung aus. Neben energiesparenden Installationen wie Photovoltaik und Wärmerückgewinnung stehen die Verwendung regionaler Produkte sowie die Zusammenarbeit mit regionalen biozertifizierten Partnern im Vordergrund. Zudem besteht das Urlaubsangebot aus Erlebnissen in der Natur wie beispielsweise einem attraktiven Wander- oder Radangebot. Der Fokus liegt hier auf authentischer, ökologischer Qualität wodurch wiederum die regionale Wirtschaft gestärkt wird (Lombardi 2020).

Zukünftig ist eine starke und umsetzbare Nachhaltigkeitsstrategie in jedem Wirtschaftssektor des Tourismus unabdingbar, um langfristig zu dessen Erhalt beizutragen. Jeder Stakeholder im Tourismus sollte sich seines Beitrages zu mehr Nachhaltigkeit bewusst werden, da der Tourismus auf eine intakte Natur angewiesen ist. Wie auch im privaten Leben können bereits kleine Veränderungen des Einzelnen eine langfristige positive Auswirkung haben, und eine Nachhaltigkeitsstrategie ist die Grundlage hierfür.

3 360°-Management im Tourismus: Gästeperspektive

Das Bewusstsein für Nachhaltigkeit hat sich bei den Gästen in den letzten Jahren verstärkt. „Der größte Treiber für Nachhaltigkeit: Kunden, Käufer, Konsumenten" (Berndtson 2021, S. 14).

> *„Als 5-Sterne Superior Resort ist es eine große Herausforderung, nachhaltig zu handeln und den Gästen dennoch zu jederzeit den vollen Standard bieten zu können. Es geht darum, den Gästen nichts wegzunehmen, sondern es durch eine nachhaltige Alternative zu optimieren. Beispielsweise haben wir in allen Zimmern eine Kaffeemaschine, verwenden mittlerweile aber ausschließlich nachhaltige, kompostierbare Kaffeekapseln."* (Öschberghof 2021)

Der Druck auf Politik und Wirtschaft wurde durch das Pariser Klimaabkommen 2015 erhöht. So wurden auf der Klimakonferenz (COP 21 genannt) erstmalig nachhaltige Entwicklungsziele festgelegt. Die Erderwärmung soll deutlich unter 2 Grad, idealerweise auf unter 1,5 Grad begrenzt werden, und ab 2050 sollen keine klimaschädlichen Treibhausgase mehr in die Atmosphäre eindringen (Presse- und Informationsamt der Bundesregierung 2022). Die Tourismusbranche verursacht weltweit jährlich einen Anteil von zirka 8 Prozent an Treibhausgas-Emissionen mit stark steigender Tendenz (Helms/Neumann 2019, S. 5). Die veränderten Lebensstile der Menschen haben auch zu einem veränderten Reiseverhalten beigetragen.

Durch die Initiativen von Greta Thunberg (schwedische Klimaaktivistin) und Fridays for Future (globale soziale Schülerbewegung für Klimaschutzmaßnahmen) wurden die Klimathemen präsenter. Die Fridays-for-Future-Bewegung hat nicht nur im deutschsprachigen Raum mit einer neuen Härte die Headlines der Nachrichten auf die Agenden politischer Diskurse katapultiert. Beim Global Climate Strike for Future im September 2021 versammelten sich Hunderttausende in 99 Ländern zu einem koordinierten Klimastreik (The Guardian 2021).

3.1 Lebensstile

Der Begriff Lebensstil hat interdisziplinäre Wurzeln und spielt in der Psychologie und in der Soziologie eine Rolle. Meist bezieht sich der Begriff darauf, wie Menschen sich in bestimmten Lebensbereichen verhalten, wie sie sich ausdrücken, wie sie sich kleiden, ernähren oder einrichten (Meyer 2019).

Die Menschen in der heutigen Gesellschaft sind keine auf Daten reduzierbare Nummern im System. Der Versuch, die Gesellschaft anhand demografischer Kriterien

https://doi.org/10.1515/9783110748505-003

wie Alter, Geschlecht, Einkommen und Herkunft zu segmentieren, führt zu keinem zufriedenstellenden Ergebnis. Da die Gesellschaft derart dynamisch und vielfältig ist, muss eine neue Perspektive eingenommen werden. Mit dem Ansatz der Lebensstile gibt es Modelle, die Muster im Handeln und Verhalten von Menschen erkennen lassen, individuelle Erklärungen liefern, diese Erkenntnisse in den gesellschaftlichen Gesamtzusammenhang einbetten – und damit insgesamt ein tieferes Verständnis erzeugen. Die Erforschung von Lebensstilen basiert auf unterschiedlichen Methoden und Theorien. Der Lebensstil definiert für eine Person oder eine Personengruppe eine Kombination aus Verhaltensweisen, welche die Art und Lebensführung bestimmt oder bildet (Muntschick 2022).

Diese Kombination von Verhaltensweisen stellt ein Muster dar, das die Person oder Personengruppe von anderen sichtbar unterscheidet (Wortbedeutung o. J.). Es entstehen Zusammenschlüsse von Menschen, die sich in die jeweiligen Gruppen einordnen oder sich davon abgrenzen. An Vorlieben und selbst gewählten Beschäftigungen ist am ehesten ablesbar, ob Interessen und Erlebniswelten übereinstimmen, ob Kontakt entsteht oder ob soziale Grenzen deutlich werden (Michailow 1994).

Lebensstil-Ansätze leisten einen detaillierten und lebensnahen Überblick über Geistesströmungen und Interessengruppen in der heutigen Gesellschaft und ermöglichen eine Einschätzung zur Zukunftsfähigkeit einzelner Gruppen – und damit einen Blick auf die Gesellschaft der Zukunft.

Die Lebensstilforschung versucht in diesem Zusammenhang, das Beobachtete anhand bestimmter Merkmale zu beschreiben und Einflussfaktoren zu bestimmen, die ein bestimmtes Verhalten fördern oder hemmen.

Was ist ein nachhaltiger Lebensstil? Der Klimawandel stellt eine große gesellschaftliche Herausforderung des menschlichen Verhaltens dar. Die Umweltverschmutzung ist von Menschen verursacht, deshalb können die Menschen selbst durch ihren Lebensstil auch maßgeblich zu einer positiven oder negativen Entwicklung beitragen. Im Sprachgebrauch drückt ein nachhaltiges Verhalten im Alltag oft den eigenen Lebensstil aus. Hierzu gehören Verhaltensweisen wie auf Fleisch zu verzichten, mit dem Fahrrad zur Arbeit zu fahren, weniger knappe Ressourcen zu verbrauchen und vieles mehr (Meyer 2019).

Den EINEN und richtigen nachhaltigen Lebensstil gibt es nicht. Dazu ist das Thema Nachhaltigkeit zu komplex und vielschichtig. Zugehörigkeit zu einem bestimmten Lebensstil kann eine Richtung vorgeben. Die mit einem besonderen Lebensstil verbundenen Verhaltensweisen können aber nicht nur Zugehörigkeit, sondern auch eine deutliche Abgrenzung zu anderen Lebensstilen bedeuten.

Historisch hat sich ein nachhaltiger Lebensstil erst in den letzten 60 Jahren entwickelt. Als besonders wichtiger Teilbereich der Lebensstile ist der Konsum hervorzuheben. Die Betrachtung des Konsums und seiner Bedeutung für das Ziel einer nachhaltigen Entwicklung kann dabei in Deutschland in drei Phasen eingeteilt werden. Die Phase der alternativen Lebensstile der 1960er, 1970er und 1980er Jahre, die der nachhaltigen Lebensstile der 1990er Jahre und der Lifestyle of Health and Sustainability, der sich Mitte der 2000er Jahre entwickelt hat.

In den 1960er bis 1980er Jahren wurden Nachhaltigkeit und Umweltschutz mit Konsumverzicht assoziiert. Ein einfacher, nur an den Grundbedürfnissen orientierter Lebensstil galt als nachhaltig und der Einkauf von biologischen Produkten war nur in Reformhäusern oder auf dem Biobauernhof möglich. Dabei war meist mit deutlich höheren Kosten, Qualitätsmängeln (z. B. beim Geschmack) und geringer Sortimentsbreite und -tiefe zu rechnen. Diejenigen, die diesen Lebensstil verfolgten, waren eine kleine, homogene und meist radikal denkende Gruppe von Menschen. Bezogen auf das Gebiet der Mobilität würde dies bedeuten, den Urlaub zu Hause zu verbringen und auf das Reisen zu verzichten. Erst in den 1990er Jahre kam die Nachhaltigkeitsdiskussion in der Mitte der Gesellschaft an und Nachhaltigkeit musste nicht zwingend heißen zu verzichten, sondern Konsum und Nachhaltigkeit wurden immer mehr in Zusammenhang gebracht (Klein 2017).

Im Laufe der Zeit wurde mehr darüber nachgedacht, wie Nachhaltigkeit und Konsum ineinandergreifen können, und so entstanden Mitte der 2000er Jahre unterschiedliche Lebensstile, die Gesundheit und Nachhaltigkeit zusammenbrachten und als „Lifestyle of Health and Sustainability" (LOHAS) bezeichnet werden.

Der Begriff der LOHAS wurde das erste Mal durch das amerikanische Psychologenpaar Paul Ray und Sherry Ruth Anderson in dem Buch „The Cultural Creatives. How 50 million people are changing the world" im Jahr 2000 beschrieben (Anderson/Ray 2000).

Die LOHAS wollen Genuss und Nachhaltigkeit verbinden (Bayerische Beamten Lebensversicherung a.G. 2018). Sie zeichnen sich durch sehr gute Bildung und ein überdurchschnittliches Einkommen aus. Früher wurden sie verächtlich als „Ökos" bezeichnet, heute bilden sie eine bedeutende Zielgruppe, die beim Einkauf von Produkten auf

- Fortschrittlichkeit und Innovation der Produkte,
- Umwelt-, Gesundheits- und Konsumbewusstsein,
- gesellschaftliches Engagement Wert legt.

LOHAS probieren gern neue Produkte aus und geben dafür auch mehr Geld aus. Ihre gesellschaftliche Verantwortung ist ihnen wichtig genauso wie Mitbestimmen und Selbst-Gestalten (Bayerische Beamten Lebensversicherung a.G. 2018). Sie zeichnen sich durch Verantwortungsbewusstsein, nachhaltigen Konsum, die Bereitschaft, auch Einschränkungen im Sinne der Umwelt hinzunehmen, und gesellschaftliches Engagement aus. Für diese Gruppe von Menschen sind psychografische Merkmale wie Werte, Einstellungen, Überzeugungen und Persönlichkeitsmerkmale besser zur Charakterisierung geeignet als demografische Merkmale (Klein 2017). Für den Tourismus bildet diese gesellschaftliche Gruppe von Menschen eine bedeutende Zielgruppe, da sie sich durch alle Altersschichten zieht und viele Kontaktpunkte im Tourismus hat. Die

Lebensmittel im Restaurant sind betroffen, die Mobilität bei der Anreise und Fortbewegung vor Ort, die Gesundheit im Wellnessbereich, die Energieversorgung des Hotels und das Wohnen im Beherbergungsunternehmen. Viele touristische Leistungsträger können ihr Angebot auf die LOHAS abstimmen und sollten das auch tun, um diese Bevölkerungsschicht als Gäste nicht auszugrenzen.

Lebensstile sind komplex und können nicht für jeden Menschen gleich definiert werden. Ein verbindendes Element, das zunehmend an Relevanz für die Kunden gewinnt, ist die Kombination aus Müllvermeidung und Recycling. Menschen, die Müll vermeiden, bevor er entsteht, bezeichnet die Psychologin Katharina Klug als *Precycler*. Der Lebensstil des Precyclers zielt darauf ab, Müll aus Verpackungsmaterialien abzulehnen und Güter konsequent wiederzuverwenden. Während Regierungen nach dem Top-down-Prinzip Verordnungen zur Reduktion von Plastik erlassen (z. B. Verbot von Einwegplastikartikel ab Juli 2021), entwickeln sich auf Verbraucherebene postmoderne Konsumstile, die einen verantwortungsvollen und langfristig orientierten Umgang vor allem beim Einkauf und beim Konsum präferieren. Precycler favorisieren unverpackte Produkte oder verweigern den Kauf extensiv verpackter Güter. Sie bringen oft ihre eigenen Gefäße oder Tüten mit und kaufen bewusst in Läden ein, die keine Verpackungen anbieten. Die Begriffe Reject, Reduce, Reuse, Recycle und Repair bestimmen ihr Leben (Klug 2021).

Gerade im Recycling wird die Philosophie dieser Menschen deutlich, möglichst wenig Müll zu produzieren und Dinge nicht wegzuwerfen. Das Wort Recycling stammt aus dem Englischen und bedeutet so viel wie „etwas wieder in den Kreislauf bringen". Ein Produkt zu recyceln meint demnach, seine wertvollen natürlichen Rohstoffe wiederzuverwerten, anstatt diese nach der Nutzung zu entsorgen. Die dadurch entstehenden Sekundärrohstoffe dienen als Ausgangsstoffe für neue Produkte. Auch Kunststoffe wie Plastik oder Metalle lassen sich gut einschmelzen und wiederverwerten. Eine Abwandlung des klassischen Recyclings ist das sogenannte Upcycling. Hierbei erfährt ein bestimmtes Produkt bei der Wiederverwertung eine qualitative Aufwertung. Es entsteht ein anderer Gebrauchszweck als der ursprüngliche, und häufig lässt sich das originale Produkt im neuen, upgecycelten Projekt nicht gleich erkennen. Beispiele für ein gelungenes Upcycling sind Lagerpaletten, die zu Möbeln umfunktioniert werden, oder alte Autoreifen, die als Kinderschaukeln auf Spielplätzen genutzt werden. Eine dritte Variante des Recyclings neben dem Upcycling ist das Downcycling, bei dem sich die Qualität eines Produktes mit der neuen Nutzungsweise verschlechtert. Auch Downcycling ist ein wertvoller Ansatz des Recyclings, um natürliche Rohstoffe trotz Qualitätsverlust so lange wie möglich weiterzuverwenden und damit die Notwendigkeit für eine Nutzung neuer Ressourcen zu umgehen. Das industrielle Aufbereiten weggeworfener Produkte ist hierzulande noch verbreiteter als effektives Downcycling, was möglicherweise damit begründet werden kann, dass die uns bekannten Möglichkeiten des Downcyclings limitiert sind. Ein Beispiel für Downcycling im Hotel ist das Zerschneiden alter Bettlaken zur Herstellung von Putzlappen (GreenLine Hotels 2021b).

Je nach individueller Überzeugung und Möglichkeiten können nachhaltige Lebensstile sehr unterschiedlich gelebt werden. Die eigene Veränderung des Konsums und die bewusste Entscheidung, Produkte zu kaufen oder nicht, sind der erste Schritt, den Lebensstil nachhaltiger zu gestalten. Das Bewusstsein und das Wissen um die ökologischen, sozialen und ökonomischen Zusammenhänge bilden hier die Grundlagen. Ein nachhaltiger Lebensstil kann an die weitgefasste Definition in Anlehnung an den Brundtland-Report angepasst werden: „Ein Lebensstil ist dann nachhaltig, wenn er dazu beiträgt, die heutige Welt etwas besser zu machen, so dass auch noch kommende Generationen ihre Bedürfnisse stillen können" (Meyer 2019).

Ein nachhaltiger Lebensstil der Menschen zu Hause führt auch zu veränderten Gästewünschen auf Reisen. Die Menschen wollen ihre Werte, ihre Einstellungen und Lebensstile auch im Urlaub weiterführen und keine kognitive Dissonanz zwischen Urlaub und Alltag erleben. Die veränderten Gästewünsche stehen daher anschließend im Fokus.

3.2 Gästewünsche

Wie verändern sich die Gästewünsche? Was ist den Gästen beim (nachhaltigen) Reisen wichtig? Marktzahlen dienen dazu, die aktuelle Situation besser einzuschätzen.

Die Buchungsplattform Booking.com hat im Frühjahr 2021 eine Online-Befragung durchgeführt. An dieser Befragung nahmen über 29.000 Reisende aus 30 Ländern teil. Es hat sich gezeigt, dass 30 Prozent der befragten Deutschen (weltweit 61 Prozent der Befragten) vorhaben, nach Abklingen der Corona-Pandemie einen nachhaltigen Urlaub zu buchen, und 66 Prozent der Deutschen sehen dringenden Handlungsbedarf, etwas für den Klimaschutz zu tun. Fast die Hälfte der Befragten (42 Prozent) gibt an, dass die Pandemie ausschlaggebend dafür war, ihr tägliches Leben positiv durch mehr Recycling oder Reduzierung von Lebensmittelabfällen zu verändern.

Die Teilnehmer wurden weiterhin befragt, worauf sie im Urlaub Wert legen. Hier zeigt sich, dass das private Verhalten (Müllreduzierung, Energieverbrauch etc.) im Urlaub auch eine große Rolle spielt. So wollen 82 Prozent den Abfall reduzieren, ebenfalls 82 Prozent wollen ihren Energieverbrauch senken (z. B. indem sie die Klimaanlage und das Licht ausschalten, wenn sie sich nicht in dem Raum aufhalten). Kulturelles Erbe sowie ein besseres Verständnis für dessen Erhalt gaben 75 Prozent der Befragten an (Booking.com 2021b).

Die Bevölkerung und vor allem die jungen Menschen stellen vieles infrage und sind eher bereit, ihren Lebensstil umzustellen. So wird das Verlangen nach nachhaltigen Lebensmitteln, Kosmetika und Waren des täglichen Gebrauchs ebenso immer größer.

Nachfolgend wurde untersucht, wie sich die Gästebedürfnisse in den letzten Jahren verändert haben und welche Wünsche die Gäste hinsichtlich nachhaltiger Angebote haben. Eine Studie der Hochschule Fresenius in Zusammenarbeit mit den GreenLine Hotels wurde im Juni/Juli 2021 aufgesetzt. Ziel der durchgeführten Befragung war es, einen Überblick über die aktuelle Einstellung Reisender zum Thema Nachhaltigkeit zu erlangen. Dabei sollten sowohl Aufschlüsse über die Bedeutung von Nachhaltigkeit im Alltag als auch im Urlaub ermittelt werden. Welche Bereitschaft Gäste zeigen, ihren Urlaub nachhaltiger zu gestalten und ggf. auch zu kompensieren, war ebenfalls Teil der Befragung. Zudem wurde der Einfluss der während der Studie anhaltenden Covid-19-Pandemie auf die Einstellung zur Nachhaltigkeit Gegenstand der Untersuchung.

Über den Newsletter und die Social-Media-Kanäle der GreenLine Hotels wurden insgesamt 1147 Personen mit einem Online-Fragebogen erreicht. Die Befragung lief vom 30.06.2021 bis zum 29.07.2021. Als Rücklauf konnten insgesamt 353 ausgefüllte Fragebögen generiert werden. Von den Teilnehmern gaben 54,4 Prozent an, weiblich, 44,4 Prozent, männlich, und 1,2 Prozent, divers zu sein. Unter den Teilnehmern ist die Altersgruppe der 46–60-Jährigen mit 44,2 Prozent die meistvertretene Gruppe. Darauf folgen die über 60-Jährigen mit 24,6 Prozent und die 30–45-Jährigen mit 21,1 Prozent. Die jüngste Gruppe der 18–29-Jährigen ist mit 10,2 Prozent in den Antworten vertreten.

Die erste thematische Frage behandelt die Wichtigkeit von Nachhaltigkeit im Alltag. Dabei ist auffällig, dass diese vor allem in den Bereichen Lebensmittel und Energie als wichtig beziehungsweise sehr wichtig eingestuft wird. Grundsätzlich wird Nachhaltigkeit in keinem der untersuchten Bereiche als unwichtig gesehen, wobei Nachhaltigkeit beim Thema Banken und Versicherungen als eher unbedeutend eingestuft wird (siehe Abbildung 8).

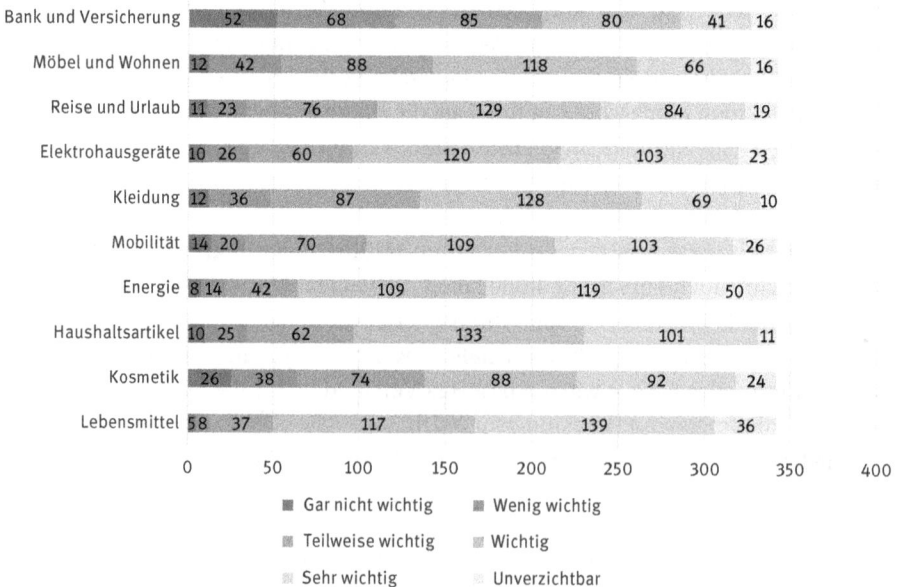

Abbildung 8: Nachhaltigkeit im Alltag (eigene Studie).

Hinsichtlich der Bestandteile eines nachhaltigen Urlaubsangebots wurden regionale Lebensmittel, Müllvermeidung und ein fairer Umgang mit den Mitarbeitern als am wichtigsten eingestuft. Nachhaltige Textilien und nachhaltige Bauweisen sowie wassersparende Armaturen sind hingegen eher unwichtige Maßnahmen, auf welche die Gäste einen untergeordneten Wert legen.

Bei der Unterkunftswahl sind die Lage und der Preis die wichtigsten Kriterien, gefolgt von einer nachhaltigen Ausrichtung eines Hotels und den Bewertungen. Dabei ist auffällig, dass die Marke einer Unterkunft als sehr unwichtig angesehen wird. Die Nachhaltigkeit wird immer mehr zum relevanten Entscheidungskriterium für die Gäste und kann mit dem Einfluss der Bewertungen gleichgesetzt werden (219 Personen sehen Bewertungen als unverzichtbar, sehr wichtig oder wichtig an für die Unterkunftswahl und 226 Personen sehen die Nachhaltigkeit als unverzichtbar, sehr wichtig oder wichtig an).

Werden bestehende Marktzahlen herangezogen, zeigt eine Darstellung von Statista, dass knapp 40 Prozent der Reisenden auf ein nachhaltiges Urlaubsangebot verzichten, weil es ihnen zu teuer ist (Graefe 2020). Auch die Süddeutsche Zeitung berichtete über einen Test der Buchungsplattform Booking.com, welcher ergab, dass die Mehrkosten oft vor der Buchung einer nachhaltigen Reise abschrecken (Helmes 2020). Die Ergebnisse der selbst durchgeführten Studie zeigen ein anderes Bild. 81 Prozent der Befragten wären bereit, für ein nachhaltiges Reiseangebot mehr zu bezahlen. Dabei würden gut die Hälfte der Teilnehmer (56,7 Prozent) sogar 10 Prozent des Reisepreises mehr bezahlen und 14,4 Prozent sogar 15 Prozent mehr für eine nachhaltige Urlaubsreise begleichen. Dies ist im Vergleich zu vorangegangenen Studien interessant und zeigt ein Umdenken hinsichtlich der Zahlungsbereitschaft für nachhaltige Reiseangebote bei dieser Stichprobe.

60,5 Prozent der Reisenden wären ebenfalls bereit, in ihrem Urlaub Kompensationszahlungen für einen klimaneutralen Aufenthalt zu leisten. Dabei sagen über 90 Prozent der Befragten, dass die Kompensation zwischen 5 bis 10 Prozent des Reisepreises liegen kann.

Eine hochinteressante Frage wurde in der Studie zum Verzicht der Menschen in ihrem Urlaub gestellt; hinsichtlich der Akzeptanz von Einsparmöglichkeiten im Sinne der Nachhaltigkeit gibt es einige Potenziale. Bei Hygiene- und Kosmetikartikeln in Nachfüllspendern ist die Bereitschaft zu Einsparungen am größten. Weitere Möglichkeiten, welche unter den Probanden breite Akzeptanz finden, sind der Verzicht auf die tägliche Zimmerreinigung und den Handtuchwechsel sowie die Nutzung von Energiesparlampen. Außerdem ist für viele der Verzicht auf eine Minibar im Hotelzimmer und die Selbstportionierung von Lebensmitteln ein vertretbares Mittel. Um einen Beitrag zu mehr Nachhaltigkeit im Urlaub zu leisten, ist zudem die Verwendung von recyceltem Toilettenpapier für viele der Teilnehmer vorstellbar.

Hier können sich für die Hotellerie interessante Einsparungspotenziale ergeben, die genutzt werden können und trotzdem von den Gästen akzeptiert und sogar im Sinn der Nachhaltigkeit geschätzt werden.

Dennoch ist es immer wieder auffallend, dass sich Reisende trotz positiver Einstellung zur Nachhaltigkeit nicht nachhaltig verhalten. Dieses als „Attitude-Behaviour-Gap" bezeichnete Konstrukt wird in dem Gastbeitrag von Prof. Grassinger näher thematisiert.

Gastbeitrag: Die Attitude-Behaviour-Gap im Tourismus: Warum sich Reisende trotz positiver Einstellung zur Nachhaltigkeit im Urlaub nicht nachhaltig verhalten
Prof. Dr. Bibiana Grassinger, IU Internationale Hochschule

Einleitung
In den letzten Jahrzehnten hat sich Urlaub als soziale Norm etabliert (Carlile et al. 2015); die Reiseintensität der deutschsprachigen Bevölkerung (ab 14 Jahren, ab fünf Tagen Urlaub) liegt auf konstant hohem Niveau von 78 Prozent (ausgenommen sind die Pandemie-Jahre) (FUR 2020). Auch wenn bei manchen die Pandemie das Urlaubsreiseverhalten verändert hat (nahe und/oder erdgebundene Reiseziele), gibt es keine geringe Anzahl an Gästen, die großen „Nachholbedarf" an (internationalen) Reisen haben (Kompetenzzentrum Tourismus des Bundes 2021). Aus ökologischer Perspektive ist erstrebenswert, Urlaub möglichst nachhaltig zu gestalten. Eine wichtige Voraussetzung hierfür auf Seiten der Gäste ist eine positive Einstellung zu nachhaltigen Urlaubsreisen (Gigliotti 1994). Zugleich scheint dies nicht hinreichend. So verweisen immer mehr Forschungsarbeiten im Bereich Tourismus darauf, dass eine Lücke (Gap) zwischen nachhaltiger Einstellung (Attitude) einerseits und nachhaltigem Verhalten (Behaviour) im Urlaub besteht (Agyeman/Kollmuss 2002, Berger et al. 2022, Carlile et al. 2015, Cohen/Higham/Reis 2016, Dolnicar/Juvan 2014, Gössling/Lund-Durlacher 2022, Tölkes 2020). Diese Lücke ist sowohl bei den Leistungsträgern (Cvelbar/Dolnicar/Grün 2019) als auch bei den Gästen festzustellen (Berger et al. 2022, Cvelbar/Dolnicar/Grün 2019, Dolnicar/Juvan 2014, Carlile et al. 2015). Der Beitrag erklärt die Attitude-Behaviour-Gap der Gäste und untersucht darüber hinaus, wie die Lücke reduziert bzw. geschlossen wird.

Die Attitude-Behaviour-Gap bei nachhaltigem Verhalten auf Reisen
In verschiedenen Studien wurde festgestellt, dass Menschen sich nicht immer entsprechend ihrer Einstellung zur Nachhaltigkeit, insbesondere ökologischen Nachhaltigkeit, verhalten (Cavaliere/Cohen/Higham 2014, Dolnicar/Juvan 2014). Nun stellt sich die Fragen nach den möglichen Gründen dafür. Weshalb verhalten sich Reisende, denen ökologische Nachhaltigkeit wichtig ist, nicht dementsprechend bei ihrer Urlaubswahl oder in ihrem Urlaub? Die Frage ist auch deshalb interessant, da nach einer aktuellen Studie das Umweltbewusstsein der Bevölkerung immer mehr steigt (BMUV 2022). Abbildung 9 gibt eine Antwort hierauf. Hierbei wird zwischen Gründen unterschieden, die

Abbildung 9: Einflussfaktoren, die eine Attitude-Behaviour-Gap begünstigen (vereinfachte Darstellung in Anlehnung an Agyeman/Kollmuss 2002, S. 257).

bei den Gästen liegen (interne Faktoren), und Gründen, die eher politischer, struktureller oder wirtschaftlicher Natur sind (externe Faktoren):

I1 Wissen: Zunächst geht es um das grundsätzliche Wissen über Nachhaltigkeit und die Zusammenhänge zwischen dem menschlichen Verhalten und dessen Auswirkungen auf Klima und Natur. Menschen, die nachhaltiges Reisen an und für sich begrüßen, tun dies kaum, wenn sie nicht wissen, wie. Angesichts dessen sind Befunde der Reiseanalyse 2014 (FUR 2014) besonders interessant, wonach 43 Prozent der befragten Personen einen Mangel an Informationen über nachhaltige Urlaubsangebote berichteten. Hierbei handelt es sich um eine Wissenslücke, die Booking (2019) in seiner Studie zu nachhaltigem Reiseverhalten bestätigte. Dies kann zwei Gründe haben: Entweder gibt es zu wenig nachhaltige Urlaubsangebote oder die Leistungsträger kommunizieren ihr nachhaltiges Engagement zu wenig.

I2 Emotionen: Urlaubsreisen werden gewöhnlich mit positiven Gefühlen verbunden. Genuss und Erlebnisse spielen eine wichtige Rolle. Wenn nachhaltiges Verhalten dem entgegensteht – mit anderen Worten, wenn mit nachhaltigem Verhalten hohe emotionale Kosten verbunden sind –, so können diese emotionalen Kosten erklären, warum Reisende trotz grundsätzlich positiver Einstellung zu ökologischer Nachhaltigkeit sich im Urlaub nicht entsprechend verhalten (Cvelbar/Dolnicar/Grün 2019). Dies mag der Fall sein, wenn Reisende Ärger oder Frustration antizipieren (z. B. über Wartezeiten bei der Nutzung öffentlicher Verkehrsmittel).

I3 Verhaltensmuster: Das Nachhaltigkeitsbewusstsein hat sich in den letzten Jahren verändert (BMUV 2022). In vielen kleinen Verhaltensweisen (Einkauf regionaler Produkte, Orientierung an Bio-Labels in Bezug auf Lebensmittel und Reinigungsmittel, Nutzung des ÖPNV statt des eigenen Fahrzeugs u. a.) haben die Verbraucher im Alltag geübt, sich entsprechend zu verhalten. Eine notwendige Voraussetzung hierfür sind geringe Suchkosten (z. B. Suche nach regionalen und Biolebensmitteln bzw. öffentlichen Verkehrsmitteln, Vertrautheit mit der Sprache, um ggf. nachzufragen). Im Urlaub sind diese Suchkosten jedoch oftmals hoch, da der Reisende wenig mit infrastrukturellen Angeboten vertraut ist oder die Fremdsprache nicht hundertprozentig versteht. Daher kann ein Unterschied in den Verhaltensmustern in Bezug auf Nachhaltigkeit zwischen „zu Hause" und „unterwegs" festgestellt werden (Barr et al. 2010, Cohen/Higham/Reis 2016).

E1 Infrastruktur/Politik: Wie umweltfreundlich jemand agieren kann, hängt auch mit infrastrukturellen und politischen Rahmenbedingungen zusammen. Wird nachhaltiger Tourismus lokal unterstützt? Wird Leistungsträgern die Möglichkeit gegeben, nachhaltige Tourismusangebote zu etablieren? Gibt es die Möglichkeit der Mülltrennung? Wie steht es um den Ausbau des öffentlichen (Nah-)Verkehrs? Sind Städte fahrradfreundlich ausgerichtet (Radspuren, Fahrradstraßen, Abstellmöglichkeiten) oder haben Autos Vorrang? Welche Rolle spielt die Bahn als umweltfreundliches Transportmittel im Vergleich zum motorisierten Individualverkehr? All diese Fragen mögen verdeutlichen, dass ungünstige infrastrukturelle oder politische Rahmenbedingungen es Reisenden erschweren können, eigene positive Einstellungen zu nachhaltigem Tourismus auch in entsprechendem Verhalten zu zeigen.

E2 Soziale/kulturelle Normen: Soziale Normen beschreiben typische Verhaltensweisen von Menschen vor Ort und können – insbesondere über verschiedene Länder hinweg – deutlich variieren. Beim Einkauf eine Plastiktüte zu nehmen, Müll zu trennen, Individualverkehr zu bevorzugen sind Beispiele sozialer Normen mit Bezug zu ökologischer Nachhaltigkeit. Zugleich tendieren Reisende (wie die meisten Menschen) dazu, sich konform zu verhalten, und orientieren sich an sozialen und kulturellen Normen. Wenn diese nun der individuellen positiven Einstellung zu ökologischer Nachhaltigkeit widersprechen, so erschwert die Tendenz zu Konformität, dass Menschen sich nachhaltig verhalten.

In Deutschland zeigt sich nach dem Zweiten Weltkrieg mit dem wirtschaftlichen Aufschwung und technischen Entwicklungen ein reges Reiseverhalten. Seit der Generation X (geb. 1966–1980) ist Reisen ein wesentlicher Bestandteil des Lebens geworden. Es ist auffällig, wenn jemand keine Urlaubsreise macht. Reisen ist alltäglich geworden (soziale Norm). Doch alles, was als normal gilt, ist schwer zu verändern (Carlile et al. 2015). So ist nach den Restriktionen der Corona-Pandemie eine Zunahme der Reisebuchungen beobachtbar (Kompetenzzentrum Tourismus des Bundes 2021).

E3 Wirtschaftliche Situation: Auch wenn es nicht für alle Bereiche zutrifft, ist es beispielsweise bei Lebensmitteln sichtbar: Umweltfreundliches Verhalten muss man sich leisten können. Nachhaltig produzierte Lebensmittel sind in der Regel teurer als herkömmliche Produkte. Der Konsum dieser Lebensmittel ist nur mit ausreichend finanziellen Mitteln möglich. Personen, die über weniger Geld verfügen, z. B. junge Menschen in Ausbildung/Studium, wollen dennoch verreisen und entscheiden sich für ein Angebot anhand des Reisepreises (ruf Reisen 2016) – auch wenn ihnen Nachhaltigkeit wichtig ist.

Möglichkeiten zur Reduktion/Schließung der Attitude-Behaviour-Gap

In der Literatur werden verschiedene psychologische Ansätze zur Erklärung von (geplantem) Verhalten verfolgt. Die Theorie der kognitiven Dissonanz erläutert, dass Menschen ein psychologisches Unwohlsein (Frustration, Ungleichgewicht) empfinden, wenn sie eine Dissonanz bei Werten, Einstellungen, Meinungen, Verhalten erleben, und dazu tendieren, diese kognitive Dissonanz aufzulösen (Festinger 1957). Dies erfolgt durch Änderungen der Einstellung oder des Verhaltens. Man kann dies sehr gut mit einer Waage vergleichen, deren Ungleichgewicht damit wieder in Balance gebracht wird (Carlile et al. 2015). Dem folgend sind Menschen grundsätzlich bestrebt, die Lücke einer Attitude-Behaviour-Gap aufzulösen, indem sie entweder ihr Verhalten rechtfertigen oder sich konsequenter entsprechend der positiven Einstellung zu ökologischer Nachhaltigkeit verhalten (Becken 2004, Bergin-Seers/Mair 2009). Demnach bestehen zwei grundsätzliche Möglichkeiten, zu begünstigen, dass Reisende mit positiven Einstellungen zu nachhaltigem Tourismus diesen auch so realisieren:

1. Rechtfertigungen eines nicht nachhaltigen Tourismusverhaltens reduzieren

In einer Studie von Dolnicar und Juvan (2014) wurde untersucht, welche Rechtfertigungsmuster Reisende an den Tag legen, um ihre Attitude-Behaviour-Gap zu schließen. Hierzu befragten die Autoren im Umweltbereich ehrenamtlich Engagierte nach ihrem Urlaubsverhalten und identifizierten folgende Rechtfertigungen:

1. So schlimm ist es nicht (ich glaube nicht, dass es so schlimm ist; mein Verhalten hat keine langfristigen Konsequenzen).
2. Es könnte schlimmer sein (andere Personen verhalten sich schlimmer; in anderen Branchen wird die Umwelt noch weniger berücksichtigt).
3. Es ist nicht meine Verantwortung (ich bin machtlos, die anderen sind verantwortlich).
4. Ich würde gerne, kann aber nicht (die Entscheidung liegt außerhalb meines Handlungsbereichs).
5. Urlaube sind eine Ausnahme (im Alltag verhalte ich mich umweltfreundlich, Urlaub ist etwas Besonderes).
6. Ich tue mehr Gutes als Schlechtes (z. B. im Alltag).

Das Ergebnis zeigt, dass mögliche Ausreden sehr vielfältig sein können. Im Kern erscheinen das Aufzeigen (a) ökologischer Konsequenzen, (b) der individuellen Verantwortung und (c) konkreter Gestaltungsmöglichkeit als drei Ansatzpunkte, um Ausreden zu reduzieren und so zu unterstützen, dass Reisende mit positiver Einstellung zu Nachhaltigkeit sich dementsprechend verhalten.

2. Nachhaltiges Verhalten im Urlaub gezielt ermöglichen

Eine weitere Möglichkeit besteht darin, ökologisch nachhaltiges Verhalten zu unterstützen, indem man bei den Einflussfaktoren ansetzt – mit anderen Worten die Gap möglichst gering werden lässt. Aus den vorangegangenen Ausführungen lässt sich ableiten, dass dies gelingen kann, wenn

- Wissen zu nachhaltigem Verhalten gestärkt wird,
- positive Emotionen bei nachhaltigem Verhalten evoziert werden,
- eingeübte Verhaltensmuster im Urlaub verstetig werden sowie
- infrastrukturelle und politische Rahmenbedingungen gestärkt werden.

Die sozialen und kulturellen Normen sowie die wirtschaftliche Situation des einzelnen können von den Leistungsträgern und der Politik nur wenig bzw. über einen langen Zeitraum beeinflusst werden, so dass diese auf die anderen Faktoren fokussieren sollten.

Folgende Beispiele illustrieren diese Möglichkeiten:

Wissen zu nachhaltigem Verhalten auf Reisen stärken: Das verstärkte Bewerben von Möglichkeiten nachhaltigen Verhaltens oder die Entwicklung und Vermarktung entsprechender Angebote sind Beispiele hierfür. So haben neben zertifizierten Individualhotels auch Hotelkooperationen und Hotelketten umweltfreundliche Maßnahmen ergriffen (z. B. Umstellung auf energiesparende Beleuchtung, Nutzung aktiver und passiver Solartechnik, Angebot regionaler Speisen und Getränke, Mitarbeiterschulungen in Bezug auf Nachhaltigkeit), zum Teil sogar mit einem eigenen Nachhaltigkeitsmanagementprogramm (z. B. Accor, NH Hotels). Cvelbar, Dolnicar und Grün (2019) zeigten auf, dass Gäste, denen das Einsparpotenzial eines Verzichts auf die Zimmerreinigung (1,5 kWh Strom, 100 ml Chemikalien) erklärt wurde, eher darauf verzichteten.

Ein anderes Beispiel: Das umweltbewusste Handeln touristischer Akteure ist häufig für Gäste nicht sichtbar (Tölkes 2020). Daher ist es wichtig, sich mit der Möglichkeit einer Zertifizierung auseinanderzusetzen; dies trifft auch auf kleine und mittlere Unternehmen zu. Die vergebenen Labels können für die Kommunikation nach außen (für Gäste und weitere Stakeholder wie z. B. lokale Bevölkerung, Banken, Lieferanten) genutzt werden. Gleichzeitig dienen sie als strukturierter Wegweiser durch eine Vielfalt an umweltfreundlichen Maßnahmen und zur Implementierung eines Nachhaltigkeitsmanagementsystems in einem Unternehmen. Die Europäische Union fordert in ihrem aktuellen Papier „Transition Pathway for Tourism" (European Commission 2022) touristische Unternehmen dazu auf, sich für das EMAS-Siegel zu bewerben. Beherbergungsbetriebe sollen sich verstärkt am EU Ecolabel oder der EN ISO 14024 Norm orientieren und somit ihr umweltfreundliches Verhalten sichtbar machen. Nicht zu vergessen ist, aufgrund der Vielzahl an Labels (Label-Dschungel) sowohl das Siegel als auch die Vergabekriterien für die Gäste transparent darzustellen (Tölkes 2020).

Positive Emotionen im Urlaub evozieren: Eine weitere Möglichkeit ist die freiwillige Einpreisung einer CO_2-Abgabe in den Endpreis, so dass Umweltkosten – sofern nicht vermeidbar oder nicht weiter reduzierbar – zumindest ansatzweise kompensiert werden. Hotelkooperationen wie z. B. GreenLine Hotels oder verschiedene Airlines bieten die freiwillige CO_2-Kompensation an. Wenn dies den Reisenden stolz auf sich macht oder anderweitig wertgeschätzt wird, so begünstigt dies nachhaltiges Verhalten, da es emotional positiv besetzt ist. Laut Cvelbar, Dolnicar und Grün (2019) hilft der Anreiz eines Getränkegutscheins für die Bar, damit Gäste auf die (tägliche) Zimmerreinigung verzichten – der Getränkegutschein wirkt wie eine Belohnung und ruft bei den Gästen ein positives Gefühl hervor.

Verhaltensmuster bestärken: Oftmals ist es schwierig, das im Alltag routinierte umweltfreundliche Verhalten auch auf Reisen zu zeigen. Die Leistungsträger sind daher gefordert, die Suchkosten für umweltfreundliche Angebote so gering wie möglich zu halten. Wo befindet sich ein Restaurant mit biozertifiziertem Essen? Wo im Ort gibt es kleine Lebensmittelgeschäfte mit Produkten aus der Region als Alternative zum großen Supermarkt? Je niederschwelliger die Angebote, desto einfacher ist es für die Besucher, diese zu nutzen. Informationen in der (digitalen) Gästemappe zu umweltfreundlicher Mobilität (ÖPNV-Fahrpläne, Fahrradverleih) vor Ort in verschiedenen Sprachen erleichtern es den Gästen, diese zu nutzen.

Infrastrukturelle und politische Rahmenbedingungen für nachhaltigen Tourismus schaffen: Umweltfreundliches Verhalten kann gefördert werden, indem beispielsweise umweltfreundliche Transportmittel ausgebaut und/oder subventioniert werden. Die wahren Umweltkosten einer Reise werden im Reisepreis bislang nicht einkalkuliert. Durch die verpflichtende Einrechnung bspw. einer CO_2-Abgabe werden die Preise für Reisen realistischer dargestellt. Der Ausbau des ÖPNV hilft, das Angebot flächendeckender attraktiv zu machen und die sogenannte letzte Meile zu überbrücken.

Fazit
Zusammenfassend lässt sich feststellen, dass Gäste in Bezug auf Nachhaltigkeit eine Einstellungs-Verhaltens-Lücke wahrnehmen und versuchen, diese zu rechtfertigen. Es gibt sowohl interne als auch externe Gründe für die beschriebene Lücke. Um die Attitude-Behaviour-Gap im Bereich der Verhaltensänderung zu reduzieren bzw. zu schließen, ist es hilfreich, die Hürden für nachhaltiges Reiseverhalten von Seiten der Politik und der Leistungsträger so niedrig wie möglich zu halten. Je niederschwelliger die Angebote sind, wie z. B. die automatische CO_2-Abgabe oder der Verzicht auf eine Zimmerreinigung gegen einen Bargutschein, desto größer ist die Wahrscheinlichkeit, dass dies bei Personen, die Wert auf Umweltfreundlichkeit legen, auch geschieht.

Wie sieht es bei Geschäftsreisen zukünftig aus? Auch Unternehmen und Verbände stellen sich nachhaltig auf und hinterfragen die eigenen Reisetätigkeiten. Gerade in der Pandemie wurde deutlich, dass viele Termine nicht in Präsenz stattfinden müssen und Videokonferenzen Akzeptanz gefunden haben. So prognostiziert die Branche einen Rückgang der Geschäftsreisen.

Der Verband Deutsches Reisemanagement e.V. hat in seinem Geschäftsreisebericht 2021 Klimaschutz und Nachhaltigkeit bewertet. Bei der Umfrage haben sich über 90 Prozent der Travel Manager in Unternehmen und 97 Prozent im öffentlichen Sektor dafür entschieden, dass sich Nachhaltigkeit stark oder teilweise zu einem Wettbewerbsfaktor entwickeln wird und daher bei vielen heute bereits ein Auswahlkriterium geworden ist. Hauptsächlich haben sich mittelständische Unternehmen von 2020 zu 2021 zu mehr Nachhaltigkeit im Reisebereich bekannt. Abbildung 10 verdeutlicht hierzu die Zahlen: Waren es im Jahr 2020 noch 55 Prozent, welche die Frage mit „Nein" beantwortet haben, sind es heute nur noch 9 Prozent, die Nachhaltigkeit nicht als Wettbewerbsfaktor beurteilen.

Auf die Frage, ob Unternehmen im Rahmen anstehender Geschäftsreisen Maßnahmen planen, ihre CO_2-Bilanz zu verbessern, antworteten 73 Prozent der mittelständischen Unternehmen und 85 Prozent der größeren Unternehmen mit „Ja". Im Jahr 2020 war das Engagement noch nicht so groß gewesen. Grundsätzlich kann festgestellt werden, dass Unternehmen nach der Corona-Pandemie weniger Geschäftsreisen planen. 73 Prozent aller Befragten gaben an, bei innerdeutschen Reisen vom

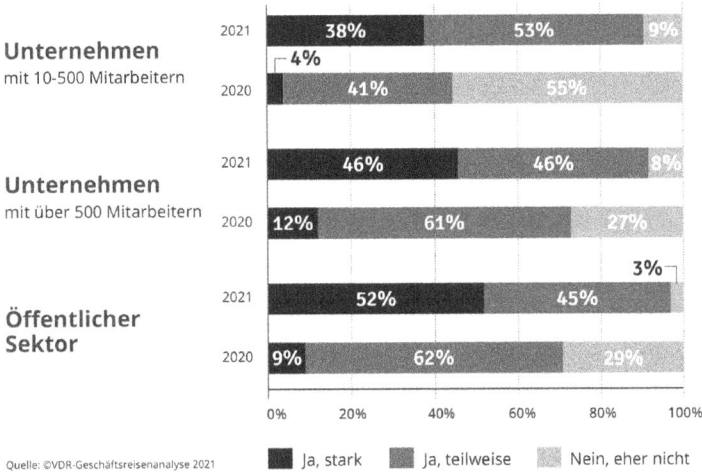

Abbildung 10: Nachhaltigkeit als Wettbewerbsfaktor bei der Wahl der Leistungsträger 2020/2021 (VDR Geschäftsreiseanalyse 2021).

Flugzeug auf die Bahn umgestiegen zu sein. Weitere 13 Prozent planen, dies in Zukunft noch zu tun. Immer häufiger, 47 Prozent der Befragten, entscheiden sich Reisende für eine Kompensation der durch ihre Reise entstandenen CO_2-Emissionen. Weitere 30 Prozent können sich darüber hinaus vorstellen, Reisen zukünftig zu kompensieren (VDR Geschäftsreiseanalyse 2021).

Auch aus Hotelsicht wird wahrgenommen, dass die Nachfrage nach nachhaltigen Angeboten sowohl bei Geschäfts- als auch bei Leisure-Gästen steigt.

> „Wir merken gerade, dass nun auch die Geschäftsreisenden und unsere Firmenpartner verstärkt Wert auf eine nachhaltige Unterkunft legen. Und auch in weiten Teilen der Bevölkerung steigt der Wunsch, unseren Planeten lebenswert für die nachfolgenden Generationen zu erhalten. Daher wird der Stellenwert sicherlich noch steigen und weitere Bereiche umfassen." (Lindner Hotels 2021)

Seit das Bewusstsein der Menschen hinsichtlich ökologisch nachhaltigeren Konsums stieg, nutzen Unternehmen branchenübergreifend sogenannte „grüne Kommunikation", um ihr Produkt, ihre Dienstleistung und auch das Unternehmen selbst zu vermarkten (Benoit-Moreau/Parguel/Russell 2015, S. 1). Der Umweltschutz ist ein allgegenwärtiges Thema, weshalb auch die Ausgaben für grüne Werbemaßnahmen stetig ansteigen (Dahl 2010, S. A 247). Auf die Richtigkeit und Ernsthaftigkeit der Informationen legen Gäste und Kunden immer größeren Wert. Dennoch erfolgt diese nicht immer wahr und auf korrekte Weise.

3.3 Greenwashing

Unternehmen passen oft nur ihre Werbemaßnahmen an die erhöhte Nachfrage nach Nachhaltigkeit an. Die Konsumenten werden durch falsche Versprechen zum Kauf verleitet. Seitdem das Bewusstsein der Konsumenten zum Thema Nachhaltigkeit ansteigt, ist auch der Begriff des Greenwashings immer präsenter. „Greenwashing betreibt, wer zu Unrecht nachhaltiges Engagement für sich in Anspruch nimmt. Der international etablierte Begriff bezieht sich vor allem auf Unternehmen, die sich mit ökologischen oder auch sozialen Leistungen brüsten, die entweder nicht vorhanden sind oder die minimal sind im Verhältnis zu negativen öko-sozialen Auswirkungen des Kerngeschäfts" (Aachener Stiftung Kathy Beys 2015). Die Verbraucher werden also bewusst getäuscht, denn die Unternehmen erwecken den Eindruck, außerordentlich fair und umweltfreundlich oder auch ethisch vorbildlich zu agieren, obwohl dies nicht ihrem realen unternehmerischen Handeln entspricht (Jans 2018).

Abbildung 11 verdeutlicht, dass Greenwashing verschiedene Ebenen umfassen kann. Dabei ist die erste Form das Greenwashing auf Unternehmensebene, wobei es um irreführende Kommunikation hinsichtlich der Reputation geht. Diese Ebene behandelt statische Fakten wie das Logo oder das öffentliche Auftreten der Firma. Außerdem kann Greenwashing auf strategischer Ebene stattfinden, wenn es etwa um die zukünftige strategische Ausrichtung eines Unternehmens geht, wobei fälschliche nachhaltige Versprechen gegeben werden. Die dritte Ebene behandelt den Missbrauch grüner Kommunikation zur Verschleierung illegaler Tätigkeiten. Zuletzt kann Greenwashing auf Produktebene durchgeführt werden, indem gewissen Eigenschaften eines Produktes ein Beitrag zur Nachhaltigkeit zugeschrieben wird (Balluchi/Lazzini/Torelli 2019, S. 5).

Des Weiteren werden verschiedene Formen und Methoden von Greenwashing unterschieden. Die erste Methode umfasst das Hervorheben von Eigenschaften, die keinerlei Bedeutung aufweisen. Dabei wird zumeist das Fehlen eines Inhaltsstoffes beworben, welcher beispielsweise giftig, aber ohnehin verboten ist. Bei einer anderen Methode werden positive Eigenschaften in einem negativen Kontext betont, wobei das unökologische Gesamtprodukt durch die Hervorhebung des geringen nachhaltigen Aspekts verschleiert werden soll. Eine weitere Form des Greenwashings ist die Beschönigung. Hier werden ungesunde und umweltschädliche Produkte beispielsweise durch den Zusatz „Bio" aufgewertet. Zuletzt unterscheidet man jene Methode, bei der konkrete Falschaussagen gemacht oder unklare Begriffe verwendet werden, welche dem Konsumenten Spielraum zur Interpretation geben und somit zu falschen Schlussfolgerungen führen (Jans 2018). Durch Greenwashing wirbt ein Unternehmen also mit falschen oder beschönigenden Aussagen, wobei das Ziel verfolgt wird, mehr Profit und Ansehen zu gewinnen. Der Konflikt, welcher mit Nutzung dieser Methoden einhergeht, ist die bereitwillige Budgetverwendung für Greenwashing-Werbemaßnahmen, anstatt dieses Geld in wirklich nachhaltige

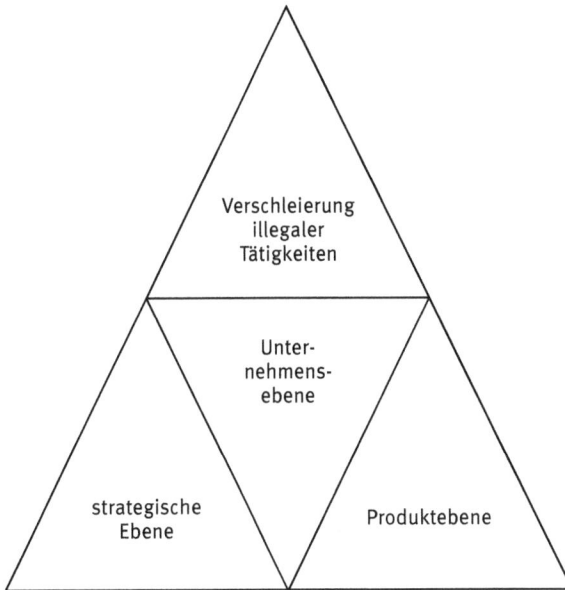

Abbildung 11: Verschiedene Ebenen des Greenwashing (eigene Grafik in Anlehnung an Balluchi/
Lazzini/Torelli 2019, S. 5).

Projekte oder die grundsätzliche ökologische Ausrichtung des Unternehmens zu investieren (Bilan et al. 2020, S. 3).

Dieser Missbrauch der Idee nachhaltigen Wirtschaftens, um das Ansehen des
Unternehmens in der Öffentlichkeit zu steigern, ist seit Jahrzehnten ein weitverbrei-
tetes Problem (Jans 2018). Die Ursache der Verwendung von Greenwashing wird der
erhöhten Nachfrage nach ökologischen und sozialverträglichen Produkten und Sti-
len der Unternehmensführung zugeschrieben. Mittlerweile bestimmt das ökologische und soziale Engagement eines Unternehmens einen Großteil seines Images.
Problematisch wird es für die Unternehmen, wenn ihre Werbeslogans und Kampa-
gnen als Greenwashing entlarvt werden. Dies lässt die Glaubwürdigkeit eines Unternehmens drastisch sinken und gefährdet somit dessen Wirtschaftlichkeit. Denn ein
durch Greenwashing geschädigtes Image kann ein dauerhaftes Misstrauen der Konsumenten nach sich ziehen (Aachener Stiftung Kathy Beys 2015).

Um die Nachhaltigkeitsvorstellungen im Kundenkreis und der Gesellschaft
nicht zu verletzen, versuchen Unternehmen vermehrt, eine öffentliche Bestätigung
für ihre Interpretation nachhaltigen Wirtschaftens zu erlangen. Beliebt dabei ist
eine ökologische Zertifizierung. Eine Zertifizierung im Sinne der Nachhaltigkeit soll
den Stakeholdern weniger Spielraum zum Hinterfragen der unternehmerischen Tätigkeiten geben. Durch dieses Instrument lassen sich Firmen ihre Definition und
Umsetzung von Nachhaltigkeit von Dritten bestätigen, wodurch das Ansehen in der
Öffentlichkeit steigen soll (Wiegand 2018, S. 44).

Eine große Herausforderung stellen in diesem Zusammenhang die unzähligen Möglichkeiten einer Zertifizierung im Bereich der Nachhaltigkeit dar. Zunächst gibt es mittlerweile eine unüberschaubare Menge an unterschiedlichen Zertifikaten, welche Nachhaltigkeit bestätigen sollen. Aufgrund dieser Vielfalt ist es jedem Unternehmen möglich, eine Auszeichnung zu finden, welche zu seiner persönlichen Vorstellung von nachhaltigem Wirtschaften passt. Dadurch verringert sich zudem der Aufwand für eine Auszeichnung, weil ein Zertifikat gewählt wird, welches nur geringe Änderungen erfordert (Wiegand 2018, S. 47). Des Weiteren entwickeln viele Unternehmen mittlerweile ihre eigenen Nachhaltigkeitsziele und damit verbunden unternehmensinterne Zertifizierungen, deren Kriterien von keinem externen Dritten untersucht werden (Wiegand 2018, S. 48) (siehe auch Kapitel 5.1 Zertifizierungen).

Auch in der Tourismuswirtschaft hat das Verlangen nach nachhaltigeren Angeboten Vorfälle von Greenwashing hervorgerufen. So werben beispielsweise Hotelketten auf den Malediven und Seychellen mit dem Angebot, dort während des Aufenthalts die Korallenbänke aufzuforsten. Hier ist die Methode der Betonung eines positiven Aspektes in einem negativen Kontext wiederzuerkennen, da die ökologische Beeinträchtigung durch die lange Flugreise nicht durch den ökologischen Beitrag für die Destination zu kompensieren ist (Maier-Albang 2020). Ein weiteres Greenwashing-Beispiel stellt die Kreuzfahrtindustrie, welche als die umweltschädlichste Art des Reisens bekannt ist, bereit. Das Kreuzfahrtunternehmen AIDA möchte bis zum Jahr 2023 ein Fünftel seiner Flotte umrüsten und wirbt bereits mit „Green Cruising". Die grünen Schiffe sollen einen anderen Treibstoff verwenden, welcher zwar weniger Schadstoffe produziert, aber diesen positiven Effekt durch seine umweltbelastende Gewinnung konterkariert (Schrage 2021).

Einen Faktor, um die grünen Versprechen eines Unternehmens zu überprüfen, stellt die Transparenz dar. Je mehr Informationen man über das nachhaltige Engagement und die Umsetzung grüner Versprechen des Unternehmens finden kann, umso höher ist die Wahrscheinlichkeit, dass es sich dabei nicht um Greenwashing handelt. Grundsätzlich sind viele Greenwashing-Aktionen durch logische Schlussfolgerung als solche zu entlarven. Beispielsweise ist die CO_2-Kompensation eines Billigfluganbieters tatsächlich unrealistisch, da die angebotenen Preise kein zusätzliches nachhaltiges Engagement ermöglichen.

Seit 2019 setzt sich auch die Europäische Union aktiv gegen Greenwashing ein, um Verbraucher zu schützen. Die Europäische Kommission hat den European Green Deal beschlossen, welcher die Klimaneutralität des Kontinents Europa zum Ziel hat. Daraus folgt, dass grüne Kommunikation von Unternehmen anhand eines gemeinsamen standardisierten Vorgehens überprüft werden soll (EVZ 2021).

Zusammenfassend wird es dem Endkonsumenten in jeder Hinsicht deutlich erschwert, den Überblick über tatsächliche Inhaltsstoffe und Herkunft der Produkte sowie Auswirkungen seines Kaufverhaltens zu bewahren. Um als Verbraucher wirklich einen Beitrag zur Nachhaltigkeit zu leisten und die richtigen Unternehmen zu unterstützen und somit deren grüne Produkte und Leistungen voranzutreiben, muss grüne

Kommunikation stets hinterfragt werden. Wer nachhaltig konsumieren möchte, bedarf ständiger Information und muss wissen, was hinter den jeweiligen Zertifizierungen und Werbeversprechen steckt. Solange es keine allgemeingültigen Regelungen und Möglichkeiten zur Überprüfung grüner Werbeversprechen gibt, ist die gründliche Information und Auseinandersetzung mit dem jeweiligen Unternehmen die beste Möglichkeit, sich vor Greenwashing zu schützen. Angebote können überprüft werden, indem man sich selbstständig über mögliche Umweltauswirkungen und Schutzvorkehrungen informiert (fairunterwegs 2014). In vielen Fällen gilt es, die Plausibilität hinter der grünen Kommunikation zu hinterfragen und somit das beworbene nachhaltige Engagement realistisch zu bewerten.

3.4 Veränderungen durch die Covid-19-Pandemie

Die Umweltbilanz der Pandemie ist heute schon sichtbar: saubere Strände am Mittelmeer, weniger CO_2-Ausstöße durch Flugzeuge und damit eine verbesserte Luftqualität und verringerter Rohstoffverbrauch. Wenn man also dieser Pandemie etwas Positives abgewinnen kann, dann sind es die Auswirkungen auf unsere Umwelt. Ohne eine intakte Natur würde auch das Reisen keinen Spaß machen, so viel steht fest. Jedoch sind diese „Corona-Effekte" nur kurzzeitig und bedeuten nicht, dass bestehende nachhaltige Maßnahmen nicht weitergeführt werden müssen. Es ist wichtig, die langfristigen Auswirkungen unseres Handelns auf die Umwelt nicht aus den Augen zu verlieren.

Wird die Erfahrung des gesellschaftlichen Zusammenhalts im Kampf gegen Corona dazu führen, dass auch der Klimawandel als gesamtgesellschaftliche Aufgabe verstanden wird? Es bleibt zumindest die Hoffnung auf den Erhalt des positiven Trends zum nachhaltigen Reisen. Dazu gehört die sorgsame Auswahl des Transportmittels und der Unterkunft sowie die Beschäftigung vor Ort unter nachhaltigen Kriterien. Wer also mit der Bahn in ein als nachhaltig zertifiziertes – im besten Falle sogar klimaneutrales – Hotel oder Hostel verreist, vor Ort regionale und saisonale Speisen bevorzugt und die Umgebung bei Wanderungen und Fahrradausflügen erkundet, reist definitiv nachhaltiger und wird mit unbeschreiblich schönen Erlebnissen belohnt.

Gastbeitrag: Grün und sozial – eine Transformation des nachhaltigen Tourismus durch die Corona-Pandemie?
Wolf-Thomas Karl, MBA, Wirtschaftspsychologe, Hochschuldozent für nachhaltigen Tourismus, Innovationen im Tourismus, Sporttourismus und Unternehmenskommunikation sowie Partner bei WOLF.Communication & PR

Nachhaltiges Reisen galt bisher oft als wenig attraktiv
Verzicht im Kontext des Reisens galt bei einem Großteil der Konsumenten und Konsumentinnen bisher als weniger attraktiv: Führte das nachhaltige Reisen bis vor wenigen Jahren ein Nischendasein für Individualisten, stehen heutzutage die ökologischen und vor allem die sozialen As-

pekte im Mittelpunkt der Diskussion. Bedingt durch die präsente Debatte um den Klimawandel wird das bisherige Reiseverhalten vermehrt kritisch hinterfragt. Zugleich gibt es eine deutliche Präferenz für generelle Nachhaltigkeit. Ein gesellschaftlicher Trend, der seinen Ausdruck im sanfteren Tourismus findet. Somit wurde das Ende des Massentourismus eingeleitet. Die Touristik ist nun gefordert, neue Konzepte zu erstellen.

Der damit einhergehende gesellschaftliche Wandel führte bereits vor der Corona-Krise zu einem Umdenken und kommt nun auch dem Reisesektor zugute. Das neue Bewusstsein gegenüber einem sich verändernden Klima, wobei die CO_2-Bilanz einen hohen Stellenwert einnimmt, wird das Reisen nachhaltig prägen. Der Mensch hat offensichtlich gelernt, die Natur respektvoller wahrzunehmen. Da im Kontext des Reisens neben der Reduzierung von CO_2 die Achtsamkeit gegenüber allen beteiligten Protagonisten im Rahmen einer Reise ebenfalls mehr in den Mittelpunkt des Interesses rückt, entwickelt sich daraus eine nachhaltigere Form des Tourismus, die auf Resonanz basiert. Das Zukunftsinstitut definierte in Anlehnung an die Theorien des Soziologen Hartmut Rosa (2020) und den Entwicklungen auf der konsumentenpsychologischen Ebene neuere Veränderungen im Tourismus als Resonanz-Tourismus. Eine Abkehr vom Massentourismus, mehr Authentizität und Individualität sind gefragt. Es tritt in diesem Kontext – neben der ökologischen Ebene der Nachhaltigkeit – auch die soziologische Ebene verstärkt in den Vordergrund: „Die Sehnsucht nach Verbundenheit und Gemeinschaft wächst. Das neue Grundbedürfnis heißt: Resonanz" (Egger et al. 2019, S. 6). Das Zukunftsinstitut sieht im Rahmen seiner Forschungen die Tourismusanbieter der Zukunft sogar als „Gestalter von Resonanzräumen" (Egger et al. 2019, S. 7).

Das Thema Nachhaltigkeit etablierte sich jedoch erst in den vergangenen Jahren als Potenzial in der Produktentwicklung im Tourismus; auch wenn dies grundsätzlich als Widerspruch erscheinen mag, da gerade der Tourismus wie kaum eine andere Branche zum Gelingen der Koproduktion des Konsumenten bedarf. Vor allem Fridays for Future hat als Initiative die Gesellschaft und Politik spürbar für diese Thematik sensibilisiert sowie durch starke Medienpräsenz eine breite öffentliche Debatte ausgelöst, insbesondere im Hinblick auf den Klimaschutz (Strasdas et al. 2020, S. 6). Zuvor beschränkte sich Nachhaltigkeit auf einen schonenden Umgang mit Ressourcen. Das Bewusstsein der Konsumentinnen und Konsumenten für Umweltschutz wächst aber (Umweltbundesamt 2020). Im Rahmen des täglichen Einkaufs wird das Angebot vermehrt genauer betrachtet – sogar ganz gezielt hinterfragt. Dazu haben prominente Protagonisten wie Greta Thunberg und Felix Finkbeiner beigetragen, die mit ihren Aktionen zum Klimaschutz Einfluss auf die Bevölkerung – und damit auch auf das Konsumverhalten – genommen haben (Grigat, 2019; Straaß, Lieckfeld & Völkmann, 2013, S. 13-14). Heute bereitet der Klimawandel in Deutschland sogar vier von fünf Menschen Sorgen (Ustorf 2018, S. 60).

In den letzten Monaten schien sich die Corona-Pandemie zu einem Verstärker für Urlaub mit einem nachhaltigeren Fokus zu entwickeln. Ein Teil der Gesellschaft sieht in der Corona-Krise die Chance, Gesellschaft und Wirtschaft nachhaltiger neu zu ordnen. Dabei konzentriert sich das Interesse unter anderem auf Entschleunigung, Resilienz, Gerechtigkeit, Umweltschutz und Solidarität (Strasdas et al. 2020, S. 6).

In Bezug auf die soziale Komponente der Nachhaltigkeit entsteht im Tourismus offenbar ein neues Bewusstsein, das auch nach innen wirkt. Die Arbeitsbedingungen verbessern sich kontinuierlich. Treiber war hier unter anderem der akute Nachwuchs- und Fachkräftemangel, der die Branche weiter beeinflussen wird. Verändertes Konsumentenverhalten lässt sich auch an Veränderungen bei den Erwartungen an einen Arbeitsplatz ablesen (Egger et al. 2019, S. 17). Nachhaltigkeit verlangt somit ein heutiges Handeln mehr denn je. Neben steigender ökologischer und vor allem sozialer Verantwortung rückt Resonanz im Kontext von Reisen immer mehr in den Fokus. „Die Sehnsucht nach Verbundenheit und Gemeinschaft wächst" (Egger et al. 2019, S. 6) – ein neuer Aspekt im Reiseverhalten, der im Rahmen der Corona-Pandemie bedeutsamer geworden ist. Reisen ist also auch das gemeinsame Verbringen von Zeit mit nahestehenden Menschen geworden (GfK & Bayerisches Zentrum für Tourismus 2020, S. 19).

Die Corona-Pandemie beeinflusst nachhaltiges Reiseverhalten

Die Corona-Pandemie hat andererseits den Tourismus besonders hart getroffen (Strasdas et al. 2020, S. 6). Im ersten Lockdown in 2020 kam beinahe die gesamte Branche zum Erliegen. Vielerorts mussten Hotels und Restaurants schließen, Geschäftsreisen schränkte man auf ein Minimum ein. Auch nach der Lockerung der ersten Maßnahmen sowie der Öffnung der Grenzen blieb die Angst vor Ansteckungen. Viele Reisen wurden auf das Frühjahr 2021 verschoben (Merkel 2020) oder gar nicht erst angetreten.

Neben den Belastungen durch die Corona-Pandemie wirken nun das neu erwachte Nachhaltigkeitsbewusstsein auf den Reisekonsum: Vor allem Flightshaming gehört dazu. Es beschreibt die moralische Verurteilung von nicht nachhaltigem Reiseverhalten (Harris/Leistner 2020). „Außerdem ist und bleibt die Klimakrise im Fokus. Der wesentliche Unterschied zur Corona-Krise: Die globale Erhitzung ist menschengemacht und alle Länder wissen, was sie für mehr Nachhaltigkeit tun müssen. COVID-19 ist ein externer, extremer Störfaktor, der die Wissenschaft vor große Herausforderungen stellt" (VDR 2020, S. 4). Da der Tourismus weltweit als bedeutender Wirtschaftsfaktor und Arbeitgeber gilt – „Tourism is one of the fast growing economic sectors and is an important driver of economic growth and development" (United Nations 2020a, S. 7) –, entfaltet sich ein Spannungsfeld, das nun deutlich mehr Aufmerksamkeit bedarf, damit dieser Wirtschaftszweig zukunftsfähig bleibt.

Im Rahmen einer aktuellen GfK-Studie zum Konsumverhalten in Bezug auf Urlaubsreisen des Bayerischen Zentrums für Tourismus mit dem Titel „Reisen in Zeiten von Corona" konnte festgestellt werden, dass knapp 30 Prozent der Befragten der Meinung sind, dass Nachhaltigkeit im Kontext mit Reisen zukünftig an Relevanz gewinnen wird (GfK & Bayerisches Zentrum für Tourismus 2020, S. 26). Die Universität St. Gallen geht in einer Studie davon aus, dass sich das Reiseverhalten partiell deutlich ändert: bewussteres Reisen in kleineren Gruppen – nachhaltiger und regionaler (Bieger/Laesser 2020, S. 8).

Die Forschenden gehen sogar von einer Entwicklung in Richtung Working Holidays aus, impliziert durch das verordnete Homeoffice. So entstünde ein Hybrid zwischen Arbeit und Ferien (Bieger/Laesser 2020, S. 8). Die Corona-Pandemie ist also Beschleunigerin des gesellschaftlichen Wandels. Im Sinne des nachhaltigen Wirtschaftens ergibt sich daraus die Frage, mit welchen Angeboten in Zukunft auf das veränderte Konsumentenverhalten geantwortet werden kann. Diese neuen, nachhaltigeren Produkte müssen jetzt entwickelt werden, um die Reisenden in den kommenden Saisons auffangen zu können.

Da Pausen, Freizeit und vor allem die Erholungsfunktion des Urlaubs einen maßgeblichen Einfluss auf den Erhalt der Arbeitskraft haben (Müller 2019b), kommt dem Thema Tourismus eine gesellschaftliche und wirtschaftliche Bedeutung zu, die weit über die Branchenprobleme hinausweist. Nur wenn es gelingt, den Erholungssuchenden zukünftig ein adäquates Angebot zu machen, darf der Tourismus darauf hoffen, sich in den nächsten Monaten aus der Wirtschaftskrise herauszuarbeiten.

Der aktuelle Wandel von Nachhaltigkeit im Kontext des Tourismus basiert vor allem auf sich ändernden Ansprüchen der Reisenden. Der Tourismus wird beeinflusst durch die coronabedingten Verhaltensweisen. Bei genauerem Hinsehen wird ersichtlich, dass die Zielgruppen vor allem aus den nachrückenden Generationen bestehen: vernetzten, digitalisierten Generationen, die sich für mehr Verantwortung in Bezug auf den Klimawandel einsetzen. Sie definieren darüber hinaus Statussymbole anders: Erlebnisse teilen ist angesagt; gerne auch mit engen Freunden oder der Familie sowie einer lebendigen Community in den sozialen Netzwerken.

Die Reisenden wollen offensichtlich auch – neben einer bewusst angestrebten Verbindung mit der Natur – mehr Kontakt zu den Menschen aus den bereisten Destinationen. Sie suchen nach Erholung und bevorzugen außerdem authentische Erlebnisse, ohne dabei die Umwelt, die Menschen oder die Umgebung zu sehr beeinträchtigen zu wollen; am liebsten fernab vom Massentourismus. Denn dieser ist zumeist als „out" angesehen. Ein möglichst individuelles und authentisches Reiseerlebnis ist angesagt.

Neben der ökologischen Nachhaltigkeit gewinnt vor allem der soziale Aspekt weiter an Relevanz. Man hat verstanden, dass Menschen aus den bereisten Regionen mehr Rücksicht und Respekt verdienen. Der Tourismus soll auch ein fairer Arbeitgeber sein, der ein attraktives Umfeld bietet. Im Hinblick auf die Arbeitswelt wird darüber hinaus klar, dass die Vermischung von Arbeit und Freizeit – Digitalisierung hat durch Corona mehr Akzeptanz in der Gesellschaft bekommen – ebenfalls das Konsumverhalten der Reisenden beeinflusst. Das gilt vor allem für Destinationen und Dienstleister. Orte für Gemeinsamkeit, Arbeiten und Erholen sind gefragt.

Die Transformation des nachhaltigen Tourismus wird offensichtlich nach und mit Corona zu einer relevanten Größe im Angebotsspektrum des Tourismus. Die Vernetzung von Verbundenheit, Natur und Erlebnissen mit Rücksicht auf Natur, Mensch und Umwelt findet ihren Niederschlag in Produktangeboten.

Early Adopters – also Erstanwender von Innovationen – der Branche haben sich bereits auf den gesellschaftlichen Wandel mit den entsprechenden Verhaltensänderungen und neuen Anforderungen der Reisenden auseinandergesetzt. Sie zeigen, wie die Nachhaltigkeit innerhalb der Branche über den Resonanztourismus und Erlebnisnaturtourismus hinaus weiterentwickelt werden kann, um den Tourismus erfolgreich in die Zukunft zu führen. Dabei spielt weiterhin die Digitalisierung eine entscheidende Rolle, vor allem für die Kommunikation in den unterschiedlichen Medien und das Marketing selbst. Angebote werden von nachfolgenden Betrieben kopiert und so findet dieses Wissen seinen Weg zu den Anbietern.

Ausblick in die Zukunft

Zukünftig können auch Regionen – wie beispielsweise Bad Reichenhall in Bayern oder Bad Gastein in Österreich, die in der Vergangenheit schon einmal erfolgreich vom Tourismus lebten – von der aktuellen Reisekonsumentwicklung profitieren, wenn sie neben einer attraktiven Umgebung über ein entsprechendes Angebot verfügen und mit einem nachhaltigen Konzept überzeugen. Anbieter von Fernreisen und deren Dienstleister sind nun ebenfalls gefragt, ihr Angebot auf das aufgrund der Corona-Pandemie sensibilisierte Verbraucherverhalten abzustimmen. Denn Massentourismus und häufiges Verreisen mit dem Flugzeug werden vor allem bei der jüngeren Zielgruppe mehr hinterfragt. Auch ist eine wachsende Achtsamkeit gegenüber sämtlichen Protagonisten im Kontext einer touristischen Aktivität ein Anzeichen für die steigende Beliebtheit von Resonanztourismus. Dieser wiederum fordert vor allem ein Umdenken sämtlicher touristischen Leistungsanbieter.

Aufgrund der Pandemie und der damit verbundenen Entscheidungen der Politik ist es ungewiss, wie sich der Tourismus tatsächlich weiterentwickeln wird. Für einen weitreichenden Einfluss auf das Verbraucherverhalten im Kontext des touristischen Konsums sorgten in der DACH-Region vor allem unterschiedliche Reisebeschränkungen, Reiseverbote und zahlreiche Hygienevorschriften, die die Reiselust bei einem großen Teil der Konsumentinnen und Konsumenten spürbar ausbremsten. Auch zogen es Reisende sogar vor, aufgrund sich immer wieder ändernden, verschärfenden Hygienevorschriften gar nicht zu verreisen. Die Angst vor einer Erkrankung mit Covid-19 ist nach wie vor präsent. Eine Situation, die es nach dem Zweiten Weltkrieg und dem danach rasant ansteigenden Reiseaufkommen so noch nicht gegeben hat. Dies hatte diverse Folgen und Auswirkungen auf das touristische Konsumverhalten. Inwieweit sich dies bei der vollständigen Rückkehr zur Normalität beziehungsweise dem Ende der Pandemie auswirken wird, bleibt unklar. Die Menschen in

Deutschland, Österreich und der Schweiz haben andererseits auch gesehen, dass das Reisen in den eigenen Ländern, die alle drei über zahlreiche attraktive Destinationen mit einer entsprechenden Infrastruktur verfügen, das ganze Jahr über durchaus attraktiv sein kann. Zahlreiche Regionen, wie beispielsweise der Alpenraum, bieten bereits einen naturnahen, nachhaltigen Tourismus, dessen Angebot beispielsweise in Österreich während der Corona-Pandemie erweitert wurde. Sie verfügen alle über Räume für Begegnungen. Ein Angebot, welches auch die Reisenden aus den Nachbarstaaten im Zuge der Reisebeschränkungen genutzt haben. Pandemiebedingt wurde in Bezug auf die Mobilität in allen drei Ländern der eigene Pkw als Hauptreisemittel bevorzugt. Nun sind die Mobilitätsanbieter gefragt, sich umgehend als nachhaltigere Alternative wieder in Position zu bringen. Dies wird eine langfristige Herausforderung.

Der Aspekt, dass die Corona-Pandemie für teilweise massive Einbrüche in der Reiseindustrie sorgte, die wiederum das Aus für zahlreiche Dienstleister bedeuteten, gestaltet einen Ausblick auf die Zukunft des Tourismus besonders schwierig. Vielleicht eine gute Chance, einem neuen, weiterentwickelten, nachhaltigeren und vor allem zukunftsweisenderen Tourismus den Weg zu ebnen. Das gilt zukünftig sicher auch für den wichtigen Wintertourismus in der DACH-Region. Ein großer Teil der Reisenden ist auch bereit, mehr Geld für nachhaltigeren Tourismus auszugeben. Für einen achtsameren Tourismus, der durch Corona eine beschleunigte Transformation zu einem erweiterten, neuartigen Resonanztourismus durchlebt hat: Weniger ist mehr, Verantwortung ist sexy, Achtsamkeit als neue Nachhaltigkeit und intensivere, naturnahe Erlebnisse mit Menschen, die einem nahestehen. Und die Berufstätigkeit, die mit dem Reisen verschmilzt. Nicht unbedingt im negativen Sinne; vielmehr als Freiheit, entscheiden zu können, wo und wie man arbeitet. Also das gute Gefühl, überall zu Hause sein zu dürfen. Oder vielleicht einfach eine Entschleunigung, die nicht unbedingt auf Verzicht aufbaut, sondern für eine glücklichere (Reise-)Zukunft sorgt. Und zwar für alle Beteiligten.

4 360°-Management im Tourismus: Leistungsträgerperspektive

Als Leistungsträger werden Hotels, Destinationen, Verkehrsträger und Restaurants näher beleuchtet. Dabei werden die wesentlichen Kernbereiche eines nachhaltigen Wirtschaftens im Unternehmen untersucht. Nachhaltiges Wirtschaften ist ein Prozess, der im Unternehmen regelmäßig untersucht und verbessert wird. In Anlehnung an die ökonomische, ökologische und soziale Dimension können verschiedene Aspekte bei der Umsetzung einer nachhaltigen Strategie berücksichtigt werden. Diese sind:

1 Management und Kommunikation
2 Umwelt (Energie, Wasser und Abfall)
3 Biodiversität und kulturelles Erbe
4 Einkauf
5 Regionalität und Mobilität
6 Qualitätsmanagement und nachhaltige Entwicklung
7 Soziale Verantwortung
8 Wirtschaftliche Verantwortung

Die verschiedenen Leistungsträger setzen die Maßnahmen unterschiedlich um und werden systematisch anhand dieser Kernbereiche nachfolgend untersucht.

4.1 Hotel

Die Hauptleistungen eines Hotels stellen die Beherbergung von Gästen und deren Verpflegung zumindest mit Frühstück dar. Ergänzend gibt es je nach Hotelkategorie Komplementärleistungen, die die Hauptleistung der Übernachtung beziehungsweise Verpflegung ergänzen; dazu zählen Wellness, Sport- und Freizeitangebote und Tagungsmöglichkeiten. Zu den Hilfsleistungen gehören unterstützende Tätigkeiten wie Küche, Wäscherei und Instandhaltung, ohne die die Haupt- und Nebenleistungen nicht zu erbringen sind (Henschel 2008, S. 58 ff.). Nachhaltige Bemühungen müssen alle Haupt-, Neben- und Hilfsleistungen im Hotel umfassen, um eine ganzheitliche Perspektive anzuwenden. Jedes Hotel sollte für sich definieren, welche Leistungen es anbietet und wie diese nachhaltiger gestaltet werden können. Die Aktivitäten und Tätigkeitsbereiche können stark in Abhängigkeit vom Hotelprodukt differieren.

https://doi.org/10.1515/9783110748505-004

Management und Kommunikation

Ein wesentlicher Baustein in der Nachhaltigkeit ist die Kommunikation nach innen und nach außen. Das Management eines Hotels ist dafür verantwortlich, die Nachhaltigkeit in die Unternehmensphilosophie zu integrieren und entsprechend zu kommunizieren. Das Unternehmensleitbild soll eine einheitliche und klare Erscheinung des Unternehmens an die Mitarbeiter und externen Stakeholder vermitteln (Henschel 2008) und die für das Hotel wichtigsten nachhaltigen Aspekte beinhalten. Diese Werte gilt es dann an den verschiedenen Kontaktpunkten an die Gäste bereits vor dem Aufenthalt zu kommunizieren (Dena 2018).

Die Kommunikation kann intern und/oder extern erfolgen bzw. offline oder online gestützt sein, wodurch sich wie aus Abbildung 12 ersichtlich vier mögliche Quadranten der Ansprache ergeben. Über Newsletter, Aufsteller, Hinweise am Frühstückbuffet, soziale Medien, App, redaktionelle Artikel etc. können Gäste und Mitarbeiter kontaktiert werden. Es können auch aktuelle Themen auf der eigenen Website abgebildet oder Filme veröffentlicht werden.

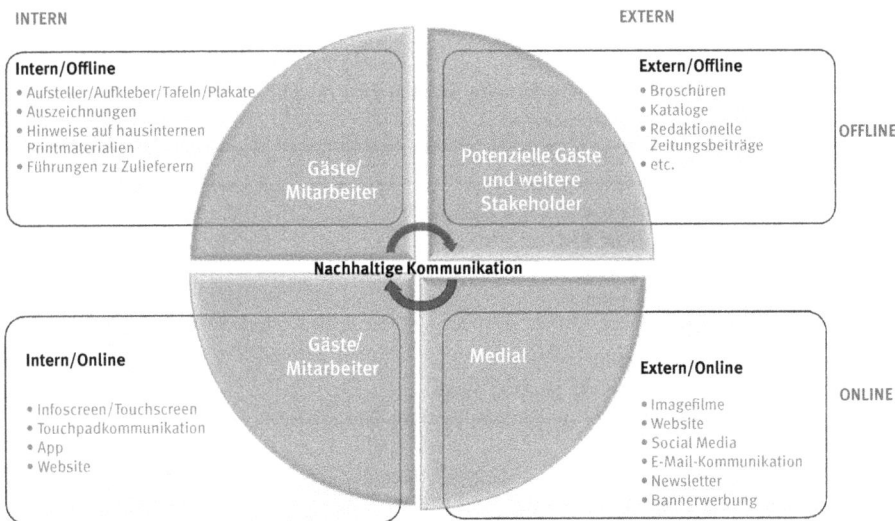

Abbildung 12: Instrumente der Nachhaltigkeitskommunikation (in Anlehnung an Gruner/Hübschmann/von Freyberg 2015, S. 131).

In einigen Hotels gibt es einen speziellen Nachhaltigkeitsbeauftragten, in anderen Hotels unterliegt die Kommunikation direkt der Direktion, dem Marketing oder jedem Mitarbeiter mit Kundenkontakt. Hotels können auch über ihr nachhaltiges Engagement, über Zertifizierungen oder deren CO_2-Fußabdruck berichten und alle Stakeholder informieren. Hierzu kann ein Nachhaltigkeitsbericht verfasst werden (siehe Kapitel 7.2). Wichtig ist es, die Gäste über das zu informieren, was vom Hotel nachhaltig geleistet wird – frei nach dem Motto: Tue Gutes und sprich darüber. Denn 66 Prozent der Deutschen würden einen Aufenthalt in einer nachhaltig geführten Unterkunft vorziehen, wenn dies in der Beschreibung ansprechend kommuniziert ist (Booking.com 2017).

Soziale Aktivitäten wie zum Beispiel Baumpatenschaften, die eigene Honigproduktion oder das regionale Event finden besonders guten Anklang bei der Presse und bei allen Stakeholdern.

Umwelt (Energie, Wasser und Abfall)

Im Hotel ist der Bereich Umwelt ein besonders wichtiger Teil der Nachhaltigkeit. Hotels mit eigenem Spa und Wellnessbereich stehen hier mit hohen Verbräuchen vor einer großen Herausforderung. Die Strompreise sind in Deutschland zwischen 2004 und 2020 um rund 69 Prozent angestiegen (Statista 2022c). Insofern ist das Thema Energie, Wasser und Abfall ein hoher Kostenfaktor im Hotel. Der Spagat zwischen Kundenwünschen und nachhaltiger Ausrichtung muss vom Hotel bewältigt werden.

i *„Die Maßnahmen dürfen nie zu Einschränkungen für den Gast führen. Ansonsten haben wir keine Herausforderungen, da all unseren Mitarbeitern das Thema Nachhaltigkeit sehr am Herzen liegt und sie aktiv neue Ideen mit einbringen."*　　　　　　　　　　　　　　*(me & all Hotels 2021)*

! Mögliche Einsparungspotenziale im Bereich Energie sind:
- Effizientere Elektrogeräte (A, B, C)
- Schaltbare Steckdosenleisten
- Einkauf von echtem Ökostrom
- LED-Beleuchtungen
- Bewegungsmelder auf Fluren
- Photovoltaikanlagen oder Blockheizkraftwerke
- Smarte Technologien im Hotel zur bedarfsgerechten und zeitlichen Steuerung
- Keine Nutzung von Minibars
- Verzicht auf Empfangsbeleuchtung und eingeschalteten Fernseher im Zimmer
- Motivation der Mitarbeiter zum Stromsparen
- Messung des Energiebedarfs, um „Stromfresser" sichtbar zu machen

! Mögliche Einsparungspotenziale im Bereich Wasser sind:
- Einsatz von wassersparenden Wasch- und Spülmaschinen
- Einsatz von Durchflussbegrenzern und Perlatoren
- Leckagen an Spülkästen reparieren lassen
- Sensorgesteuerte Armaturen sparen Wasser. Durch Berührungsfreiheit sind diese auch besonders hygienisch.
- Verzicht auf das Einbauen von Badewannen
- Toilettenspülungen mit Spülstoppfunktion

- Entkalkung der Wasserhähne, Duschen, WC-Spülkästen
- Aufbereitung von Grau- oder Regenwasser
- Ermutigung der Gäste, Handtücher bedarfsgerecht waschen zu lassen
- Notwendigkeit eines Pools im Hotel überdenken
- Verwendung von umweltfreundlichen Reinigungsmitteln
- Gäste für das Thema Wasserschutz sensibilisieren, Informationsschilder anbringen und explizit auf wassersparende Vorrichtung hinweisen
- Biologisch abbaubare Seifen und Reinigungsmittel oder natürliche Produkte (wie Essig, Natron) verwenden
- Regelmäßige Kontrolle des Wasserverbrauchs

Ein Rechenbeispiel soll verdeutlichen, wie viel Euro jährlich in einem Hotel mit 11.000 Übernachtungen (50 Zimmer, 100 Betten mit 60 Prozent Auslastung) allein durch das tägliche Duschen der Gäste eingespart werden können, wenn die alten durch neue Duschköpfe ersetzt werden. Prinzipiell ist anzumerken, dass ein Gast in einem Hotel deutlich länger duscht als zu Hause, und man kann davon ausgehen, dass die durchschnittliche Duschzeit pro Tag zirka 15 Minuten pro Gast beträgt.

Rechenbeispiel Wasserverbrauch durch Duschen:
Reduzierung des Wasserverbrauchs in 50 Duschen von 15 Liter/min auf 7 Liter/min
Wassereinsparung pro Jahr
8 Liter Einsparung pro Minute x 15 Minuten Duschen pro Gast am Tag x 11.000 Gäste = 1.320 m^3 Wasser
x 3,50 Euro/m^3
= 4.620 Euro

Heizkosteneinsparung pro Jahr:
= 29.500 kWh (für Erwärmung von 1.320 m^3 Wasser von 10 Grad auf 30 Grad)
x 1,2 (kWh Gas pro kWh Wärme)
x 5 Cent/kWh = 1.770 Euro

Gesamteinsparung: 1.770 Euro + 4.620 Euro = 6.390 Euro
Die Anschaffungskosten für 50 hochwertige wassersparende Duschköpfe liegen bei zirka 2.500 Euro. Somit ergibt sich eine Ersparnis von zirka 4.000 Euro im Jahr (siehe zu der Rechnung DEHOGA Bundesverband 2016).

Jedes Jahr werden in Deutschland 37,6 Millionen Tonnen Müll produziert, was einem Pro-Kopf-Aufkommen von etwa 450 kg/Jahr entspricht. Von diesen 37,6 Millionen Tonnen Abfall werden 16,3 Millionen Tonnen beseitigt und 21,3 Millionen Tonnen wiederverwertet. Getrennt gesammelte Abfälle – darunter fallen Wertstoffe wie Papier, Glas, Kunststoffe oder organische Abfälle – können fast vollständig wiederverwertet werden (DEHOGA Bundesverband 2016).

Die Mitarbeiter im Hotel sollten über das Trennkonzept informiert werden und ihnen ausreichend Informationen zur Abfallvermeidung zur Verfügung gestellt werden (siehe zur Müllvermeidung auch Kapitel 4.4)

Biodiversität und kulturelles Erbe

Der Verlust der biologischen Vielfalt zählt neben dem Klimawandel zu den größten und zentralen Herausforderungen unserer Zeit. Es wird angenommen, dass durch menschliche Einflüsse gegenwärtig bis zu tausendmal mehr Arten aussterben, als dies langfristig unter einer natürlichen Rate der Fall wäre (Kant o. J.). Viele Ökosysteme, die uns aufgrund ihrer biologischen Vielfalt mit lebenswichtigen Ressourcen und Dienstleistungen versorgen, sind gefährdet.

Ein Hotel kann einen Beitrag zum Erhalt der ökologischen Vielfalt in seiner eigenen Umgebung leisten. Hier spielen die geografischen Voraussetzungen vor allem im Outdoor-Bereich eine größere Rolle, da Hotels im ländlichen Raum meist mehr Platz und Raum als Stadthotels haben. Im Tourismussektor wird der Bezug zur Biodiversität besonders deutlich: Intakte Natur und Artenvielfalt sind wertvolle, begrenzte Ressourcen und Grundlagen für das Kerngeschäft vieler touristischer Branchen und Betriebe. Gäste reisen häufig in die Destination/zu dem Hotel, um die schöne Umgebung vor Ort und das lokale kulturelle Erbe zu erkunden. Sie bilden somit die Grundlage und die Motivation der Gäste zur Reise. Im Hotel sollte auch beim Speisenangebot auf Biodiversität geachtet werden: Speisen, die unter den Artenschutz fallen beziehungsweise illegal beschafft wurden (Nicht-Einhalten von Schonzeiten bei Fisch oder Wild, Haifischflossensuppe, Schildkrötensuppe, Bushmeat, Singvögel etc.) oder auch Speisen mit Produkten von Tieren, die nicht artgerecht gehalten werden, dürfen keinesfalls angeboten werden. Dazu sollten Produkte und Dienstleistungen auf ihren Einfluss auf die biologische Vielfalt überprüft und gegebenenfalls aussortiert werden. Lieferanten und Partner sind zu informieren, dass biologische Vielfalt für das eigene Hotel ein wichtiges Ziel ist und eingehalten wird. Kriterien sind zu definieren, welche Produkte und Dienstleistungen unter Berücksichtigung der biologischen Vielfalt gekauft und weiterverarbeitet werden dürfen (Fact Sheet Tourismus o. J.).

Aber auch vor Ort im eigenen Garten können einheimische Sträucher und Bäume gepflanzt werden, Blumen- und Kräuterwiesen, Steinhaufen und Gewässer angelegt werden, damit sich dort heimische Pflanzen und Tiere wohlfühlen. Auch kann an eine insektenfreundliche Außenbeleuchtung, Nisthilfen, Insektenbauten, natürliche Schädlingsbekämpfung und biodiversitätsfreundliche begrünte Dächer gedacht werden. Es gibt heute schon einige Handlungsmöglichkeiten vor der eigenen Haustür, die auch ohne große finanzielle Aufwendungen umgesetzt werden können.

Hotels setzen auch immer mehr das sogenannte „Urban Gardening" um. Alles, was man dafür braucht, ist eine Anbaufläche im eigenen Hotelgarten, im Innenhof, auf Balkonen oder sogar auf dem Dach. Kleine Kräuter- und Gemüsebeete finden überall Platz. Im Hotel Daniel in Wien wachsen jetzt im Vorgarten Tomaten, Gurken, Kürbisse, Kräuter und Wildbacherreben. Von den Pflanzen im Garten profitieren auch die heimischen Bienen (Hotel Daniel o. J.).

Auch bei dem Hotel me and all in Ulm ist das Thema „Urban Gardening" der Mittelpunkt des modernen Designkonzepts. Dazu gehören eine bepflanzte Green-wall im Empfangsbereich und eine große Dachterrasse mit Rooftop-Bar in der achten Etage. Diese bietet einen großartigen Blick auf das Ulmer Münster. Mit einem markentypischen Eventkonzept, bei dem Local Heroes wie regionale Musiker, Slammer und Künstler auftreten, wird auch die regionale Kultur gefördert. Kulturelles Erbe und Biodiversität lassen sich somit anhand dieses Beispiels gut in Einklang bringen (me and all Hotels 2022).

Einkauf

Die Basis der Wertschöpfungskette in der Hotellerie bildet der Einkauf von Produkten und Dienstleistungen. Nachhaltiger Einkauf bedeutet, Produkte und Dienstleistungen zu beziehen, deren Herstellung und Nutzung energiesparend, umweltfreundlich und sozialverträglich sind. Mitarbeiter, die die Waren erstellen, arbeiten unter fairen Bedingungen und werden angemessen bezahlt.

Der Beschaffungsprozess im Hotel wird sehr unterschiedlich gehandhabt, von zentralen Einkaufsabteilungen bei größeren Hotelgruppen über Einkaufsgesellschaften bis zu individuellen Einkaufsprozessen.

Auf was ist bei einem nachhaltigen Hoteleinkauf zu achten?

- **Regionale Produkte und Biolebensmittel zu fairen Preisen einkaufen:** Auch an regionale Wochenmärkte, Hofläden auf dem Land, Weltläden oder Bioläden denken. Diese müssen nicht grundsätzlich teurer sein, sondern die Preise können bei regelmäßiger Abnahme meist verhandelt werden.
- **Lange Wege sparen:** Wege vom Erzeuger eines Produktes zum Hotel sollten reduziert werden. Südfrüchte und Import-Fleisch aus fernen Ländern sind nicht immer die richtige Wahl. Heimisches Superfood wie Johannisbeeren oder Walnüsse können auch statt Avocado oder Chia-Samen verwendet werden.
- **Leckere Fleischalternativen finden:** Hülsenfrüchte wie Erbsen, Bohnen und Linsen sind ein schmackhafter Fleischersatz und stehen dem Fleisch in puncto Nährstoffgehalt in keiner Weise nach. Gemüsefrikadellen z. B. aus Rübengemüse, Zwiebeln, Hülsenfrüchten, Eiern und Haferflocken zur Bindung sind großartige Fleischalternativen, die man auch gut als Snack für unterwegs vorbereiten kann.
- **Saisonales Gemüse und Obst einkaufen:** Die Supermärkte und Produzenten dieser Welt sorgen dafür, dass Produkte das ganze Jahr über auf den Tisch kommen. Aber schmecken das heimische Obst und Gemüse nicht viel besser? Saisonale Obst- und Gemüsesorten sollten beim nachhaltigen Einkauf bevorzugt werden.

– **Eine gute Planung:** Der Einkauf im Hotel sollte mit der Einkaufsabteilung, dem F&B-Bereich und dem Küchenchef gut geplant werden, damit spontane und kurzfristige Einkäufe möglichst selten stattfinden.
– **Reste weiterverarbeiten:** Es sollte versucht werden, möglichst wenig wegzuwerfen. Eintöpfe und Suppen sind großartige Resteverwerter. Auch für Fonds können sämtliche Gemüsereste wie Zwiebelschalen, Strunkteile, aber auch Knochen und Fleischabschnitte verwertet werden.
– **Lieferanten kritisch auswählen:** Lieferanten sollten kritisch ausgewählt werden, und es sollte nachgefragt werden, woher die Produkte stammen. Gütesiegel und Zertifizierungen können eine Hilfe sein, um sich abzusichern. Aber auch diese sollten auf Transparenz und Glaubwürdigkeit unter die Lupe genommen werden.
– **Unnötige Verpackung vermeiden:** Gerade bei großen Mengen im Hotel sollte auf unnötige Verpackung beim Einkauf verzichtet werden. Mehrwegprodukte sind nicht nur besser für die Umwelt, sondern auch kostengünstiger. Frischhaltefolien, Wegwerfartikel, Kosmetikproben im Zimmer oder unnötige Plastikverpackung sollten durch einfache Silikondeckel, Bienenwachstücher oder Spender ersetzt werden.Einen großen Bereich nimmt im Hotel die Gastronomie mit den Lebensmitteln ein, aber auch bei Energie, Einrichtung, Kosmetik, Reinigungsmitteln, Versicherungen und Büromaterial sollte auf eine nachhaltige Auswahl geachtet werden. Auf Grundlage einer nachhaltigen Ausrichtung verankern immer mehr Unternehmen einen Verhaltenskodex für Lieferanten im Unternehmensleitbild (Grunar/Hübschmann/von Freyberg 2015). Auf Basis dessen werden geeignete Lieferanten, bei denen ein gemeinsames Verständnis von Nachhaltigkeit herrscht, ausgewählt.

Regionalität und Mobilität

2021 verfügt bereits jedes fünfte Auto auf dem Markt über einen elektrischen Antrieb. Allein die Zahl der Zulassungen von Pkw mit ausschließlich elektrischer Energiequelle (BEV) hat sich knapp verdreifacht gegenüber 2020. Die Mobilitätswende ist keine Utopie mehr, sondern Realität. Um der wachsenden Zahl von Reisenden und Urlaubern das Aufladen unterwegs zu ermöglichen, nehmen auch Ladestationen in Hotels zu (Müller 2021). Auch wenn Deutschland von der Zahl „eine Million Elektroautos", die ursprünglich von der Politik für das Jahr 2020 geplant war, weit entfernt ist, sollen es bereits sechs Millionen Pkw mit Elektroantrieb bis 2030 sein (Mittelstand 4.0 2020).

Die Anzahl an zugelassenen Elektroautos betrug am 1. Oktober 2021 rund 517.000. Abgebildet werden Pkw mit ausschließlich elektrischer Energiequelle. Je nach Definition werden auch Plug-in-Hybrid-Pkw als Elektroautos gezählt, ihr Bestand belief sich am 1. Oktober 2021 auf etwa 494.000. Insgesamt nähert sich die Zahl der elektrisch angetriebenen Pkw damit der Marke von einer Million (Kords 2022).

Nachhaltiges Reisen mit einer positiven Umweltbilanz sowie einer energiesparenden An- und Abreise ist auch im Jahr 2022 noch nicht selbstverständlich. Viele Bahn- und Buslinien haben gerade in B- und C- Destinationen kein gut ausgebautes Streckennetzwerk. Auch die Fortbewegungsmöglichkeiten vor Ort sind meistens nicht mit E-Autos, E-Scootern oder hoteleigenem E-Auto für die Gäste sichergestellt. Als Lösung können regionale Shuttleservices angeboten werden, um die Gäste von der Bahn oder vom Bus abzuholen und somit eine bessere Mobilität vor Ort zu gewährleisten und zu einer umweltfreundlicheren Anreise zu motivieren. Es werden hoteleigene Fahrzeuge genutzt oder auf externe Anbieter wie z. B. „CleverShuttle" zurückgegriffen. Je nach Lage können auch Shuttleleistungen von mehreren Hotels gemeinsam angeboten werden, um Kosten zu teilen (Mittelstand 4.0 2020). Auch die Integration von ÖPNV-Tickets in Arrangements oder Übernachtungspreise ist eine Möglichkeit, um in großen Städten die Gäste zu einer Anreise ohne Auto zu bewegen und vor Ort trotzdem die Points of Interest (POI) umweltfreundlich und kostengünstig erreichen zu können.

Zur besseren Vor-Ort-Mobilität kann in größeren Regionen oder Städten auch auf Carsharing-Konzepte zurückgegriffen werden. Auch wenn die Gäste mit Bus und Bahn anreisen, können sie vor Ort mobil sein und sich Fahrzeuge ausleihen. Zu den bekanntesten Anbietern zählen „Flinkster",„Cambio", „Car2Go/Drive Now" und „Weshare" von Volkswagen. Die Nutzung der Fahrzeuge ist meist auf die Geschäftsregion des Anbieters begrenzt (Mittelstand 4.0 2020): sie können je nach Geschäftsmodell am Abholort zurückgegeben oder frei in der jeweiligen Stadt abgestellt werden.

Als Best Practice für nachhaltige Mobilität in der Region kann das Hotel Haffhus in Ueckermünde genannt werden. Es bietet seinen Gästen eine Vielzahl an Fortbewegungsmitteln an und unterstützt damit die nachhaltige Anreise. Neben E-Bikes, normalen Fahrrädern oder Lastenrädern erweitern auch E-Scooter das Angebot. Mehrere Ladestationen ermöglichen es den Gästen, ihre eigenen Elektrofahrzeuge vor Ort zu laden. Die dort genutzte Energie wird ausschließlich in eigenen Photovoltaikanlagen und Holzgas-BHKWs erzeugt (Haffhus GmbH 2022).

Qualitätsmanagement und nachhaltige Entwicklung

Nachhaltige Entwicklung zielt aus ökonomischer Sicht in einem ersten Schritt auf die Sicherung der Lebens- und Produktionsgrundlagen ab. Der Anspruch besteht darin, die Umwelt global und dauerhaft zu erhalten und auf dieser Grundlage das Wirtschafts- und Sozialsystem zu sichern. Bei der nachhaltigen Entwicklung sind die Ziele Umweltschutz und wirtschaftliche Entwicklung mit der Forderung verbunden, den Bedürfnissen sowohl heutiger als auch zukünftiger Generationen gerecht zu werden (von Hauff 2021).

Für eine dauerhaft nachhaltige Entwicklung gibt es ein Erfolgsrezept: Qualitäts-management. Lange Zeit stand im Hotel die materielle Beschaffenheit der Hotelle-istung im Vordergrund, wenn es um Qualität ging. Inzwischen haben auch die weichen Faktoren, die sogenannten Soft Skills wie Servicebereitschaft, Kompetenz oder Zuverlässigkeit der Hotelmitarbeiter an Bedeutung gewonnen und bestimmen die Qualitätswahrnehmung des Kunden (Henschel 2008, S. 106). Nach der Definition-von Romeiß-Stracke (1995) wird zwischen Hardware, Software und Umwelt unter-schieden. Die Qualität der Hardware zeigt sich in der funktionalen Qualität wie der materiellen Ausstattung oder auch der ästhetischen Qualität, die sich meist in der In-nenarchitektur, im Lichtkonzept oder der Dekoration widerspiegeln. Die Software umfasst den Service, der in der Dienstleistungsbranche wie dem Tourismus für die Qualitätswahrnehmung sehr bedeutsam ist. Service ist die Kernkompetenz eines Ho-tels und wird in Interaktion mit dem Kunden erbracht. Das Management hat die Aufgabe, die Qualität so zu steuern, dass die Mitarbeiter ein Qualitätsdenken und entsprechende Verhaltensweisen entwickeln können. Die dritte Dimension ist die Umwelt, welche gerade in der nachhaltigen Entwicklung eine sehr bedeutende Rolle spielt. Die Umwelt vor Ort ist oft der ausschlaggebende Faktor für die Wahl des Hotel-aufenthalts. Das kann die Güte des Bodens (Strand/Berge), das Wasser, die Luft oder Flora und Fauna betreffen oder auch die geschaffene Umwelt wie die städtebauliche Gestaltung (Romeiß-Stracke 1995). Die Beeinflussung der Qualität der Umwelt durch den Hotelier sollte nicht vernachlässigt werden und in einem Nachhaltigkeitsmanage-ment systematisch gelebt werden.

Da nachhaltige Aktivitäten in der Praxis häufig wenig formalisiert sind, braucht es ein Korrektiv für Ziel- und Prozesssteuerung im Rahmen des Qualitätsmanage-ments. Dies kann ein formgebendes Regelwerk zum Beispiel in Form von Zertifizie-rungen oder Nachhaltigkeitsmanagementsystemen (z. B. EMAS) sein. Die Grundsätze der Kunden- und Mitarbeiterorientierung, die Festlegung einer Qualitätspolitik auf Führungsebene und der Ansatz der kontinuierlichen Verbesserung der Geschäftspro-zesse stärken wechselseitig das Nachhaltigkeitsmanagement und die dazugehörigen Prozesse. Umgekehrt leistet auch das Nachhaltigkeitsmanagement wichtige Dienste für ein Qualitätsmanagementsystem. Nachhaltigkeit gibt Unternehmen wichtige Im-pulse, um Ziele und Prozesse stärker qualitativ auszurichten, z. B. beim Einkauf darauf zu achten, dass Inhalt und Nutzwert der beschafften Ressourcen und die Aus-wahl der Lieferanten nachhaltiger werden. So erhöht sich der Innovationsdruck auf das interne Management, die Kernprozesse und die Ressourcen nachhaltiger zu ent-wickeln und ständig zu optimieren. Denn eine kontinuierliche Überprüfung der Qua-lität der angebotenen Produkte und Dienstleistungen sowie aller beteiligten Prozesse spielt im Wettbewerb um Gäste eine entscheidende Rolle (Certqua 2013). Nachhaltig-keit wird für die Gäste immer mehr zum relevanten Buchungskriterium (Booking.com 2021b). Ein auf das Hotel abgestimmtes Qualitätsmanagementsystem ist die Voraus-setzung für ein nachhaltig gutes Management und bildet zusammen eine erfolgver-sprechende Symbiose.

Soziale Verantwortung

Soziale Nachhaltigkeit im Tourismus beschreibt die soziale Verantwortung für die Region (nach außen) und gegenüber Mitarbeitern (nach innen). Nachhaltige Werte und soziale Verantwortung müssen in die Gesamtstrategie und in die Unternehmenskultur der Leistungsträger – so auch in der Hotellerie – integriert werden.

Zu den sozialen Werten und Zielen gehören (TOURIMAR 2022):
- Achtung der Menschenrechte
- Schaffung gerechter, menschenwürdiger Arbeitsbedingungen und Entlohnung
- respektvoller Umgang mit der einheimischen Bevölkerung und ihrer Kultur
- Teilnahme an der gesellschaftlichen Entwicklung
- Gleichstellung und soziale Gerechtigkeit
- Schutz vor Ausbeutung von Minderheiten, Frauen und Kindern
- Sicherung von Einkommen und Wohlstand der lokalen Bevölkerung
- Barrierefreiheit für alle

Negative Auswirkungen gilt es zu minimieren und den lokalen Nutzen und die Zufriedenheit der Gäste zu maximieren unter Berücksichtigung knapper wirtschaftlicher Ressourcen.

Die soziale Verantwortung beschreibt das Excelsior Hotel (by Geisel) wie folgt:
„Eine organisatorische Struktur, die soziale Spannungen in Grenzen hält und die Grundlage für ein friedliches Zusammensein bietet. Hierzu zählen unter anderem:
- Sicherheit & hohe Qualität der Produkte und Dienstleistungen
- Soziales Engagement in der Gemeinde
- Gleichberechtigung und faire Arbeitsbedingungen

Als familiengeführtes Privatunternehmen sehen wir in allen täglichen Aktivitäten und Entscheidungen den Menschen im Mittelpunkt. Dabei achten wir sorgsam darauf, unser Engagement für die Mitarbeiter der Hotels in Einklang mit unserer Verantwortung für Gesellschaft und Umwelt zu bringen. Dies ist kein Marketingbekenntnis, sondern fester Bestandteil unserer Unternehmensphilosophie, die von allen Mitarbeiterinnen und Mitarbeitern gelebt wird." (Excelsior 2022)

Als soziale Verantwortung beschreiben die B&B Hotels: „Das Gleichgewicht zwischen Gesundheit und Arbeit, den gleichberechtigten Zugang zu erstklassiger Bildung und grüne und ethische Partnerschaften. Die B&B Hotels stellen sicher, dass sie die OECD-Leitlinien, die Allgemeine Erklärung der Menschenrechte der IAO und die 10 Grundsätze der UNO einhalten." Darüber hinaus unterstützen sie einige gemeinnützige Initiativen und kommunizieren dies über ihre Websites (B&B Hotels 2022).

Es wird ersichtlich, dass soziale Verantwortung für die eigenen Mitarbeiter, aber auch für externe Anspruchsgruppen in der Hotellerie ankommt. Gerade in den aktuell personell schwierigen Zeiten, die in der Branche zu Beginn des Jahres 2022 als „mehr als dramatisch" (Gangl 2022) bezeichnet werden, ist es wichtiger denn je, soziale Verantwortung in der Branche zu leben und Maßnahmen zur Förderung der Mitarbeiter umzusetzen.

Wirtschaftliche Verantwortung

Wirtschaftliche Verantwortung ist unter der ökonomischen Säule der Nachhaltigkeit einzuordnen. Auch nachhaltige Unternehmen müssen genug Gewinne erzielen, um diese beispielsweise in moderne Hotelanlagen, hochwertige Rohstoffe, faire Bezahlung von Mitarbeitern und soziale Programme zu investieren. Ein langfristiges, gesundes Bestehen des Unternehmens ist essenziell, um eine nachhaltige Entwicklung leisten zu können. Wirtschaftliche Verantwortung heißt auch, dass im Unternehmen negative Auswirkungen auf die Gesellschaft, die Mitarbeiter, die Gäste und Umwelt bestmöglich minimiert und positive Auswirkungen unterstützt werden.

Die Cocoon Hotels als Veranschaulichungsbeispiel leben die ökonomische Nachhaltigkeit, indem sie auf ein schlankes Hotelkonzept mit effizienter Flächennutzung setzen. Sie verzichten auf Einrichtungen mit hohem Energieverbrauch und Kostenaufwand wie beispielsweise Fitnessräume, Spas oder Restaurants. Wirtschaftliche Nachhaltigkeit bedeutet für sie auch das Wissen, dass sich jegliches Investment, welches sie in das Feld der Nachhaltigkeit und in ein verantwortliches Handeln in der Gesellschaft tätigen, am Ende positiv auf die betriebliche Performance auswirkt. Hierbei zählen für sie nicht lediglich die harten Fakten wie etwa das Betriebsergebnis, sondern auch sämtliche Imageeffekte. Die Cocoon Hotels arbeiten täglich an einer möglichst nachhaltigen Nutzung der (natürlichen) Ressourcen, die sich wirtschaftlich wie auch ökologisch niederschlägt. Energiesparende Maßnahmen im Hotel wie LED-Beleuchtungen in allen Häusern, Einkauf von Ökostrom, Gebäudeautomation, Einsatz von wassersparenden Spülmaschinen, Verzicht auf scharfe Sanitär- und Rohrreiniger oder ein Abfallvermeidungsmanagement sind Beispiele hierfür (Cocoon 2022).

Die Durchführung von ökologisch und sozial nachhaltigen Programmen führt mit hoher Wahrscheinlichkeit zu einer langfristigen ökonomischen Nachhaltigkeit und zum Erfolg des Hotels! Die drei Teilbereiche können somit nicht getrennt gesehen werden, sondern die nachhaltige Umsetzung der vorangegangenen Bereiche (1–7), ermöglicht es, wirtschaftliche Verantwortung im Hotel zu leben. Die beiden nachfolgenden Gastbeiträge verbinden Nachhaltigkeit und Hotellerie aus wissenschaftlicher Perspektive und aus praktischer Sicht.

Gastbeitrag: Wie steht es um die Nachhaltigkeit in der Hotellerie?

Maja Mujadzic, Maya Reupsch, Anna Schloemann; Studierende der Hochschule Fresenius im Studiengang Tourismus-, Hotel- und Eventmanagement

Im Jahr 2021 wurde an der Hochschule Fresenius im Studiengang Tourismus-, Hotel- und Eventmanagement eine Studie zum Thema Nachhaltigkeit in der Hotellerie verfasst. Dabei handelt es sich um einen quantitativen Forschungsansatz in Form eines Online-Fragebogens. 111 Probanden füllten den

Fragebogen vollständig aus. Die erfassten Daten der Hotelunternehmen stammen dabei aus dem Jahre 2019, bewusst vor der Covid-19-Pandemie. 82 Prozent der antwortenden Hotels lagen in Deutschland, gefolgt von Italien mit 5 Prozent. Der Rest lag in der Schweiz und in Österreich mit jeweils 4 Prozent. Deshalb sind die Aussagen vor allem auf die deutschsprachige Hotellerie anzuwenden.

Die Struktur der Online-Erhebung ist an das Drei-Säulen-Modell der Nachhaltigkeit angelehnt (siehe Abbildung 13).

Folgende Forschungsfragen (FF) wurden in dem Projekt gestellt, mit dem Ziel, diese zu beantworten:

FF1: Wie wird die soziale Nachhaltigkeit in Bezug auf die Mitarbeiter gelebt?
FF2: Wie wird auf die Förderung und Erhaltung der lokalen Wirtschaft geachtet?
FF3: Welche Maßnahmen werden im Hotelgebäude und im F&B-Bereich in Bezug auf die ökologische Nachhaltigkeit umgesetzt?

Zur Überprüfung der Forschungsfragen wurden folgende Hypothesen (H) aufgestellt:
H1: Je mehr die Diversität bei den Mitarbeitern gefördert wird, desto stärker ist die soziale Nachhaltigkeit ausgeprägt.
H2: Es besteht ein Zusammenhang zwischen der von den Hotels unterstützten regionalen Wirtschaft und der ökonomischen Nachhaltigkeit des Hotels.
H3: Es besteht ein Zusammenhang zwischen der Menge an Abfall des gastronomischen Bereiches und der ökologischen Nachhaltigkeit im Hotel.
H4: Je mehr auf regionale Produkte beim Einkauf geachtet wird, desto ökologisch nachhaltiger ist das Hotel.
H5: Es besteht ein Zusammenhang zwischen den umgesetzten Maßnahmen im Hotelgebäude und der ökologischen Nachhaltigkeit des Hotels.

Folgende Grafik soll den Zusammenhang zwischen dem Drei-Säulen-Modell der Nachhaltigkeit, den Forschungsfragen und den Hypothesen verdeutlichen.

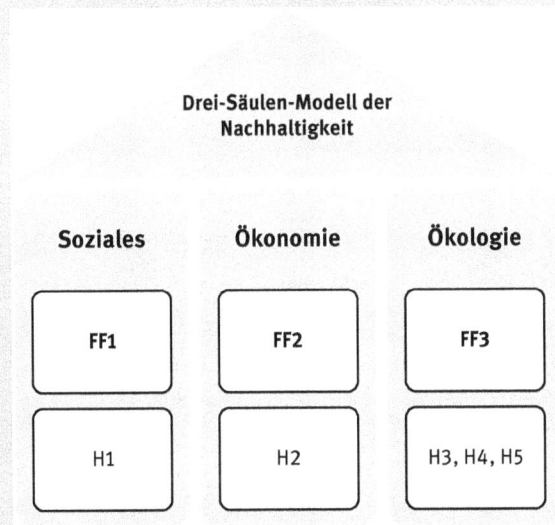

Abbildung 13: Drei-Säulen-Modell als Basis für die Studie (eigene Darstellung).

Anschließend wurden die oben genannten Hypothesen mithilfe der bivariaten Korrelation ausgewertet. Dabei wird der Zusammenhang zweier Variablen untersucht (Behnke/Behnke 2006, S. 144 ff.)

Tabelle 1: Zusammenhang zwischen Diversität und sozialer Nachhaltigkeit (eigene Studie).

		Soziale Nachhaltigkeit	H1
Soziale Nachhaltigkeit	Pearson-Korrelation	1,000	0,600
	Sig. (2-seitig)		0,000
	N	111	111
H1	Pearson-Korrelation	0,600	1,000
	Sig. (2-seitig)	0,000	
	N	111	111

Bei der Überprüfung von H1 wurde untersucht, inwieweit die soziale Nachhaltigkeit von der Diversität der Mitarbeiter beeinflusst wird (Tabelle 1). In dieser Studie konnte ein starker positiver Zusammenhang von 0,6 bei einem Signifikanzniveau von 0 Prozent gemessen werden. Das heißt, je höher die soziale Nachhaltigkeit ausgeprägt ist, desto mehr wird die Diversität bei den Mitarbeitern gefördert. Somit konnte diese Hypothese bestätigt werden.

Im folgenden Abschnitt wird der Zusammenhang zwischen der ökonomischen Dimension und der regionalen Wirtschaft untersucht. Dabei spielen vor allem die Nutzung der lokalen Dienstleister und die Kooperationen eine essenzielle Rolle.

Tabelle 2: Zusammenhang zwischen regionaler Wirtschaft und ökonomischer Nachhaltigkeit (eigene Studie).

		H2	Ökonomische Nachhaltigkeit
H2	Pearson-Korrelation	1,000	0,294
	Sig. (2-seitig)		0,002
	N	111	111
Ökonomische Nachhaltigkeit	Pearson-Korrelation	0,294	1,000
	Sig. (2-seitig)	0,002	
	N	111	111

Hier lässt sich ein schwacher positiver Zusammenhang von 0,294 bei einem Signifikanzniveau von 0,2 Prozent erkennen (Tabelle 2). Daraus lässt sich schließen, dass die ökonomische Nachhaltigkeit durch die Unterstützung der lokalen Wirtschaft gesteigert werden kann. Schlussfolgernd konnte auch hier H2 bestätigt werden.

Der Lebensmittelabfall, die regionalen Produkte und das Hotelgebäude spielen in Bezug auf die ökologische Dimension eine wichtige Rolle. Diese drei Bereiche werden im folgenden Abschnitt untersucht.

Tabelle 3: Zusammenhang zwischen Lebensmittelabfall und ökologischer Nachhaltigkeit (eigene Studie).

		Food Waste	Ökologische Nachhaltigkeit
Food Waste	Pearson-Korrelation	1,000	0,345
	Sig. (2-seitig)		0,000
	N	111	111
Ökologische Nachhaltigkeit	Pearson-Korrelation	0,345	1,000
	Sig. (2-seitig)	0,000	
	N	111	111

In Bezug auf die Verschwendung von Lebensmitteln gibt es einen mittleren negativen Zusammenhang von 0,345 bei einem Signifikanzniveau von 0 Prozent (Tabelle 3). Das bedeutet, je niedriger der Food Waste, desto höher ist die ökologische Nachhaltigkeit. Somit konnte diese Hypothese ebenfalls angenommen werden.

Tabelle 4: Zusammenhang zwischen regionalen Produkten und ökologischer Nachhaltigkeit (eigene Studie).

		Ökologische Nachhaltigkeit	Regionale Produkte
Ökologische Nachhaltigkeit	Pearson-Korrelation	1,000	0,403
	Sig. (2-seitig)		0,000
	N	111	111
Regionale Produkte	Pearson-Korrelation	0,403	1,000
	Sig. (2-seitig)	0,000	
	N	111	111

Da in Bezug auf die regionalen Produkte ein mittlerer positiver Zusammenhang von 0,403 bei einem Signifikanzniveau von 0 Prozent festgestellt wurde, konnte H4 bestätigt werden (Tabelle 4).

Bei der Untersuchung der letzten Hypothese steht das Gebäude des Hotels im Vordergrund. Zu diesem Bereich zählen der Wasserverbrauch, die Stromversorgung, die Wärmeerzeugung und die gesamten CO_2-Emissionen.

Tabelle 5: Zusammenhang zwischen den umgesetzten Maßnahmen im Hotelgebäude und ökologischer Nachhaltigkeit (eigene Studie).

		Ökologische Nachhaltigkeit	Gebäude
Ökologische Nachhaltigkeit	Pearson-Korrelation	1,000	0,722
	Sig. (2-seitig)		0,000
	N	111	111
Gebäude	Pearson-Korrelation	0,722	1,000
	Sig. (2-seitig)	0,000	
	N	111	111

Da ein starker positiver Zusammenhang von 0,722 bei einem Signifikanzniveau von 0 Prozent vorliegt, kann daraus geschlossen werden, dass die nachhaltigen Maßnahmen im Hotelgebäude die ökologische Dimension positiv beeinflussen. Somit kann auch hier die dazugehörige Hypothese bestätigt werden (Tabelle 5).

Des Weiteren wurden die drei Dimensionen der Nachhaltigkeit unabhängig von den Hypothesen genauer betrachtet.

Im Bereich der Ökologie wurde unter anderem der Anteil des Food Waste an den umgesetzten Lebensmitteln in Prozent untersucht. Folgender Abbildung 14 kann entnommen werden, dass knapp die Hälfte der befragten Hotels (49,5 %) 10 bis 20 Prozent der umgesetzten Produkte entsorgen, dicht gefolgt von den Betrieben (45 %), die weniger als 10 Prozent verschwenden.

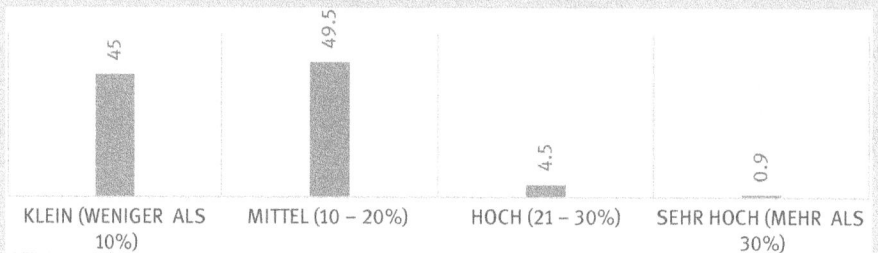

Abbildung 14: Anteil des Food Waste an den umgesetzten Lebensmitteln in Prozent (eigene Studie).

In Bezug auf die soziale Dimension wurde der Anteil an Frauen in Führungspositionen genauer betrachtet (siehe Abbildung 15).

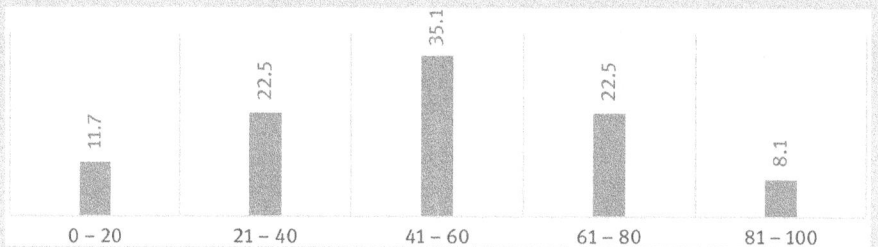

Abbildung 15: Anteil an Frauen in Führungspositionen in Prozent (eigene Studie).

Die meisten Hotels (35,1 %) konnten 41 bis 60 Prozent an Frauen in Führungspositionen vorweisen. Somit sind im Durchschnitt die Hälfte der Führungskräfte weiblich.

Bei der ökonomischen Nachhaltigkeit wurde unter anderem der Fokus auf die Nutzung von regionalen Dienstleistern gelegt. Hier gaben über die Hälfte der Befragten an, sehr viel auf diese zurückzugreifen (55 %) (Abbildung 16).

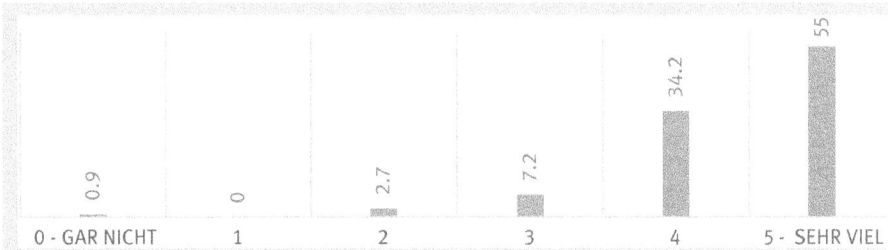

Abbildung 16: Nutzung von Dienstleistern in Prozent (eigene Studie).

Abschließend werden die Antworten zu den drei genannten Forschungsfragen nochmals zusammengefasst:

Die Forschungsfrage 1 entspricht der sozialen Nachhaltigkeit der Hotels unternehmensintern. Je höher die soziale Nachhaltigkeit ausgeprägt ist, desto mehr wird die Diversität bei den Mitarbeitern gefördert. Des Weiteren hat sich herausgestellt, dass die befragten Unternehmen meistens einen Frauenanteil von 41 bis 60 Prozent in ihren Führungspositionen haben. Zudem haben 30,6 Prozent über 60 Prozent weibliche Führungskräfte. Somit ist festzustellen, dass diese Dienstleister bezüglich der Frauenquote sozial nachhaltig sind.

Die Forschungsfrage 2 behandelt das Thema der ökonomischen Nachhaltigkeit in der Hotellerie. Diesbezüglich wurden die Hotels befragt, wie oft sie regionale Dienstleister nutzen. So gaben 55 Prozent dieser Unternehmen an, dass sie sehr viele regionale Lieferanten nutzen. Nur 0,9 Prozent der Befragten nutzen keine regionalen Dienstleister. Folglich ist dieses Ergebnis als ökonomisch nachhaltig zu betrachten.

In Bezug auf die Forschungsfrage 3 wurde der Anteil der Menge an Food Waste an den umgesetzten Lebensmitteln und der Anteil an regionalen Produkten in den einzelnen Gerichten untersucht. Bei der Untersuchung hat sich ergeben, dass rund 50 Prozent der Hotels zwischen 10 und 20 Prozent der verwendeten Lebensmittel wegwerfen. Positiv auffällig ist, dass rund 45 Prozent der Hotels weniger als 10 Prozent an Food Waste erzeugen.

Gastbeitrag: SCHWARZWALD PANORAMA

Stephanie Schießl, Entwicklung nachhaltiges Bewusstsein

Die Entwicklung zu einem nachhaltig geführten Hotel

Den Grundstein zur Umgestaltung des Hotelbetriebes zu einer ganzheitlich nachhaltigen Unternehmensführung legte der geschäftsführende Inhaber Stephan Bode. Er konnte aus seiner Erfahrung der bereits im Jahr 2006 vollzogenen Umwandlung vom Seehotel Zeulenroda in das Bio-Seehotel Zeulenroda schöpfen. Die Entstehung eines 100-prozentigen Biohotels und des zu dieser Zeit ersten klimaneutralen Eventhotels sorgte damals für Furore innerhalb der Branche. Nicht wenige Hotelkollegen blickten derzeit kopfschüttelnd nach Zeulenroda. Nachhaltigkeit war längst noch nicht in der Branche angekommen.

Im Jahr 2009 wurde Stephan Bode für diese herausragende Leistung mit dem renommierten B.A.U.M. Umweltpreis ausgezeichnet. Als es ihn Anfang 2013 nach Bad Herrenalb zog, brachte er die Philosophie, die Betrachtungsweise und das Konzept der Nachhaltigkeit mit. So entwickelte er innerhalb von nur fünf Monaten aus dem damaligen Rulands Thermenhotel das heutige Schwarzwald Panorama. Zunächst fungierte Stephan Bode als angestellter Geschäftsführer und seit 2017 ist er alleiniger Eigentümer und Gesellschafter. Bereits mit dem ersten Tag seines Wirkens, Anfang 2013, integrierte und zementierte er das Fundament seines nachhaltigen Hotelbetriebes, indem er

Maßnahmen wie u. a. die jährliche CO_2-Bilanz, Green Meetings sowie die Bio-Zertifizierung durch Bioland für Speisen und Getränke einführte. Es folgten erste Nachhaltigkeitsberichte und eine kontinuierliche Weiterentwicklung des Erreichten.

Im Jahr 2017 entschloss sich Bode, für sein Herzensthema eine eigene Stabsstelle mit dem Titel „Entwicklung nachhaltiges Bewusstsein" zu schaffen, die Anfang 2018 durch mich, Stephanie Schießl, besetzt wurde. Mit dieser neuen non-operativen Position wurden nun Kapazitäten geschaffen, um das begonnene Nachhaltigkeitskonzept strukturell auszurichten und langfristige Zielsetzungen kontinuierlich in konkrete Maßnahmen zu übersetzen. Die unkonventionelle Position wurde aufgebaut und zur zentralen Koordinationsstelle aller Prozessoptimierungen und Themenstellungen rund um das Thema Corporate Sustainability.

Nachhaltigkeit konnte jetzt in die gesamte Wertschöpfungskette lebendig und pragmatisch integriert, an alle Stakeholder vermittelt sowie natürlich umfassend erweitert werden. Ein Umwelttracking wuchs innerhalb weniger Jahre auf zirka 300 Maßnahmen in sozialer, ökologischer und ökonomischer Nachhaltigkeit heran. 2019 folgten weitere großartige Meilensteine mit der BIO Gold Auszeichnung von Bioland, der Erreichung der Klimaneutralität, der Reduktion des Fußabdrucks von 49 kg/ÜN auf 22,5 kg/ÜN, der Unterzeichnung der WIN-Charta, der Nominierung zum Umweltpreis 2020 des Landes Baden-Württemberg sowie der Zertifizierung mit dem höchsten GreenSign Level 5. Es wurden hauseigene regionale Leuchtturmprojekte wie „SchwaPa Biokids" entwickelt, ein Naschgarten mit Biodiversitäts- und Upcyclingkonzept errichtet, ein umfangreiches Energieaudit durchgeführt, zahlreiche Schulungen abgehalten, ein Kooperationsnetzwerk aufgebaut (z. B. Global Family, NABU-KORKampagne) und weitere Auszeichnungen, wie der „European Green Award" in 2021 mit Platz 1 in der Kategorie „small hotels", gewonnen.

Empfehlenswert für Hoteliers, welche sich auf den Weg zu sog. „green growth" (nachhaltiges Wachstum) aufmachen, ist eine Bestandsaufnahme, denn oft sind Betriebe bereits nachhaltiger, als sie denken. Jeder Anfang ist schwer, besonders bei neuen Themen, die auch Veränderung mitbringen, doch Wege entstehen, indem man sie geht und auf Grund der zahlreichen Handlungsfelder bei von Nachhaltigkeit ist ANFANGEN demnach, so banal es auch klingt, das wichtigste. Jede Tat hat einen Impact. Manche auf Emissionen, andere auf Ressourcen. Es gibt kein Rezept, welches man nach Prinzip Gießkanne vermitteln kann – je nach Betrieb entwickelt sich das Konzept auch durch den Alltag. Großartige Starthilfen sind Zertifizierungen und Audits, welche mit ihren Katalogen und Strukturen einen Überblick und Handlungsmöglichkeiten aufzeigen. Auch die Erstellung einer Klimabilanz und/oder eines Nachhaltigkeitsberichtes sind hilfreiche Tools hierfür. Sobald dann ein Konzept steht, sollte direkt in den Gästedialog gegangen werden, z.B. über Mailings, die Website, Social Media oder über „Green Tours" (best practice-Teilhabe im Hotel, auch backstage), denn Gäste wissen oft gar nicht, was ein Hotelier alles für den Klimaschutz beiträgt und nehmen so auch viele Impulse zur Verhaltensänderung, was zur Bildung nachhaltiger Entwicklung (BNE) beiträgt oder neuerdings auch „Nudging" genannt wird. Nachhaltigkeit sollte natürlich stets authentisch gelebt und vermittelt werden und von innen heraus stammen sowie als Entwicklungsprozess wachsen, weniger als von Marketingfirmen auferlegte starre Konzepte in der Hauptfunktion eines ergänzenden USP's oder gar rein formelle Erklärungen ohne Praxisumsetzung.

Das Konzept steht, aber wie wird das Team für Nachhaltigkeit begeistert?
Die größte Herausforderung bei der Sensibilisierung der Mitarbeiter für Nachhaltigkeit ist die unterschiedliche Offenheit, der Wissenstand der Empfänger gegenüber den vielen Thematiken sowie die eigene Erwartung. So entwickelte sich nach anfänglichen Erkenntnissen aus meiner Mission nun die Einstellung, eben nicht zu missionieren. Der Anspruch darf nicht sein, aus Mitarbeitern „Ecoisten" zu formen, vielmehr, sich über jene zu freuen, welchen man, vielleicht auch nur mit kleinen Schritten, zu einer Änderung umweltschädlicher Verhaltensweisen bewegen konnte – gemäß dem Motto „Jeder hat Macht, der etwas macht".

Die Vielseitigkeit der Themen, welche von Naturkosmetik über Bio hin zu Mülltrennung reicht, gibt viel Stoff her, um das Team ganzheitlich zu informieren und bei Laune zu halten. Der Anspruch des Mittragens und Ausführens des nachhaltigen Konzeptes sowie der Verkörperung der Philosophie vor Ort sollte je nach Position selbstverständlich gegeben sein. Jedoch ist es kein Einstellungskriterium, eine Öko-Affinität oder entsprechendes Wissen mitzubringen – im Gegenteil, die Bewerber empfinden eine Anstellung als Chance und Benefit, „nebenbei" zu lernen, wie man ein nachhaltigeres Leben führen kann.

Es gibt im Hotelbetrieb jedoch zahlreiche weitere Herausforderungen, wie z. B. mangelnde Zeit der Teammitglieder aufgrund der Dynamik der Branche und des Arbeitsalltags und der Fokus auf die Kernkompetenzen des Hauses, wozu Essen, Schlafen, Events, Tagung und Wellness gehören. So bleibt oft keine Zeit für noble Ziele, und diese Nicht-Priorisierung erschwert zusätzlich die eigentlich notwendige Offenheit, die ohnehin bei Veränderungen außerhalb der Komfortzone generell sehr gering sein kann. Je nach Persönlichkeit, Abteilung oder Position muss demnach sensibel differenziert werden, da das beliebte und zeitsparende Prinzip „Gießkanne" auch hier bei der Wissensvermittlung nicht funktioniert. Ein Mitarbeiter im Stewarding mit wenig Gästekontakt benötigt einen anderen Input als eine Rezeptionistin, die Gästen den „Klima-Euro" beim Check-In erklären soll. Auch sollten möglichst verschiedene interessante und zeitgemäße Kanäle angeboten werden, da jeder Mitarbeiter auf einer anderen Zugangsebene Informationen aufnimmt.

Eine nicht unwichtige Herausforderung bei dieser Art Entwicklungsarbeit ist allerdings auch, nicht in eine Art „Päpstlicher-als-der-Papst"-Rolle abzurutschen. Auch wenn gewisse neue nachhaltige Prozesse nicht rund laufen, sollte man in Ruhe nachjustieren, jedoch keinesfalls den Rückwärtsgang einlegen. Das Team darf weder überfordert noch unterfordert werden und man braucht ein gutes Händchen für das richtige Timing, Durchsetzungsvermögen und Begeisterungsfähigkeit. Ein Branchenbezug (ergo Hotelausbildung) hilft natürlich bei der Akzeptanz im Team.

Da das Feld der Themen so umfangreich und komplex, manchmal widersprüchlich ist, und man ständig auch von extern neu inspiriert wird, muss man gut selektieren und filtern, was zum Betrieb passt. Die Kunst ist, sich auch mal zu loben und das Erreichte anzuerkennen und dies mit dem Team zu feiern.

Best-Practice-Beispiele zur Sensibilisierung der Mitarbeiter

Die Arbeit von mir begann zunächst damit, selbst tief in verschiedenste grüne Thematiken einzusteigen, um Wissen zu erlangen, sowie Fachbegriffe zu lernen und Netzwerke aufzubauen. Anfangs war ich daher oft in (m)einer grünen Blase abgetaucht, suchte dann aber rasch den Weg in die Abteilungen, um die dringendsten Themen herauszufiltern, und dabei kroch ich auch in Mülltonnen oder wühlte im Trockenlager. Ich nahm auf, was schon da war, was sich das Team aktuell wünschte (Mitarbeiterbefragung) und was ein ökologischer Dorn im Auge ist. Erst dann konnte ich mich mit dem Schulungsprogramm für unser Team machen und einen ersten Fahrplan basteln.

Zur Sensibilisierung der Mitarbeiter nutzte ich u. a. Präsenz-Schulungen inhouse oder bei unseren Partnern (z.B. Biohof), ein monatlich wechselndes ECOinfoboard, DVD-Verleih, Veggie Days, GIVEbox, Upcycling-Workshops, Teilnahme an Aktionstagen (z. B. der Earth Hour) und natürlich persönliche Gespräche. Allerdings waren für mich immer die eigentlichen Prozessumstellungen der Changemaker. Es stellte sich heraus, dass Mitarbeiter am schnellsten den Begriff Nachhaltigkeit greifen können, wenn sie einfache und pragmatische Handlungsveränderungen durchleben, mit unterstützen und begleiten, wie z. B. die Sammlung der Kerzenreste im Restaurant, welche folglich an eine regionale Kerzenmanufaktur gespendet werden, die wiederum neue Kerzen daraus gießt und diese bei uns im Lädle verkauft. Es spricht alles dafür, Teams solche Kreisläufe persönlich durchleben zu lassen, damit sie den ökologischen sowie ökonomischen Sinn und Wert von Maßnahmen kennen und schätzen lernen. Unsere Branche ist praxisorientiert, daher wirkt eine aktive Partizipation um ein Vielfaches nachhaltiger als z. B. die Ermittlung des Fußabdrucks per Online-Rechner.

Über die Begeisterung kommt das Interesse, über das Wissen das Verständnis und über die Routine dann die dauerhafte Integration in den Alltag. Im best case folgt dann noch der Schneeballeffekt und sie wiederum tragen es weiter in deren Umfelder. Nicht zu unterschätzen ist auch, die Wirkung einer gut durchdachten Platzierung der Informationen. So wird ein Life-Hack gegenüber der Kaffeemaschine oder in der Raucherecke viel besser aufgenommen, da die Mitarbeiter dort kurz Zeit zum Lesen haben. Ergänzt wird dieses Dauer-On-the-Job-Training durch Give-aways für zu Hause.

Best-Practice-Beispiele zur nachhaltigen Unternehmenskultur

Es gibt tatsächlich gewisse Abläufe, die keine große Wissenschaft bedeuten und die in allen Hotels leicht umsetzbar sind. Oft fehlt leider nur Zeit, Dinge zu hinterfragen, die seit Jahren schon so laufen, aber eben ohne Sinn und Verstand. Der sog. Tunnelblick macht den Rest. Ein Beispiel ist der Umgang mit den Fundsachen. Wenige Hotels haben ein ressourcenschonendes Re-Use-Programm hierfür. Im schlechtesten Fall werden wertige Kleidungsstücke uvm sogar im Restmüll entsorgt, was doppelt negativ ist, da Restmüll die teuerste Entsorgung darstellt und auch das Kleidungsstück damit unwiederbringlich zerstört wird. Im Schwarzwald Panorama werden Fundsachen nach der gesetzlichen Aufbewahrungsfrist entweder an Charity-Läden gespendet oder in der hauseigenen Givebox dem Team zur Verfügung gestellt. Der Aufwand ist dabei gering und es kommt der Umwelt und den Mitarbeitern zugute.

Eine faire Bezahlung war jahrzehntelang ein Problem innerhalb der Branche, aber das ändert sich jetzt. Heute werden in vielen Hotels neben angemessenen Gehältern samt Weihnachts- und Urlaubsgeldern sowie Jahresboni zusätzlich Antrittsprämien bezahlt, Geschäftswagen und Firmenhandys gestellt, Weiterbildungen übernommen, ansprechendere Sozialräume und hochwertigere Kantinen bereitgestellt, Mehrarbeit ausgeglichen und Gleitzeitmodelle/ Homeoffice angeboten. Rabatte bei Partnerunternehmen, JobRad (Diensträder), elegante Uniformen mit Ecolabel samt Reinigung, freie Massagetermine für Mitarbeiter und vieles mehr bieten wir bei uns zusätzlich an. Auch erhält das Team des Schwarzwald Panoramas eine Prämie für die Vermittlung neuer Mitarbeiter, eine Art „Kopfgeld" also, um die oft guten Netzwerke der eigenen Mitarbeiter als Recruiting-Support zu nutzen.

Im Haus gibt es außerdem eine FeedbackBOX und gute Ideen werden prämiert, was Mitarbeiter dazu motivieren soll, sich mit dem Betrieb sowie der Nachhaltigkeit auseinanderzusetzen und noch stärker zu identifizieren. Aber bereits vor dem Arbeitsantritt werden unsere neuen Kolleg*innen abgeholt in Form von, Welcome Packages, ausgestattet mit allerlei Infomaterialien und der Employer-Broschüre samt umfangreichem Benefitprogramm, ganz individuellen Grüßen von den künftigen Kollegen und inklusive dem Angebot einer Vorab-Schnuppernacht, um die erste Angst zu nehmen und das Gästeerlebnis kennenzulernen.

Ein gut vorbereiteter Onboarding-Prozess mit Hausführung am ersten Arbeitstag sowie eine Job-Rotation für die erste Woche ist in unserem 4-Sterne-Superior Haus ein Muss. Neben der standardmäßigen gesundheitsfördernden Mitnutzung der Freizeiteinrichtungen, wie Spa und Fitness, bietet Stephan Bode seinem Team einen „Selfness2U"-Kurs an, in welchem Meditation, Yoga, gesunde Ernährungsweise und Teamübungen erlernt werden können, sowie einmal jährlich eine Fastenkur. Seit dem 1. April 2022 hat er ein weiteres Highlight fest im Betrieb verankert, welches erneut seinen Pioniergeist und nachhaltig sowie ganzheitlich ausgerichtetes Denken unterstreicht: eine eigene Resilienztrainerin zur Persönlichkeitsentwicklung der Mitarbeiter. Kleine und große Team-Ausflüge, das Feierabendbier unter Kollegen oder auch mal ein Blumenstrauß vom Chef ergänzen als süße Bonbons den Erhalt der guten Stimmung sind Ausdruck seiner Wertschätzung.

Ein wichtiger Baustein und Beitrag in der Bildungsarbeit sind auch Kooperationen mit Hochschulen. Die Offenheit gegenüber dem Aufwand, Bachelor- und Masterarbeiten zu unterstützen, ist wichtig, um der heranwachsenden Generation Motivation zu geben.

Vorteile der nachhaltigen Hotelführung in Bezug auf das Miteinander im Team

Sobald das Team ein gemeinsames Ziel hat, wird immer auch das Miteinander gefördert, da dies ein Zugehörigkeitsgefühl erweckt. Dabei gilt: Je wertiger das Ziel, desto höher auch die Bindung. So kann der Fokus automatisch auf ein anderes Niveau gehoben werden und jeder Einzelne fühlt sich gut dabei, Teil der Lösung zu sein, nicht Teil des Problems. Ich machte die Erfahrung, dass auch mehr Zufriedenheit und Loyalität als Resonanz entstand, besonders bei Gen Z. Die Teammitglieder des Schwarzwald Panoramas sehen oftmals Dinge woanders und bringen mir diese mit oder erzählen mir wie das Hotel, wo sie im Urlaub waren, dies und jenes gelöst hat. Und manchmal lenkt die Nachhaltigkeit auch ab von anderen menschlichen Verhaltensweisen und negativen Dynamiken oder Drama im Team. Der größte Vorteil ist jedoch, dass das Denken der Kolleg*innen verändert wird von „wie immer" zu „wie könnte man das umweltfreundlicher lösen".

Nachhaltige Unternehmenskultur hat, richtig angewandt, viele Vorteile. Aber es gilt, essenzielle Fehler zu vermeiden

Hoher Druck und zu weitreichende Erwartungen können ins Gegenteil umschlagen. Internationalität und eine flexible Branche bedeute, dass Mitarbeiter in der Hotellerie auch oft aus Gebieten kommen, wo Krieg und Armut herrschen. Mit diesen Mitarbeitern hart ins Gericht zu gehen, weil sie die Pfandflasche in die Altglastonne geben, ist nicht zielführend. Entsprechendes Training und Aufklärung über das Recyclingsystem anzubieten hingegen schon. Der CSR-Manager fungiert gewissermaßen als Coach.

Eine weitere Fehlerquelle liegt in der Anlage der Position eines CSR-Beauftragten. Dieser benötigt umfassende Weisungsbefugnis, Freiheiten und darf nicht operativ eingebunden sein. Die „Kannst du mal schnell aushelfen?"-Mentalität kann besonders in der Hotellerie, in welcher es immer irgendwo „brennt", ungeahnte Auswüchse annehmen und somit die Kapazitäten der CSR-Stelle ständig in Gefahr bringen. Auch muss von Beginn an klar an alle kommuniziert werden, dass es die Aufgabe des CSRlers ist, überall einen Blick hineinzuwerfen und verbessernde Maßnahmen zu beschließen – auch über den Kopf des Abteilungsleiters hinweg, jedoch natürlich nicht ohne dessen Einbezug.

Die betriebliche Nachhaltigkeit auf mehrere Schultern zu verteilen funktioniert meist auch nicht. Es bedarf hier oft umfangreicher Recherche bei den einzelnen Themen sowie einem Persönlichkeitsmix zwischen „Macher" und „Revoluzzer", also jemandem, der die Dinge mutig und offensiv angeht und auch entsprechendes Controlling gewährleistet. Die Mitarbeiter anderer Abteilungen sind bereits mit ihren Aufgaben ausgelastet und es bleibt zu wenig Know-How und Kapazität. Eine Art „AG Nachhaltigkeit" würde Verbindlichkeit und Regelmäßigkeit benötigen – beides oft schwer einzuhaltende Voraussetzungen, wenn man den Schichtplan, die Personalknappheit, Fluktuation und Dynamik dieser Branche kennt.

Die Beziehung zu Lieferanten ist kritisch zu überprüfen und gegebenenfalls ist die Geschäftsbeziehung auch zu kündigen, wenn die Konzepte nicht mehr zusammenpassen. Es gehört zu den Aufgaben eines CSRlers, auch gelegentlich unbequem oder nervig in den Forderungen zu werden. Der Fehler hierbei wäre, dies nicht zu tun und alles hinzunehmen oder sich hinhalten zu lassen. Regelmäßige Follow-ups und Recherche anderer Player auf dem Markt sind in der Regel eine gute Taktik. Und letztlich gilt es, auch die Tiefe und Authentizität von Produkten etc genau zu prüfen, um Greenwashing möglichst keine Chance zu lassen.

Zukunftsprojekte des Schwarzwald Panoramas im Bereich soziales Engagement und Mitarbeiter

Als nächsten Schritt im Bereich soziale Nachhaltigkeit wird das mehrfach ausgezeichnete Wellness- und Tagungshotel ein Gemeinwohl-Programm aufstellen, welches auch einen freien Tag für soziales Engagement beinhaltet. Für das laufende Jahr sind neue nachhaltige Team-Outings, wie zum Beispiel eine Weinlese geplant. Aktuell läuft unter den Mitarbeitern eine Diversity-Abfrage mit großer Europa- und Weltkarte, um stolz zu präsentieren, wie viele Sprachen das

Team insgesamt spricht und aus wie vielen Ländern seine Mitglieder stammen. Das herausragende „SchwaPa Biokids"-Projekt musste coronabedingt nach fünf Terminen unterbrochen werden – hier wird auf eine Wiederaufnahme gehofft. Es wurde bereits enormer Aufwand in dieses Projekt für die Kinder der Falkensteinschule in Bad Herrenalb gesteckt und bis ins Detail konzipiert. Jeden Monat kamen 15 Schüler der 3. und 4. Klasse in das Hotel, um mit Themen wie Bio, Ernährung, Klima, Umweltschutz usw. bespielt zu werden, damit sie später zu verantwortungsvollen Jugendlichen und schließlich proaktiven Erwachsenen heranwachsen können. Das Netzwerk umfasst dabei Biolandwirte, Saftstellen der Streuobstinhaber, Müllexperten, Küchenchefs und Imker. Und natürlich wollen wir auf diesem Wege auch schon den Samen frühzeitig setzen, für unsere Branche begeistern und uns – mit kleinem Augenzwinkern – in einigen Jahren einen Lehrling sichern.

4.2 Destination

Der Wettbewerb in der Tourismusbranche nimmt fortlaufend zu. Inzwischen ist es nicht mehr ausreichend, sich allein durch seine Angebotsvielfalt zu profilieren. Die steigende Verstädterung und das Schwinden von naturbelassenen Flächen wecken den Wunsch nach ursprünglichen, authentischen Destinationen. Mit dem wachsenden Umweltbewusstsein in der Bevölkerung ist ein Reiseziel, das Wert auf Nachhaltigkeit legt, häufig der ausschlaggebende Faktor bei der Entscheidung für einen Urlaubsort. Eine umweltschonende und klimafreundliche Aufstellung dient deshalb zunehmend als Wettbewerbsvorteil (Freyer/Schreyer 2010). Eine Destination ist ein „geographischer Raum (Ort, Region, Weiler), den der jeweilige Gast (oder ein Gästesegment) als Reiseziel auswählt. Sie enthält sämtliche für einen Aufenthalt notwendigen Einrichtungen für Beherbergung, Verpflegung, Unterhaltung/Beschäftigung. Sie ist damit die Wettbewerbseinheit im Incoming Tourismus, die als strategische Geschäftseinheit geführt werden muss" (Bieger/Beritelli 2013).

Destinationen, die nachhaltige Tourismuspolitik betreiben, profitieren zusätzlich von einer wesentlich positiveren Grundeinstellung gegenüber dem regionalen Tourismus von allen Seiten. Wenn sowohl Leistungsträger als auch die lokale Bevölkerung in touristische Entscheidungsprozesse miteinbezogen werden, verringert dies das Konfliktpotenzial und bietet Raum für neue, innovative Ideen. Letztendlich nimmt auch der Gast ein harmonisches Miteinander in der Destination positiv zur Kenntnis (Freyer/Schreyer 2010).

Jede nachhaltige Destination braucht eine gut ausgeklügelte, langfristig ausgerichtete Tourismusstrategie, welche die Interessen aller Stakeholder berücksichtigt. Durch Analysen des Marktes, der Zielgruppen und der Konkurrenz können entsprechende umweltfreundliche Angebote gestaltet sowie eine nachhaltige Unternehmenskultur aufgebaut werden. Die Einbindung von umweltorientiertem Handeln in alle Bereiche des Destinationsmanagements ist für eine allumfassende Nachhaltigkeit unbedingt notwendig und trägt zusätzlich zur Erhöhung der Bekanntheit und Imageverbesserung der Region bei (TOURIMAR 2021).

Management und Kommunikation

Das Verfassen eines aussagekräftigen Leitbildes spielt eine bedeutende Rolle. Hier werden die entsprechenden Ziele festgeschrieben, welche die Destination sich setzt, um Nachhaltigkeit in ihrer Organisation zu implementieren. Dies dient auf der einen Seite zur Orientierung für die Urlauber, welche so die Mehrwerte einer Destination erfahren und als Entscheidungshilfe für ihre Reiseplanung berücksichtigen können. Doch auch die Mitarbeiter, touristische Leistungsträger und jegliche andere Anspruchsgruppen unterstützt das Leitbild dabei, konkrete Maßnahmen für ihr eigenes nachhaltiges Handeln abzuleiten, so dass die Destination schlussendlich als gut funktionierende Einheit agieren und sich entsprechend präsentieren kann.

Der wahrscheinlich wichtigste Aspekt einer nachhaltigen Destination ist jedoch die einheitliche Kommunikation gegenüber dem Gast. Nur als abgegrenzte Marke, die ihre Nachhaltigkeit klar an die Öffentlichkeit trägt und ihre nachhaltigen Angebote transparent ausweist, kann langfristig dem Wettbewerbsdruck standgehalten werden (TOURIMAR 2021).

Umwelt (Energie, Wasser, Abfall)

Maßnahmen, die jeder Betrieb in der Destination für sich umsetzen sollte, sind Konzepte zur Wasser-, Strom- und Mülleinsparung. Hier kann z. B. Solarenergie für die Strom-, Heiz- und Warmwasserversorgung zum Einsatz kommen. Außerdem ist es wichtig, auch beim Bau und der Renovation von Gebäuden und Räumlichkeiten auf Nachhaltigkeit, Ressourcenschutz und Schadstofffreiheit zu achten. Hierfür eignet sich insbesondere regionales Holz, da es ein nachwachsender und auch CO_2-neutraler Rohstoff ist. Außerdem sollte die Energieeffizienz von Bauten nicht vernachlässigt werden, indem beispielsweise eine funktionierende Dämmung sowie die energiesparende Einstellung von Klima- und Heizanlagen beachtet werden (Boje 2021). Des Weiteren ist auch (Trink-)Wasserschutz unbedingt notwendig. Hierfür gilt es, Sparvorkehrungen zu treffen, wie die Installation von entsprechenden Duschköpfen in Hotels oder die Regulierung des Wasserdurchlaufs bei Toilettenspülungen und Wasserhähnen. Durch die Vermeidung der Verwendung von chemischen Reinigungsmitteln und Kosmetikprodukten mit Mikroplastikanteil kann auch die Abwasserbelastung reduziert werden (DEHOGA Bundesverband 2016).

Biodiversität und kulturelles Erbe

Um unmittelbar zum Schutz der Natur und des kulturellen Erbes in der Region beizutragen, sind ausgeklügelte Besucherlenkungskonzepte empfehlenswert. So können gezielt empfindliche Ökosysteme und Kulturlandschaften geschont und in ihrer Attraktivität für die Gäste erhalten werden. Bei der Entwicklung dieser Konzepte sollte eine Zusammenarbeit mit lokalen Naturschutz- und Kulturbehörden erfolgen, um die richtigen Maßnahmen zu ergreifen. Diese können u. a. die Ausgestaltung und Beschilderung von Wanderwegen und Lehrpfaden, Begrenzungen der Anzahl der Besucher zur gleichen Zeit durch die Vergabe von Zeitfenstern beim Ticketverkauf (Besuchermanagementsystem) sowie Führungen durch speziell geschulte Guides beinhalten.

Bei der Gestaltung der Region sollte besonderer Wert auf Naturbelassenheit und Biodiversität gelegt werden. Viele Freiflächen, die Anpflanzung heimischer Pflanzenarten und Initiativen zum Erhalt traditioneller historischer Gebäude und Kulturlandschaften tragen zur Förderung eines regionaltypischen Bildes der Destination bei (TOURIMAR 2021).

Einkauf

Das Thema nachhaltiger Einkauf lässt sich besonders effektiv in der gesamten Destination implementieren, wenn bestimmte ökologische und soziale Anforderungen an Produkte und Zulieferer von oberster Destinationsmanagement-Ebene in der CSR-Strategie definiert und überwacht werden. Hierbei können nachhaltige, transparente Zertifizierungen oft eine starke Hilfestellung liefern. Zudem sollte die regionale Wertschöpfung gefördert werden, da sich große Mengen an Treibhausgas-Emissionen sowie Transportkosten einsparen lassen, aber auch die lokale Wirtschaft angekurbelt wird. Durch den Appell an die touristischen Leistungsträger in der Destination, wo immer möglich auf regionale Anbieter beim Erwerb von Produkten zurückzugreifen, kann ein krisenresistentes, stabiles Wirtschaftsnetz aufgebaut werden. Davon profitieren alle Akteure der Destination, unabhängig davon, ob sie primär in der Tourismusbranche tätig sind (Lotter 2010).

Regionalität und Mobilität

Ist die nachhaltige Leitbilderstellung schließlich erfolgt, kann es zur Einführung konkreter Maßnahmen kommen. Dabei sind insbesondere ökologische Mobilitätskonzepte wichtig. Es gilt, die Gäste bereits vor ihrer Anreise über umweltfreundliche Fortbewegungsmittel in der Destination zu informieren und entsprechende Anreize zu schaffen. Das kann z. B. ein kostenloses Ticket für den öffentlichen Nahverkehr beinhalten oder die Abholung vom Bahnhof. Allgemein sollte eine Förderung des ÖPNV erfolgen und der zuverlässige Anschluss der Region an das Verkehrsnetz angestrebt werden. Hierfür ist die Schaffung von Park-and-ride-Anlagen sowie eines ausgeklügelten Hotelleitsystems empfehlenswert, um den Individualverkehr zu regulieren und zu reduzieren. Zudem kann auch die Luft- und Lärmbelastung durch die

Einführung von autofreien Zonen reduziert werden. Weiterhin sollte die Destination die Möglichkeit anbieten, Fahrräder und E-Bikes auszuleihen, ausreichend Fahrradwege schaffen und diese instandhalten. Außerdem nimmt das Thema E-Mobilität in der heutigen Zeit eine immer weitreichendere Bedeutung an, weshalb die Infrastruktur für Ladesäulen in der Region auszubauen ist (Lotter 2010). Verschiedene Systeme werden getestet, um die Mobilität der Gäste zu gewährleisten, aber gleichzeitig die hohe Frequenz an bekannten POIs zu reduzieren.

Als Beispiel gibt es in Bayern den „Ausflugs-Ticker". Dieser versucht, die Besucher in den beliebtesten Ausflugszielen zu lenken. Über eine eigene Website können Touristen die aktuelle Situation in den verschiedenen Regierungsbezirken Bayerns einsehen. Beispielsweise werden Informationen zum aktuellen Verkehrsaufkommen oder zu Wartezeiten an Seilbahnen oder Kassen von Touristenattraktionen veröffentlicht. Gleichzeitig wird auch auf alternative Angebote verwiesen, falls bestimmte Regionen bereits an ihre Kapazitätsgrenzen stoßen.

An der Ostsee informiert eine Website über die Auslastung der Strände in der Lübecker Bucht. Strandbesucher können über ein einfaches Ampelsystem erkennen, ob ein Besuch am Strand noch möglich ist. Die dafür benötigten Daten liefern die Vermieter der Strandkörbe und die Mitarbeiter, die die Kurtaxe kassieren. So soll es möglich werden, die Gäste an Strandabschnitte zu lenken, die weniger ausgelastet sind. Zukünftig soll dieses System mit installierten Sensoren ausgestattet werden, die die Strandbesucher automatisch zählen (Mederle 2020).

Qualitätsmanagement und nachhaltige Entwicklung

Das oberste Ziel im Qualitätsmanagement ist es, die Erwartungen der Gäste an ihren Urlaub zu erfüllen und im besten Fall zu übertreffen. In der Destination ist es deshalb besonders wichtig, alle Stakeholder mit ins Boot zu holen und eine gemeinsame Strategie auszuarbeiten. Dabei ist es notwendig, zu wissen, dass Qualitätsmanagement ein laufender Prozess ist. Es geht darum, sich kontinuierlich zu verbessern und vor allem die Erreichung der vorher definierten Ziele im Blick zu behalten und dies zu dokumentieren. Was die nachhaltige Entwicklung betrifft, so müssen die ergriffenen Maßnahmen langfristigen Erfolg versprechen und alle Dimensionen von Nachhaltigkeit abdecken. Alle Akteure der Urlaubsregion sollten hier am selben Strang ziehen, denn die Gäste betrachten die Destination als Ganzes. Eine einheitliche Nachhaltigkeitsstrategie ist also genau wie die einheitliche Markenstrategie essenziell, um für die Kunden ein stimmiges Gesamtbild zu erzeugen. Die DMO fungiert dabei prinzipiell als Vorreiter und Impulsgeber für alle nachhaltigen Aktivitäten, doch für den Erfolg eben dieser ist die Partizipation der touristischen Leistungsträger maßgeblich (Freyer/Schreyer 2010).

Soziale Verantwortung

Neben dem Einsatz für ökologische Projekte gilt es zudem, die soziale Komponente von Nachhaltigkeit nicht aus dem Blick zu verlieren. Mitarbeiterförderung und -integration sollten einen hohen Stellenwert in der nachhaltigen Destination innehaben. Bei der Rekrutierung von neuem Personal sind, sofern möglich, Bewerber aus der Region zu bevorzugen und auch unter Berücksichtigung von Diversity einzustellen. So kann auch der zunehmenden Abwanderung aus ländlichen Gebieten vorgebeugt werden, indem die Einheimischen vielversprechende berufliche Perspektiven in ihrer Heimat vorfinden. Damit dies gewährleistet werden kann, ist es außerdem wichtig, die Saisonalität der Destination aufzubrechen und Maßnahmen für einen ganzjährigen Touristenstrom zu ergreifen, um so eine ununterbrochene Beschäftigung sicherzustellen. Letztendlich müssen alle Mitarbeiter im Destinationsmanagement in Hinblick auf Nachhaltigkeit geschult und sensibilisiert werden und auch die anderen touristischen Akteure dürfen nicht außen vor bleiben.

Weiterhin ist es wichtig, das Aufeinandertreffen der einheimischen Kultur mit der Kultur der Reisenden so harmonisch wie möglich zu gestalten und ein touristisches Angebot so umzusetzen, dass die kulturelle Identität der Zielregion erhalten bleibt und idealerweise noch gestärkt wird. Um die Einheimischen nicht aus der touristischen Entwicklung auszuschließen, sollten sie die Möglichkeit erhalten, sich an ihr zu beteiligen und eigene Vorschläge und Meinungen einzubringen. Bei der Konzeption von Großprojekten gibt es in Deutschland generell die Vorschrift für Bürgerbeteiligungsverfahren. In keinem Fall darf sich die einheimische Bevölkerung durch die Touristen verdrängt oder gestört fühlen. Ein ausgeklügeltes Besuchermanagement, welches Gästeströme zeitlich und örtlich reguliert, hilft dabei, Überlastungen der Destination und somit Overtourism zu vermeiden. Beim Bau von neuen touristischen Einrichtungen und Infrastrukturen ist auch unbedingt darauf zu achten, dass diese von der Bevölkerung wie auch von den Urlaubern gleichermaßen genutzt werden können, so dass alle profitieren. Damit die Gäste ein rundum angenehmes Urlaubserlebnis erfahren, bedarf es der unbedingten positiven Einstellung der Einheimischen zum Tourismus in der Destination (Antonschmidt/Rein 2015).

Wirtschaftliche Verantwortung

Um eine nachhaltige Ausrichtung zu errichten, ist eine Analyse der Ist-Situation zu erstellen. So kann an bereits bestehende nachhaltige Aspekte angeknüpft werden. Nachhaltigkeit sollte als fortlaufender Prozess betrachtet werden, bei dem es kein klar definiertes Ende gibt. Nach Abschluss der Ist-Analyse werden daraus die individuellen Stärken und Schwachpunkte der Destination abgeleitet und daran anknüpfend geeignete Zielsetzungen bestimmt. Allgemein lässt sich sagen, dass das komplexe Thema Nachhaltigkeit in alle Handlungsfelder integriert werden muss, damit die Destination holistisch agieren kann. Deshalb ist es auch unbedingt notwendig, einen Verantwortlichen zu bestimmen, welcher die nachhaltige Destinationsentwicklung beaufsichtigt und konkrete Aufgaben verteilt.

Um Ganzheitlichkeit zu gewährleisten, müssen alle Leistungsträger der Region Umweltbewusstsein entwickeln und entsprechende Maßnahmen etablieren. Bestimmte regionale Produkte oder Dienstleistungen, die bereits besonders nachhaltig sind, können hierbei als Vorreiter fungieren und so als „Leuchttürme" den Weg in die richtige Richtung weisen. Auch die Teilnahme an Nachhaltigkeitswettbewerben ist empfehlenswert, um wertvolles Feedback zum bisherigen Engagement zu erhalten. Grundsätzlich lässt sich sagen, dass nicht nur große Veränderungen den nachhaltigen Fortschritt vorantreiben. Auch kleinere Schritte mit unkomplizierterer Implementierung führen zum Ziel und sind gut geeignet, schon nach kurzer Zeit Erfolge sichtbar werden zu lassen (Balàs 2016).

Beispiele für nachhaltige Destinationen

Schwäbische Alb: In der Schwäbischen Alb war der Tourismus der wesentliche Antrieb für eine nachhaltige Ausrichtung der Region auf allen Ebenen. Bereits seit 2009 ist die Schwäbische Alb UNESCO-Biosphärengebiet, womit zwangsläufig ein verstärkter Fokus auf den Erhalt der biologischen Vielfalt einhergeht. Mittlerweile folgt die Destination bei der Konzeption neuer Produkte einem klaren Motto: „Mehr Qualität, mehr Schutz der Biodiversität, mehr regionale Wertschöpfung". Dabei wird auch Wert auf die Einbindung der lokalen Leistungsträger gelegt wie der Gastronomie und Hotellerie. Insgesamt wurden seit der Auszeichnung als UNESCO-Biosphäre über 200 nachhaltige Initiativen und Projekte ins Leben gerufen. Die touristischen Betriebe der Schwäbischen Alb kooperieren zudem intensiv miteinander und agieren als Zusammenschluss der „Biosphärengastgeber". Auch bei der Auswahl ihrer Partner sind nachhaltige Aspekte das entscheidende Auswahlkriterium. Je nach Betriebsgröße müssen die Unternehmen entsprechende Beratungen absolvieren oder aber Zertifizierungen aufweisen.

Die nachhaltigen Aktivitäten der Region Schwäbische Alb bestehen im Großen und Ganzen aus Konzepten zur Besucherlenkung, zum starken Einbezug der lokalen Tourismusunternehmen, zur fortwährenden Schaffung von neuen umweltfreundlichen Angeboten sowie zur aktiven Vermittlung dieser Philosophie an Urlauber. Besonderes Augenmerk wird auch auf nachhaltige Mobilitätskonzepte gelegt durch die Einführung eines Biosphärenbusses, Fahrradtransportmöglichkeiten in weiteren Bussen und den generellen Ausbau der öffentlichen Verkehrsmittel. Zur besseren Erfahrbarkeit der regionalen Natur erfolgte eine Ausweitung des Rad- und Wanderwegenetzwerks. Zusätzlich bietet die Schwäbische Alb auf ihren medialen

Plattformen ausschließlich ökologischen Produkten und Dienstleistungen eine Werbefläche.

Letztendlich verschaffte ihr herausragendes nachhaltiges Engagement der Destination Schwäbische Alb den Sieg im Bundeswettbewerb 2016/17 für Nachhaltige Tourismusdestinationen (Deutscher Tourismusverband e.V. 2017, S. 10 f.).

Insel Juist: Die Nordseeinsel Juist hat bereits einige Auszeichnungen für ihre Verdienste im Bereich Nachhaltigkeit erhalten. 2015 wurde ihr der Nachhaltigkeitspreis für Kleinstädte und Kommunen verliehen und ein Jahr später erfolgte die Zertifizierung als „Nachhaltiges Reiseziel" durch TourCert. Dadurch, dass deutlich mehr als die Hälfte der Inselfläche Teil des Nationalparks Niedersächsisches Wattenmeer ist, gibt es bereits strenge Vorgaben zum Naturschutz. In Schutz- und Ruhezonen ist Tourismus nicht erlaubt. Neue Bauprojekte dürfen auf dem Nationalpark-Areal ebenfalls nicht errichtet werden. Um Reisende davon abzuhalten, geschützte Gebiete zu betreten, gibt es ansprechend gestaltete Besucherlenkungsstrukturen.

Die Insel hat jedoch auch viele weitere Aktivitäten zum Umwelt- und Klimaschutz ins Leben gerufen. Touristische Betriebe, die besonders nachhaltig aufgestellt sind, werden für den Gast transparent mit entsprechenden Symbolen online und im Gastgeberkatalog ausgewiesen und so besonders hervorgehoben. Weiterhin spielen regionale Produkte aus dem Nordseeraum für Juist eine tragende Rolle, da die Insel keine eigenen landwirtschaftlichen Erzeugnisse herstellt. Damit diese lokalen Lebensmittel allen Interessensgruppen gerecht zur Verfügung stehen, wurde zudem eine digitale Vermarktungsplattform entwickelt. Weiterhin ist Juist autofrei; Fahrzeuge mit Verbrennungsmotoren sind auf der Insel nicht zugelassen.

Für die Zukunft hat sich Juist zum Ziel gesetzt, bis zum Jahr 2030 klimaneutral zu werden und sich als global führende nachhaltige Destination zu positionieren. Um das zu erreichen, ist auch viel Mithilfe von der einheimischen Bevölkerung notwendig, weshalb diese seit langer Zeit in die Gestaltung des regionalen Tourismus involviert ist (Deutscher Tourismusverband e.V. 2017, S. 16 f.).

Münster: Auch die Stadt Münster hat bereits zahlreiche Auszeichnungen erhalten. Schon 1997 wurde sie zur Bundeshauptstadt im Klimaschutz gekürt, mit einer Wiederholung im Jahr 2006. Zwischen 2005 und 2018 gewann Münster fünfmal den Goldenen European Energy Award und wurde zur „Nachhaltigsten Großstadt 2019" ernannt. Seit 2016 gehört die Stadt zu den „Masterplan-Kommunen 100 % Klimaschutz" und als übergeordnetes Ziel steht die Klimaneutralität bis 2030 an.

Münster lehnt unethische Investitionen ab und ist in Deutschland die erste Stadt, welche vollständig auf klimafeindliche Finanzanlagen verzichtet. Einen hohen Stellenwert haben auch emissionsarme Fortbewegungsmittel. Das Fahrrad steht auf Platz 1 der von der Bevölkerung genutzten Verkehrsmittel; bei einer Einwohnerzahl von 312.000 gibt es 500.000 Räder im Stadtraum. Die Nutzung von Fahrrädern gewinnt viel Attraktivität durch das Vorhandensein eines komplexen Netzwerks an Fahrradwegen, einem breiten Angebot an Abstellplätzen sowie vielen Leihmöglichkeiten.

Weiterhin legt Münster Wert auf umweltfreundliche Gastronomie. In der Stadt gibt es zahlreiche Betriebe, welche vegetarische und vegane Optionen anbieten sowie regionale, biologisch erzeugte Zutaten verarbeiten. Die nachhaltigen Aktivitäten der Stadt schließen außerdem informative Ausstellungen im LWL-Naturkundemuseum zu internationalen und regionalen Naturschutzthemen ein. Im städtischen Botanischen Garten erhalten Besucher Einblicke in Pflanzenarten des Münsterlands und der Welt. Zusätzlich bietet Münster Raum für eine Vielzahl an nachhaltigen Einkaufsoptionen, z. B. für Second-Hand-Mode, Kosmetik und Einrichtungsgegenstände (Schmidt 2021, S. 76 ff.).

4.3 Verkehrsträger

Lange konnte man Verkehr als Mittel zum Zweck bezeichnen. Im Tourismus ist die Nutzung verschiedenster Verkehrsträger notwendig, um an die gewünschte Destination zu reisen oder sich in dieser fortzubewegen. Durch den Aufschwung der Nachhaltigkeit in allen Bereichen der Gesellschaft haben sich auch die Verkehrsträger als wichtiger Bestandteil etabliert, um ihren Beitrag zu mehr Nachhaltigkeit zu leisten. Wenn dieser Leistungsträger im Hinblick auf nachhaltiges Wirtschaften untersucht wird, scheinen oft ökologisch nachhaltige Maßnahmen am offensichtlichsten, da jegliche Form der Fortbewegung mit Umweltbelastungen einhergeht (Eisenkopf 2018). Neben der Entwicklung erneuerbarer Energien und der Minderung des Ressourcenverbrauchs bedeutet Nachhaltigkeit im Verkehrssektor auch die Reduktion der Lärmbelastung, des Flächenverbrauchs sowie der Unfallschäden (Schwedes 2019). Der Umfang dieser Herausforderung, den Verkehrssektor nachhaltig zu gestalten, lässt sich nur erahnen. Die nachhaltige Entwicklung der Verkehrsträger ist von vielen verschiedenen Faktoren abhängig und macht die Zielerreichung zu einem äußerst komplexen Prozess.

Management und Kommunikation

Das Management ist in der Branche der Verkehrsträger vor allem für die interne Kommunikation verantwortlich. Eine wichtige Aufgabe hierin ist die Sensibilisierung über die Hürden der nachhaltigen Entwicklung und die Aufklärung über die bestehenden Herausforderungen. Es muss zunächst immer von innen heraus ein Verständnis für den eigenen Beitrag zur nachhaltigen Entwicklung geschaffen werden (Schwedes 2019).

Die Kommunikation nach außen ist für die Verkehrsträger in vielen Fällen oft selbsterklärend, da es in erster Linie um den CO_2-Ausstoß und die damit verbundene Luft- und Umweltverschmutzung geht. Wenn also ein Verkehrsträger damit werben kann, weniger Kohlenstoffdioxid in die Luft zu geben, ist dies meist schon ein bedeutender Faktor im Bereich der Nachhaltigkeit. Darüber hinaus gibt es Wege der Kommunikation, um die potenziellen Kunden im Allgemeinen zu sensibilisieren. Hierunter ist z. B. die vermehrte Nutzung öffentlicher Verkehrsmittel gegenüber dem privaten Auto zu verstehen.

Durch die steigenden Anforderungen bezüglich nachhaltiger Strategien ist vor allem für Verkehrsträger wie Schiffe und Flugzeuge, deren Nutzung stets eine umfängliche Umweltbelastung mit sich bringt, die Kommunikation im Wettbewerb ausschlaggebend.

Umwelt (Energie, Wasser und Abfall)

Die Reduktion der Umweltbeeinträchtigung ist eine bedeutende Herausforderung für alle Verkehrsträger. Um den wachsenden Ansprüchen der Gesellschaft gerecht werden zu können, wird durch Mobilität zunehmend mehr Fläche in Anspruch genommen. Zudem sollen Lärm und sonstige Umweltbelastungen durch Schadstoffe stetig reduziert werden. In diesem Bereich ist es wichtig, die effizienteste Lösung zu finden, welche im Einklang mit ökologischen Zielen steht und sich dauerhaft an veränderte Gegebenheiten anpassen kann (Deutscher Städtetag 2018, S. 15). Trotz der Reduktion der Umweltbelastung durch entsprechende Vorschriften und Gesetze leisten Verkehrsträger noch immer einen erheblichen Beitrag zur Klimaveränderung (Eisenkopf 2018). Bereits jetzt ist zu erahnen, dass die Klimaziele der Bundesregierung zur Reduktion der Treibhausgas-Emissionen im Verkehrssektor nicht eingehalten werden können. In den letzten Jahren steigen die Emissionen stetig an (Breitkopf 2021). Des Weiteren sind auch die fortschrittlichen Entwicklungen in der Elektromobilität in deren Herstellung noch an endliche Ressourcen gebunden (Schwedes 2019, S. 218). Die Herausforderung liegt bei den Verkehrsträgern demnach in der Verringerung der Verkehrsbelastung durch die Schaffung effizienterer Angebote sowie der Weiterentwicklung verschiedener Möglichkeiten zur Optimierung der Mobilität. Durch eine nachhaltigere Gestaltung der Einwirkungen auf die Umwelt würden zudem alle weiteren von den Verkehrsträgern beeinflussten Sektoren verbessert werden.

Biodiversität und kulturelles Erbe

Wenn es um den Erhalt der Biodiversität geht, sind Verkehrsträger in ihren Möglichkeiten eher begrenzt. Hier gibt es im Vergleich zu anderen touristischen Leistungsträgern nur eingeschränkte Möglichkeiten, die Prozesse hinsichtlich Unterstützung der Biodiversität anzupassen. Daher können Verkehrsträger ihre negativen Einflüsse auf die Umwelt im Nachhinein durch die Unterstützung naturerhaltender Projekte ausgleichen. Hierfür gibt es bereits eine Vielzahl an Möglichkeiten zur Kompensation, worauf im Kapitel 6.2 vertieft eingegangen wird. Dadurch können die Verkehrsträger zwar überwiegend nur einen indirekten Beitrag zum Schutz der Biodiversität leisten, aber dennoch einen bedeutenden, da ihnen nach dem Energiesektor der zweitgrößte Emissionsausstoß zuzuschreiben ist (Schwedes 2019, S. 194).

Ein sehr gutes Beispiel für den Artenschutz und die Biodiversität gibt die Deutsche Bahn. Sie setzt bei neuen Bahnbauprojekten auf Artenspürhunde. Vor Baubeginn wird eine Artenkartierung durchgeführt. Es wird ermittelt, welche geschützten Tiere vor Ort leben, und Artenspürhunde können diese erschnüffeln, auch wenn sie nicht mit dem Auge für den Menschen zu sehen sind. Dadurch kann ermittelt werden, wo Bahnlinien am ökologisch verträglichsten auch im Sinne der Tierwelt gebaut werden können (Deutsche Bahn 2021).

Einkauf

Durch den stetigen Anstieg der Preise für fossile Treibstoffe im Verkehrssektor erscheint eine neue Hürde auf dem Weg zur nachhaltigen Entwicklung. Zwar könnte der Preisanstieg von der Nutzung privater Fahrzeuge abhalten, jedoch sehen sich oft auch die Anbieter öffentlicher Verkehrsmittel dazu gezwungen, die Mehrkosten an ihre Kunden weiterzugeben.

Der Strom gehört sicher zu einem großen Schwerpunkt des Einkaufs für die Verkehrsträger, jedoch gibt es auch weitere Bereiche, wo der Einkauf ökologischer gestaltet werden kann. Der gesamte Verwaltungsapparat der Airlines, Bahn- und Busbetriebe sollte sich nachhaltig aufstellen. Das Thema Digitalisierung ist hier von großer Bedeutung und kann Ressourcen einsparen. Die Verpflegung in Bussen, Bahnen und Flugzeugen sowie die Verpflegung der Mitarbeiter und Kunden kann ökologischer gestaltet werden.

Die Deutsche Bahn leistet durch die Verwendung von grünem Strom im Fernverkehr einen Beitrag zur nachhaltigen Verkehrswende. Die grüne Transformation ist für die Deutsche Bahn ein ganzheitlicher Prozess mit dem Ziel, diesen bis zum Jahr 2040 klimaneutral umgesetzt zu haben. Bis zum Jahr 2030 hat sie vor, ihren CO_2-Ausstoß zu halbieren und im Jahr 2038 soll der Bahnstrom komplett auf 100 Prozent Ökostrom umgestellt sein (Deutsche Bahn 2021). Aktuell ist die Deutsche Bahn noch nicht klimaneutral aufgestellt, da viele Bahnstrecken sowie der Güterverkehr mit einem Strommix versorgt werden (Sodomann 2021). Die Wahrnehmung durch die grünen Linien auf den Zügen und der Werbung „Die Deutsche Bahn ist grün" wirkt teilweise schon viel nachhaltiger. Nachhaltigkeit ist ein Prozess, bei dem die Deutsche Bahn noch weiteres Potenzial ausschöpfen kann.

Eine Alternative zur Bahn ist der FlixTrain. Dieser fährt heute bereits mit 100 Prozent erneuerbarer Energie aus Wind- und Wasserkraft (FlixBus o. J.).

Auch die Airline-Industrie steht vor einer großen Herausforderung. Die Luftfahrt benötigt sehr große Mengen Kerosin. Hier versuchen die Airlines mit Biokraftstoffen und weiteren neuen Technologien ihren Kohlendioxidausstoß zu minimieren. Eine neue Anlage zur klimaneutralen Produktion ist seit Anfang 2022 in Emsland an den

Start gegangen. Die Anlage ist weltweit die erste dieser Art, die CO_2-neutrales Kerosin erzeugen wird. Grünes E-Kerosin hat den großen Vorteil, CO_2-neutral zu verbrennen: Aus dem Triebwerk kommt nur so viel CO_2, wie das Kerosin bei seiner Herstellung zuvor der Atmosphäre entzogen hat. Nichtsdestotrotz können die Menschen heute noch nicht klimaneutral fliegen, denn auch E-Kerosin erzeugt noch eine Reihe von anderen Klimaeffekten ähnlich wie fossiles Kerosin. Dazu gehört insbesondere die Bildung von Kondensstreifen und Ozon in großen Flughöhen, die zusammengefasst „Non-CO_2-Effekte" genannt werden. Diese erwärmen das Klima sogar doppelt so stark wie das reine CO_2 des Kerosins. Grünes E-Kerosin ist jedoch ein wichtiger Einstieg in klimaschonendes Fliegen und kann – richtig angewendet – langfristig auch das klimaneutrale Fliegen hervorbringen. Die Airline Lufthansa ist die erste Kundin und wird einen kleinen Teil ihres Kerosinbedarfs damit decken (atmosfair gGmbH 2021).

Eine Alternative zur Bahn und zum Fliegen ist die Busfahrt. Der Anbieter FlixBus bietet das größte Streckennetz in Europa und wirbt damit, klimaneutral zu fahren. Der Leitgedanke des Unternehmens ist: „Vermeiden-Reduzieren-Kompensieren!" Die Vision ist auch bei FlixBus, in den kommenden Jahren klimaneutral zu werden, indem verschiedene Maßnahmen umgesetzt werden:

- Einsatz erneuerbarer Energien durch alternative Antriebs- und Kraftstofftechnologien
- FlixTrains mit 100 Prozent Ökostrom
- Hohe Umweltstandards für die gesamte FlixBus-Flotte
- Verbesserung der eigenen Energieeffizienz durch nachhaltige Büros und Reisebestimmungen
- Faires Kompensationsmodell für die verbleibenden Emissionen

2018 startete FlixBus zwei Pilotprojekte mit den weltweit ersten vollelektrischen Fernbussen in Frankreich und Deutschland. Seit Februar 2020 fährt ein mit Solarzellen betriebener FlixBus auf der Strecke von Dortmund nach London (FlixBus o. J.).

Die Reise mit einem Bus ist heute sicher die nachhaltigste Form des Reisens, wie die Tabelle 6 zeigt. Hier wird sich in den kommenden Jahren vieles verändern, wenn alle Verkehrsträger ihre Emissionen verringern wollen.

Regionalität und Mobilität

Durch die steigende Mobilität und auch das steigende Mobilitätsverlangen in der Gesellschaft stehen vor allem die Verkehrsträger vor einer Herausforderung. Die Entwicklungen in diesem Sektor führen zwar auch zu Neuheiten wie dem Ausbau der Elektromobilität, aber dennoch ist der CO_2-Ausstoß weiterhin steigend (Schwedes 2019, S. 194). Nachhaltige Verkehrsträger können im Tourismus ihren Beitrag leisten, um das Mobilitätsverlangen der Menschen zu stillen und dabei das Verkehrsaufkommen trotzdem zu reduzieren (Schwedes 2019, S. 198).

Tabelle 6: Vergleich der durchschnittlichen Emissionen im Personenverkehr in Deutschland (Umweltbundesamt 2021e).

Bezugsjahr 2019 Verkehrsmittel	Treibhausgase[1]	Kohlenmonoxid	Flüchtige Kohlenwasserstoffe[4]	Stickoxide	Partikel[5]	Auslastung
	g/Pkm					
Pkw	154	1	0.15	0.42	0.006	1,4 Pers./Pkw
Flugzeug, Inland	214[2]	0.29	0.1	0.98	0.011	70%
Eisenbahn, Fernverkehr	29[3]	0.02	0	0.04	0.001	56%
Linienbus, Fernverkehr	29	0.01	0.01	0.05	0.001	54%
sonstige Reisebusse[6]	36	0.05	0.01	0.13	0.003	55%
Eisenbahn, Nahverkehr	54	0.04	0.01	0.17	0.004	28%
Linienbus, Nahverkehr	83	0.06	0.03	0.3	0.005	18%
Straßen-, Stadt- und U-Bahn	55	0.03	0	0.05	0.002	19%

Bezugsjahr 2020 Verkehrsmittel	Treibhausgase[1]	Kohlenmonoxid	Flüchtige Kohlenwasserstoffe[4]	Stickoxide	Partikel[5]	Auslastung
	g/Pkm					
Pkw	152	0.94	0.15	0.38	0.006	1,4 Pers./Pkw
Flugzeug, Inland	284[2]	0.43	0.14	1.24	0.015	53%
Eisenbahn, Fernverkehr	50[3]	0.03	0	0.06	0.002	31%
Linienbus, Fernverkehr	27	0.01	0.01	0.04	0.001	57%

(fortgesetzt)

Tabelle 6 (fortgesetzt)

Bezugsjahr 2019 Verkehrsmittel	Treibhausgase[1]	Kohlenmonoxid	Flüchtige Kohlenwasserstoffe[4]	Stickoxide	Partikel[5]	Auslastung
sonstige Reisebusse[6]	36	0.04	0.01	0.13	0.003	56%
Eisenbahn, Nahverkehr	85	0.06	0.02	0.29	0.006	17%
Linienbus, Nahverkehr	111	0.07	0.04	0.36	0.006	13%
Straßen-, Stadt und U-Bahn	75	0.04	0	0.07	0.003	13%

1 CO_2, CH_4 und N_2O angegeben in CO_2-Äquivalenten
2 inkl. Nicht-CO_2-Effekte
3 Die in der Tabelle ausgewiesenen Emissionsfaktoren für die Bahn basieren auf Angaben zum durchschnittlichen Strommix in Deutschland. Emissionsfaktoren, die auf unternehmens-oder sektorbezogenen Strombezügen basieren (siehe z. B. den „Umweltmobilcheck" der Deutschen Bahn AG) weichen daher von den in der Tabelle dargestellten Werten ab.
4 ohne Methan
5 ohne Abrieb von Reifen, Straßenbelag, Bremsen, Oberleitungen
6 Gruppen- und Tagesfahrten, Rundreisen etc.

Regionalität kann von Verkehrsträgern zuweilen im Einkauf umgesetzt werden. Allerdings besteht die Herausforderung bezüglich der Regionalität überwiegend darin, die möglichen Nutzer zur Regionalität bei der Wahl ihrer Verkehrsträger zu bewegen.

Hinsichtlich Regionalität und Mobilität ist also die Kommunikation nach außen und mit den potenziellen Kunden ausschlaggebend. Die beiden Faktoren werden im Fall der Verkehrsträger überwiegend extern bestimmt.

Qualitätsmanagement und nachhaltige Entwicklung

Auch wenn die nachhaltige Entwicklung der Verkehrsträger ein Thema ist, welches dauerhaft bearbeitet wird und viele Fortschritte aufzeigt, müssen diese dennoch stets mit den negativen Auswirkungen in Vergleich gesetzt werden. In den letzten Jahren ist nicht nur die elektrische Mobilität weiterentwickelt worden, sondern auch die Forschung nach alternativen und ökologisch nachhaltigeren Treibstoffen wird zunehmend vorangetrieben. Allerdings zeigen viele Studien, dass die Umweltbelastung durch die Verkehrsträger kaum sinkt (Rammert/Schwedes 2021, S. 303). Wie anhand der anderen Aspekte in diesem Kapitel zu sehen ist, spielen hinsichtlich der nachhaltigen Entwicklung der Verkehrsträger viele Faktoren zusammen.

Soziale Verantwortung

Die Effizienz von Verkehrsträgern ist ausschlaggebend für Wachstum und Wohlstand einer Gesellschaft (Eisenkopf 2018, S. 2826). Demnach haben die unterschiedlichen Verkehrsträger eine Verantwortung sowohl gegenüber den Nutzern als auch denjenigen, welche die Angebote dieser nicht nutzen. Allen Mitgliedern einer Gesellschaft muss die Möglichkeit zur Teilnahme an der Mobilität gegeben werden. Um darüber hinaus ihren Beitrag zur nachhaltigen Entwicklung zu leisten, ist es das Ziel, diese Teilhabe ohne die Notwendigkeit eines privaten Fahrzeugs zu gewährleisten (Schwedes 2019, S. 211).

Des Weiteren ist die Überbelastung durch Mobilität mitverantwortlich für Unfälle und eine steigende Unsicherheit auf den Straßen. Schließlich führt der fehlende Beitrag der Verkehrsträger bezüglich der Reduktion der Umweltbelastung zur Verfehlung der Klimaziele (Rammert/Schwedes 2021, S. 303).

Verkehrsträger können und müssen einen bedeutenden Beitrag zur nachhaltigen Entwicklung in der Gesellschaft leisten. Eine große Herausforderung hierbei ist die notwendige Modifizierung der Leitbilder in der Gesellschaft. Verkehrsträger müssen dazu beitragen, das Bewusstsein der Menschen bezüglich der Notwendigkeit nachhaltiger Entwicklungen im Verkehrssektor zu sensibilisieren (Held 2007, S. 856 f.).

Wirtschaftliche Verantwortung

Um der wirtschaftlichen Verantwortung einer effizienten Entwicklung gerecht werden zu können, müssen innovative Lösungen gefunden werden, um den Verkehrssektor und die damit verbundenen Kosten für den Erhalt der einzelnen Verkehrsträger so gering wie möglich zu halten. Das Ganze ist im nächsten Schritt verbunden mit der effektiven Verwendung der Ressourcen und der damit einhergehenden Forschung und Entwicklung in den entsprechenden Bereichen (Schwedes 2019, S. 197). Insgesamt kann den Verkehrsträgern eine umfangreiche wirtschaftliche Verantwortung zugesprochen werden, wobei deren Einfluss darauf oft begrenzt ist.

Abschließend ist zu erwähnen, dass alle Airlines Wege suchen, um ihren CO_2-Fußabdruck zu reduzieren. So hat beispielsweise Air France ihre CO_2-Emissionen um 6 Prozent zwischen den Jahren 2005 und 2019 senken können, und das bei steigendem Flugverkehr. So sind die Pläne für die nächsten Jahre, die Emissionen weiter zu reduzieren, um bis zum Jahr 2050 Netto-Emissionen von null zu erreichen. Seit 2022 gibt es in Frankreich ein neues Gesetz: Auf allen Flügen, die in Frankreich starten, muss nachhaltiger Flugtreibstoff Kerosin verwendet werden (Air France 2022).

Darüber hinaus bieten verschiedene Airlines ihren Passagieren an, auf freiwilliger Basis Kompensationszahlungen für ihre Flüge zu leisten, um den CO_2-Fußabdruck zu reduzieren. Easy Jet hat sich im Jahr 2019 entschieden, die Flüge ihrer Passagiere zu kompensieren und weiter ihre CO_2-Emissionen zu reduzieren. Beispielsweise durch Vermeidung von Plastikverpackungen an Bord, Verringerung des Gewichts der Maschine durch leichtere Sitze oder auch durch Nutzung nur eines Triebwerks, wenn die Maschinen am Boden rollen. Das sind nur einige Beispiele, wie durch sinnvoll durchdachte Maßnahmen ohne Komfortverzicht eine Ressourcenschonung umgesetzt werden kann (easyJet Airline Company Limited o. J.).

Die folgenden beiden Gastbeiträge verdeutlichen, wie Nachhaltigkeit bei Verkehrsträgern gelebt und umgesetzt werden kann und welche neuen Trends es im Mobilitätsmanagement gibt.

Gastbeitrag: Nachhaltiges Handeln sichert Gestaltungsspielraum – am Beispiel des Fraport-Konzerns
Eva Janka, Fraport

Der Fraport-Konzern betreibt nicht nur das größte Luftverkehrsdrehkreuz Deutschlands, sondern zählt mit seinen Beteiligungen an Flughäfen weltweit auch international zu den führenden Flughafenbetreibern. Er erbringt sämtliche operativen als auch administrativen Leistungen des Flughafen- und Terminalbetriebes. Wesentlich für das Geschäftsmodell ist der Passagierverkehr, der sich auf einen Großteil der erbrachten Unternehmensleistungen auswirkt. Von zentraler Bedeutung ist der Heimatstandort Flughafen Frankfurt, einer der größten Passagier- und Frachtflughäfen der Welt. Betreiberin ist die Fraport AG, die Muttergesellschaft des Konzerns. Die seit 2001 börsengelistete Gesellschaft ist mit etwa 8.500 Beschäftigten zugleich die größte Einzelgesellschaft des rund 18.500 Mitarbeiterinnen und Mitarbeiter umfassenden Konzerns.

Nachhaltig zu handeln heißt für Fraport, die Zukunft verantwortungsvoll zu gestalten. Es stehen keine ausgewählten Aspekte im Fokus, sondern der Entwicklungsprozess hin zu mehr Nachhaltigkeit, der alle Geschäftsaktivitäten und den gesamten Konzern umfasst. Mit dem konsequenten Einbezug auch nichtwirtschaftlicher Aspekte in die Managementprozesse wird der unternehmerische Gestaltungsspielraum gesichert. Dabei gilt es zu handeln, bevor wissenschaftliche Erkenntnisse oder gesellschaftspolitische Entwicklungen den Gesetzgeber zur Regulation drängen.

Diese Einstellung ist auch verbunden mit der Tatsache, dass Flughäfen von jeher von großem Interesse für die Öffentlichkeit sind und regelmäßig im Fokus gesellschaftspolitischer Debatten stehen. Flughafenbetreiber bewegen sich in einem Spannungsfeld sehr unterschiedlicher Ansprüche, die sich teilweise sogar widersprechen, so auch Fraport.

Für Passagiere, Airlines und Frachtunternehmen beispielsweise steht die weltweite Konnektivität im Mittelpunkt. Der Kapitalmarkt, aber auch die Anteilseigner (die größten: 31 Prozent Land Hessen, 20 Prozent Stadt Frankfurt, 8 Prozent Lufthansa) interessieren sich für die Wertschöpfung des Konzerns und seine Wettbewerbsfähigkeit. Mitarbeiterinnen und Mitarbeiter beschäftigen Fragen nach dem Aufbau und Erhalt sicherer Arbeitsplätze. Für viele im Flughafenumfeld lebende Menschen ist der Fluglärm ein wichtiges Thema. Hinzu kommt die Verantwortung für die Regionen, in denen die Flughäfen liegen, den lokalen Ressourcenverbrauch, aber auch den wirtschaftlichen Beitrag. Ebenso haben aktuelle globale Herausforderungen wie der Klimawandel, die Corona-Pandemie oder die Ukraine-Krise einen entscheidenden Einfluss auf die Geschäftstätigkeit.

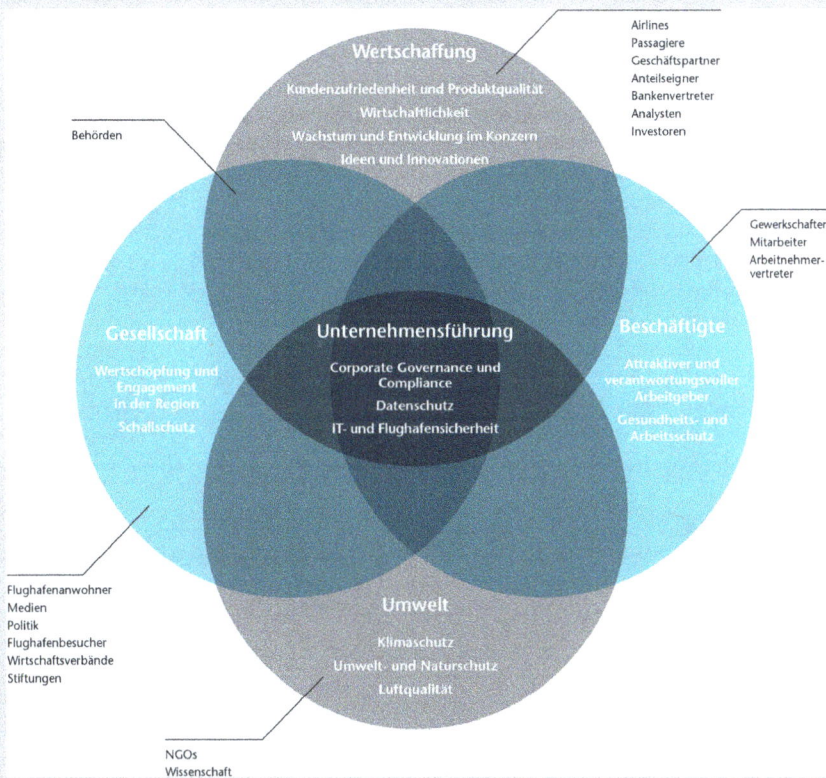

Abbildung 17: Nachhaltigkeitsthemen von Fraport (Fraport Nachhaltigkeitsbericht „Nachhaltig verbinden" 2019).

Der Handlungsspielraum, sprich die „Licence to operate" und die „Licence to grow", ist abhängig von der Lösung der entstehenden Zielkonflikte mit dem richtigen Maß der für das Unternehmen und für die Gesellschaft relevanten Faktoren. Dazu gehören Effektivität, Effizienz, Ressourcen, Solidarität, Belastungen und Gerechtigkeit.

Effektivität ist der Dreh- und Angelpunkt der nachhaltigen Entwicklung. Nur wenn Fraport aus Sicht der Kunden die für ihre Bedürfnisse richtige Infrastruktur und passenden Services in der gewünschten Qualität zu einem konkurrenzfähigen Preis anbietet, kann sich das Unternehmen am Markt und in der Gesellschaft behaupten und entwickeln. Je besser das Produkt gestaltet ist, desto größer ist die Handlungsfähigkeit auch hinsichtlich anderer Erfolgsfaktoren.

Um langfristig im Markt zu bestehen, muss die Leistung mit dem optimalen Verhältnis von Aufwand und Ertrag erbracht werden. Dieses Streben nach **Effizienz** ist zentrale Aufgabe jedes Unternehmens und schafft den notwendigen Handlungsspielraum für die Weiterentwicklung. In Fall von Fraport heißt das beispielsweise, dass die Beschäftigten während der Corona-Pandemie zeitweise in Kurzarbeit gehen und ein ganzes Terminal am Flughafen Frankfurt außer Betrieb genommen wird, um Ressourcen zu sparen.

Nur wenn ein Unternehmen wirtschaftlich erfolgreich ist, kann es die benötigten **Ressourcen** in ausreichendem Maße und der notwendigen Qualität sichern und erhalten. Die drei wichtigsten Ressourcen für Fraport sind Finanzkapital, Beschäftigte und Naturgüter. Ihr verantwortungsbewusster Einsatz ist der Grundstein für wirtschaftlichen Erfolg. Als Unternehmen mit vielen Mitarbeiterinnen und Mitarbeitern vor allem in der Abfertigung auf dem Vorfeld wurden gleich drei von sechs nichtfinanziellen Kennzahlen aus dem Personalbereich gewählt: Mitarbeiterzufriedenheit, Frauen in Führungspositionen und Krankenquote. Unter anderem mit diesen Parametern misst Fraport den Erfolg der unternehmerischen Maßnahmen im Rahmen der Konzernstrategie. Ebenso intensiv ist die Auseinandersetzung mit Umweltbelangen. Alle Flughäfen, an denen Fraport mehrheitlich beteiligt ist, sind dazu verpflichtet, ein Umweltmanagementsystem einzuführen, zu zertifizieren und ihre Auswirkungen auf die Umwelt kontinuierlich zu verringern.

Unser Wirtschafts- und Gesellschaftssystem funktioniert nur, wenn alle Beteiligten ein Mindestmaß an **Solidarität** walten lassen. Solidarität umfasst die Verpflichtung und Verantwortung für das Ganze, für das Unternehmen, die Gesellschaft und die Umwelt. Sie bedingt, dass Einzelinteressen im Sinne des Gemeinwohls gebündelt werden. Sie erfordert auch gegenseitige Rücksichtnahme und die Suche nach Ausgleich. Das bedeutet für Fraport den ständigen Austausch mit Airlines, der Flugsicherung, den zuständigen Ministerien und weiterer Verantwortlichen, um Maßnahmen gegen Fluglärm zu entwickeln und zu erproben. Darüber hinaus wird beispielsweise am Flughafen Frankfurt der Einsatz leiserer Flugzeuge mit lärmabhängigen Entgelten incentiviert. Solidarität zeigt sich immer in der Beziehung zu Anspruchsgruppen. Auch ein Unternehmen selbst kann Objekt von Solidarität sein, beispielsweise durch die Bereitschaft von Beschäftigten zu Lohnverzicht wie in der wirtschaftlichen Notlage während der Corona-Pandemie.

In dem Maße, in dem es Fraport gelingt, sein Umfeld vor **Belastungen** zu bewahren, kann das Unternehmen auch auf steigende Akzeptanz zählen. So ist der Klimaschutz eine der dringendsten Aufgaben für die gesamte Luftfahrtbranche. Der Anteil des globalen Luftverkehrs an den weltweiten energiebedingten CO_2-Emissionen beträgt rund 3 Prozent (Internationale Energieagentur 2020). Der Anteil, der den Flughäfen zugerechnet wird, liegt bei etwa 10 Prozent davon. Dennoch ist sich Fraport seiner Verantwortung bewusst und hat die CO_2-Emission als weitere bedeutsame nichtfinanzielle Kennzahl bestimmt. 2021 wurden die Ziele für den CO_2-Ausstoß angepasst. Er soll konzernweit bis zum Jahr 2030 auf 120.000 Tonnen CO_2 gesenkt werden. Dies ist zugleich ein wichtiger Schritt für die im Jahr 2045 angestrebte Klimaneutralität.

Außer für die Emissionen von Dienstreisen sind keine Kompensationen vorgesehen, um „Net Zero Carbon" gemäß des Intergovernmental Panel on Climate Change zu erreichen. Der Schwerpunkt liegt stattdessen auf der energetischen Optimierung der bestehenden Gebäude, der Umstellung des Fuhrparks auf alternative Antriebe und Investitionen in regenerative Energien. 2021 wurden beispielsweise am Flughafen Frankfurt zwei Photovoltaikanlagen auf einer neuen Luftfrachthalle und auf einem Parkhaus in Betrieb genommen. Fraport bezieht Strom aus Windkraftanlagen im Rahmen eines Power Purchase Agreements (PPA) von Onshore-Windparks an der deutschen Küste und hat ein weiteres PPA über Strombezug aus einem noch zu errichtenden Offshore-Windpark Ende 2021 abgeschlossen.

Gerechtigkeit bedeutet, dass in allen Entscheidungen und allem Handeln das geltende Recht und die Unternehmenswerte im Vordergrund stehen, jedem sein Recht gewährt wird und alle Beteiligten gleich behandelt werden. Das gilt für alle Unternehmensstandorte und wird aktiv durchgesetzt. Die Achtung der Menschenrechte ist im konzernweit verbindlichen Fraport-Verhaltenskodex verankert. Fraport hat sich darin verpflichtet, das Grundrecht auf Vereinigungsfreiheit und das Recht auf Kollektivverhandlungen zu achten. In dem internationalen Unternehmen wird die Vielfalt in der Belegschaft gefördert und jede Form der Diskriminierung unterbunden. Das Prinzip der gegenseitigen Wertschätzung ist ein wesentlicher Bestandteil der Fraport-Wertekultur. Geschäftspartner und Lieferanten werden im Rahmen der Allgemeinen Geschäftsbedingungen dazu verpflichtet, den Fraport-Lieferantenkodex einzuhalten. Darin sind der korrekte Umgang mit Beschäftigten, die Achtung der Menschenrechte sowie des Umwelt- und Klimaschutzes, die Integrität im Geschäftsverkehr und das Verbot von Korruption und Bestechung enthalten. Sie müssen sich auch dazu verpflichten, diese Grundsätze bei ihren eigenen Lieferanten sicherzustellen.

Ein hohes Maß an Effektivität und Effizienz ist in einer globalen, wettbewerbsorientierten Welt zwingende Voraussetzung für die Existenzsicherung eines Unternehmens. Mittel- und langfristig erhält Fraport aber nur dann seinen Gestaltungsspielraum, wenn auch die anderen vier Faktoren angemessen berücksichtigt werden. Die Maximierung eines einzelnen Erfolgsfaktors auf Kosten anderer würde die Handlungsfähigkeit und damit den Erfolg gefährden.

Gastbeitrag: Nachhaltige Mobilitätskonzepte – Mobilität im Wandel der Zeit
Julia Rosprich, Avantgarde Sales & Marketing Support und Westcon-Comstor

Tourismus und Mobilität sind schon seit Anbeginn der Zeit eng miteinander verwoben.

So lässt sich anhand von Reisen in der Retrospektive feststellen, dass die Mobilität in gewissem Maße die Basis des Tourismus darstellt. War der Tourismus zu Beginn nur regional möglich, so wurde durch die Erfindung von Fortbewegungsmitteln das beschwerliche Reisen (zu Fuß oder zu Pferd) erleichtert. Mit der Erfindung der Kutsche wechselte der Tourismus von Businessreisen (Händler, Kaufleute, Boten und Gesandte) hin zu touristischen Reisen der meist gehobenen Gesellschaftsklassen. Dies setzte sich zunächst auch mit anderen Transportmitteln wie dem Automobil, Zügen wie z. B. dem *Orient-Express*, Schiffen wie der *Titanic* oder den ersten Flugzeugen fort.

Mit der steten Weiterentwicklung unserer Gesellschaft und dem steigenden Wohlstand wurde die Mobilität günstiger und auch für andere Gesellschaftsklassen erschwinglich. Heute steht unsere Gesellschaft an einem Punkt, an dem sich die Frage stellt, ob Mobilität nicht *zu* erschwinglich geworden ist. Ein Beispiel hierfür sind Flüge für 9 Euro in ein europäisches Nachbarland oder die günstigen Flüge zu entfernten Destinationen im Vergleich zu Inlandsflügen und Bahnfahrten.

Doch nicht nur die Preisgestaltung der Mobilität hat einen starken Wandel durchlebt, auch das Portfolio der Mobilität hat sich deutlich diversifiziert. Standen früher zumeist Auto, Bus, Bahn und Flugzeug zur Verfügung, so gibt es heute weit mehr Fortbewegungsmittel, insbesondere im urbanen Raum.

Hier finden sich Lösungen wie Ride-Sharing-Konzepte, Shared-Mobility, E-Roller, E-Scooter und E-Bikes. Doch während diese Themen noch als Trends gesehen werden, bahnen sich bereits weitere Technologien den Weg in die Zukunft.

Mit ersten Carsharing-Ansätzen traten deutsche Konzerne wie Volkswagen mit WeShare (2019), Mercedes mit BerlKönig (2019) und BMW mit DriveNow auf (VIMCAR o.D., S. 5 f.). Diese und weitere Konzepte bieten flexible Lösungen, die bisher vor allem in großen Ballungszentren Anklang finden. So gibt es aktuell 228 Car-Sharing-Anbieter an 855 Standorten in Deutschland mit zirka 2,9 Millionen Nutzern (Bundesverband CarSharing e.V. 2021).

Ein interessantes Projekt, neben klassischen Ride-Sharing-Produkten, ist MOIA von Volkswagen. Bei diesem Konzept spielen gleich mehrere Akteure zusammen, um langfristig autonome Kleinshuttles in Hannover und Hamburg und später auch weiteren Regionen anzubieten. MOIA stellt Shuttlebusse für etwa sechs Personen, die über eine intelligente Buchungsplattform gebucht werden können. Die Technologie im Hintergrund sorgt für eine optimale Auslastung der Shuttles und schnelle sowie kostengünstige Beförderung der Passagiere.

Neben der Tochtergesellschaft MOIA ist Volkswagen auch mit dem ID. Buzz bei der WM 2022 in Katar vertreten und stellt dort eine Flotte von 35 Fahrzeugen, die als weiteres Pilotprojekt für elektrische Mobilität und autonomes Fahren zum Einsatz kommen (Rabbit Publishing GmbH 2019).

Doch nicht nur MOIA bietet einen neuen Ansatz, auch das Start-up VAY ist dabei, seine Flotte auszubauen. Im Gegensatz zu MOIA setzt VAY nicht auf autonome Fahrzeuge, sondern auf sogenannte Telefahrer. Hierbei sitzen reale Fahrer in einer Zentrale und steuern die Fahrzeuge remote. Die Fahrer sitzen in einer Art Konfigurator und sehen über Kameras und Sensoren nicht nur das übliche Sichtfeld, sondern erhalten darüber hinaus eine 360°-Sicht, um auch die Verkehrslage stärker im Blick zu haben (Preuß 2021). Diese Form der Fortbewegung in ferngesteuerten oder wie künftig bei MOIA selbstfahrenden Fahrzeugen könnte den Tourismus noch flexibler und gleichzeitig nachhaltiger gestalten, da Städte künftig nicht mehr durch zusätzliche Fahrzeuge von Urlaubsgästen noch stärker ausgelastet werden. Zum anderen können so Parkplatzflächen reduziert und für Grünanlagen genutzt werden. Die Möglichkeit der Auslastungsoptimierung bietet Potenzial zur Verkehrsreduktion und schafft möglicherweise auch Raum für mehr Fahrrad- und Fußwege, Grünstreifen und Parkanlagen, um Städte langfristig grüner und noch attraktiver für touristische Aktivitäten zu gestalten.

Für Städtereisen mag das Thema Carsharing zwar bisher noch weniger relevant sein, da Städtereisen meist von kurzer Dauer sind und viele der Sehenswürdigkeiten deutlich besser mit dem öffentlichen Personennahverkehr (ÖPNV) zu erreichen sind, doch für ländliche Regionen könnte das Thema langfristig interessant werden.

Denn „[w]ährend in Berlin bereits mehr als 40 Prozent der Haushalte kein Auto besitzen, [besitzen in] ländlichen Regionen [n]eun von zehn Haushalten [...] ein eigenes Fahrzeug. Interessant ist dabei auch, dass „Urlaubsanreise[n zu] 79 Prozent mit dem eigenen Fahrzeug" (dwif-Consulting GmbH o.D.) absolviert werden, wie eine Gästebefragung von Qualitätsmonitor Deutschland-Tourismus zeigt (dwif-Consulting GmbH o. J.).

Bei Reisen in den ländlichen oder maritimen Raum, bei denen die Anreise mit Bus, Bahn oder Schiff erfolgt, sind Sehenswürdigkeiten meist weniger gut an den ÖPNV angebunden. In diesem Fall ließe sich durch die Carsharing-Option die Anreise per eigenem Fahrzeug vermeiden, ohne die Möglichkeit zu beschränken, für Tagesausflüge kostengünstig ein Fahrzeug zu leihen. Diese Erweiterung des touristischen Mobilitätsangebots in ländlichen Regionen wirkt sich für die Anwohner ebenfalls positiv aus. Die Fahrzeuge können von der ländlichen Bevölkerung selbst genutzt werden und erlauben so langfristig eine Reduktion an Besitzfahrzeugen. Auf diese Weise steigt die Auslastung der Sharing-Fahrzeuge, was wiederum einen positiven Effekt auf die Ökobilanz haben kann und den ländlichen Raum stärkt. Hierbei sollte ein Fokus auf nachhaltige Rohstoffe für die Fortbewegung der Fahrzeuge gelegt werden, so können z. B. elektrisch mit Ökostrom angetriebene Fahrzeuge oder Fahrzeuge mit Bioethanol und Gas genutzt werden.

Erste interessante Projekte zeigen sich beispielsweise mit E-LOIS, einem E-Shuttle, welches Reisende vom Bahnhof in Werfenweng kostenfrei zur Destination befördert (Ostdeutscher Sparkassenverband 2019, S. 61). Ein anderes Beispiel ist „[der] erste autonome Kleinbus Deutschlands [, der] in Bad Birnbach von der Deutschen Bahn betrieben [wird]; sein Betrieb wurde 2018 ausgeweitet" (Ostdeutscher Sparkassenverband 2019, S. 62).

Doch eine nachhaltige Fortbewegung allein verspricht noch keinen nachhaltigen Tourismus. So zeigt sich in Saas Fee, dass die Nutzung von Wasserkraft zur ökologisch effizienten Energiegewinnung für die Infrastruktur und Bergbahnen einen weiteren Beitrag leistet (Ostdeutscher Sparkassenverband 2019, S. 62).

Ein umfassenderer Ansatz (*Mercedes me Explore | Sylt*) findet sich auf der Insel Sylt, bei dem gemeinsam mit Akteuren aus Tourismus, Verkehrswirtschaft und dem Kooperationspartner Mercedes ein intermodales Angebot aus E-Mobilität (Autos, Bikes, Scooter und Ride-Sharing) und ÖPNV geschaffen wurde, welches mit Wind- und Sonnenenergie gespeist wird (Ostdeutscher Sparkassenverband 2019, S. 64).

Ein ähnliches Konzept wie auf Sylt wird auf der griechischen Insel Astypalea in Zusammenarbeit mit Griechenlands Regierung und Volkswagen als Pilotprojekt realisiert. So soll die Insel als erste touristische Destination keinen ökologischen Fußabdruck mehr haben. Hierfür werden „[…] drei Car Sharing-Stationen mit 50 Fahrzeugen und vier Sharing-Stationen für 67 elektrische Fahrräder und rund 100 Elektro-Motorräder [auf der Insel bereitgestellt und entsprechend über erneuerbare Energieressourcen angetrieben]" (Höhler 2021).

Doch hiermit geht auch ein Problem einher, denn diese effizienten Shuttle- und Sharing-Konzepte der Elektromobilität bedürfen etwa alle vier bis fünf Jahre einer regelmäßigen Flottensanierung (PricewaterhouseCoopers GmbH 2018). Es gilt also nicht nur das möglicherweise reduzierte Verkehrsaufkommen und die ausgestoßenen Emissionen zu berücksichtigen, sondern den gesamten Lebenszyklus der Fortbewegungsmittel. Denn nur, wenn dieser betrachtet wird, lässt sich eine realistische Rechnung zu Emissionen und anderen ökologischen Faktoren (Rohstoffbeschaffung, Transport, Produktion etc. und Recycling) erstellen.

Neben diesen technologischen Entwicklungen zeigt sich in Städten, dass Menschen sich mehr Raum für Freizeitgestaltung im Freien, bessere Luftqualität und Ruhe wünschen. Es geht darum, die Infrastruktur sauberer und nachhaltiger zu gestalten und so die Attraktivität der Städte zu erhöhen. Dieser Trend wurde durch den Einfluss der Corona-Pandemie noch weiter verstärkt und beschleunigt. Die Pandemie führte zu einem neu gewonnenen Interesse an Aktivitäten im Freien, einem exponentiellen Anstieg von Fahrradkäufen und dem Wunsch, mehr Zeit in der Natur zu verbringen.

In einigen Ländern lag der Fokus schon länger auf einer Verbesserung der Lebensqualität und der nachhaltigen Fortbewegung im urbanen Raum. Während die nordischen Länder wie Norwegen, Dänemark und Schweden schon lange als Vorreiter beim Thema der nachhaltigen Gestaltung der städtischen Infrastruktur bekannt sind, zeigen auch die baltischen Länder oder unsere französischen Nachbarn weitere Perspektiven auf. In Paris wurde mittlerweile für fast alle Straßen (ausgenommen Hauptverkehrsachsen) ein Tempolimit von 30 km/h realisiert, um Unfälle zu reduzieren, Lärmemissionen zu senken und mehr Raum für Radfahrer zu schaffen (manager magazin new media GmbH & Co. KG 2021). Während der Pandemie entstanden etwa 52 Kilometer Pop-up-Fahrradwege, die nun nach und nach in dauerhafte Fahrradwege umgewandelt werden (manager magazin new media GmbH & Co. KG 2021).

Dieser Wandel bietet neue Chancen, Städtetourismus nachhaltiger zu gestalten, da Touristen durch das Tempolimit auch als Radfahrer in einer fremden Stadt sicherer unterwegs sein können. Zum anderen werden Städte durch die Entschleunigung einem weiteren Reisetrend gerecht. Doch nicht nur Fahrräder, welche insbesondere durch die Pandemie einen deutlichen Zuwachs verzeichnet haben, profitieren vom städtebaulichen Wandel. Auch E-Tretroller als Teil des intermodalen Verkehrs könnten an Attraktivität gewinnen. Hierbei ist jedoch zu bedenken, dass diese in der Vergangenheit stark kritisiert wurden. Es gibt immer wieder Berichte über unglücklich abgestellte oder sogar einfach weggeworfene Roller. In Paris wurden 2019 des Öfteren Roller in der Seine „entsorgt" (Albert/Werner 2020, S. 38). Dies zeigt, dass manche Konzepte für die letzte Meile noch nicht ganz ausgereift sind, wobei es mittlerweile für die Roller und E-Bikes auch feste Abgabestationen von einigen Anbietern gibt.

Neben diesen technologischen Entwicklungen und städtebaulichen Aktivitäten gibt es aber auch neue ökonomische Ansätze, wie den seit 01.03.2020 kostenfreien ÖPNV in Luxemburg (ZEIT ONLINE GmbH 2020). Die Realisierung soll vor allem den Individualverkehr der Luxemburger reduzieren, dürfte sich aber auch positiv auf touristische Aktivitäten auswirken. Auch in Deutschland gibt es einige Diskussionen zur kostenfreien Beförderung, um die Attraktivität des ÖPNV hervorzuheben. Gerade in Anbetracht der steigenden Kosten für Kraftstoffe könnte der kostenfreie ÖPNV durchaus für Touristen an Attraktivität gewinnen und gleichzeitig Stress beim Fahren in einer fremden Stadt und der Suche nach Parkmöglichkeiten mindern. So entfallen Emissionen für die Anreise und Fortbewegung vor Ort und tragen auf diese Weise ebenfalls zur Verringerung des ökologischen Fußabdrucks bei.

Dem entgegen stehen allerdings Trends, wie z. B. die Verteilung der Bundesmittel, bei denen sich weiterhin eine Begünstigung des Individualverkehrs zeigt. So wurden „[i]m Jahr 2018 [...] die Bundesmittel für den Ausbau von Bundesfernstraßen um gut 13 % erhöht, während zeitgleich die Mittel für den Ausbau der Schiene um knapp 8 % gesenkt wurden" (Umweltbundesamt 2020b, S. 37). Diese Verteilung wirft einige Fragen auf, denn das seit den 1950er Jahren konditionierte Verhalten der Individualfortbewegung verursacht höhere Emissionen als die kollektiven Lösungen des ÖPNV.

Ein Blick in die Zukunft zeigt, dass das Spektrum der Mobilität künftig noch breiter werden wird. Die Zukunft der Mobilität wird noch mehr Diversifikationen bereithalten, denn technologische Entwicklungen in den Bereichen Elektromobilität sowie alternativer Antriebe, digitale Vernetzung, autonomes Fahren, KI (künstliche Intelligenz) und Entwicklung des Metaverse schaffen Raum für einstige Kreationen aus Romanen wie „Schöne Neue Welt" oder so manchem Science-Fiction-Film.

In diesen Romanen und Filmen geschaffene Züge oder Kabinen in Röhrensystemen könnten durch den Anstoß von Elon Musk im Jahr 2013 bald Zukunft sein. In Amerika gibt es schon länger Testzentren für Hyperloops und auch in Europa gibt es erste Projekte. HyperloopTT betreibt aktuell eine 320 Meter lange Teststrecke in Toulouse sowie ein Forschungszentrum und stellte mit dem TÜV Süd einen ersten Vorschlag für ein regulatorisches Rahmenwerk in der EU vor (Albert/Werner 2020, S. 45). Neben amerikanischen Firmen finden sich auch ein niederländisches Unternehmen (Hardt Hyperloop) oder der TUM Hyperloop der TU München, der den derzeitigen Weltrekord mit einer Maximalgeschwindigkeit von 467 km/h hält (Albert/Werner 2020, S. 45 f.).

Sollte daher künftig für lange Strecken auf Flugzeuge verzichtet werden können, um emissionssparender unterwegs zu sein? Es bleibt abzuwarten, wann und in welchem Ausmaß Hyperloops kommen könnten. Doch auch hier ist zu bedenken, dass die Röhren für die Hyperloops angelegt werden müssen und dafür weitere Eingriffe in die Natur und das Erdreich notwendig sind. Wie nachhaltig die Technologie ist, lässt sich erst abschließend bewerten, wenn ein vollwertiges Konzept steht, und zum anderen bestehen auch noch Herausforderungen bei der Aufrechterhaltung des Vakuums bei Zwischenhaltestellen und mehreren Zügen.

Doch nicht nur Hyperloops sind eine Perspektive, auch elektrische Flugtaxis werden bereits seit einiger Zeit erprobt. Zwei Tests in Stuttgart sorgten 2019 für Aufsehen, denn zuerst testeten Volocopter und danach Lilium ihr Konzept. Bisher werden die Flugtaxis noch remote vom Boden aus gesteuert, doch die Zukunft sieht autonome Lösungen vor. Bleibt abzuwarten, wann die ersten Passagiere abheben und Städte aus der Höhe betrachten. Es mag zwar nachhaltiger sein, in fliegenden Fahrzeugen unterwegs zu sein, da dann keine Straßen und Brücken mehr gebaut werden müssen und so die Umwelt geschont wird, doch dürften uns andere Themen wie 5G-Strahlung, die Betrachtung des Lebenszyklus und der Energiebedarf beschäftigen. Nach den Annahmen der Analysten von Porsche Consulting dürften 2035 zirka 23.000 Flugtaxis unterwegs sein, allerdings vorerst in Asien und den Emiraten aufgrund der offeneren Gesetzeslage.

Neben den diversen Mobilitätsangeboten erweitert sich das Feld künftig noch um Ansätze aus dem Metaverse. Firmen wie Meta (ehemals Facebook) investieren 10 Milliarden US-Dollar und stellen mehr als zehntausend neue Mitarbeiter alleine in Europa ein (Hamilton/Mac Ghlionn 2022). Doch wofür? Seoul verkündete, bereits ab 2023 die populärsten touristischen Attraktionen nach und nach in virtueller Form für digital Reisende bereitzustellen (Hamilton/Mac Ghlionn 2022). Die Zukunft könnte Reisen ganz ohne lange Flugstrecken, diverse Umstiege, den Wechsel von Verkehrsmitteln und lange Wartezeiten an Mobility Hubs ermöglichen. Ein virtueller Urlaub könnte sich mit speziellen Gadgets (VR-Brille, spezieller Kleidung mit Sensorik und Technologie für Sinneswahrnehmung) so gestalten, dass Touristen künftig einen virtuellen Spaziergang machen und dabei Objekte virtuell anfassen, Wärme beim virtuellen Ausspannen am Strand empfinden oder den Geruch und Geschmack von Kaffee wahrnehmen können.

Einen ersten großen Schritt für die Weiterentwicklung von VR-Anwendungen für touristische Zwecke brachte die Corona-Pandemie, denn während das Leben in der Außenwelt zum Erliegen kam, digitalisierten viele touristische und kulturelle Einrichtungen ihr Angebot mit Videotouren und 360°-Content (Djovani 2021).

Doch nicht nur die Digitalisierung existierender Sehenswürdigkeiten stellt ein Potenzial für den zukünftigen und nachhaltigen Tourismus dar, auch nur noch teilweise erhaltene Relikte des alten Griechenlands, Italiens oder Ägyptens könnten beispielsweise wieder zum Leben erweckt und rekonstruiert werden. Wäre es nicht spannend, eine Reise in die Vergangenheit zu unternehmen und dabei ganz auf reale Fahrzeuge zu verzichten und so die Natur zu schonen? Auch für Menschen mit körperlichen Einschränkungen, für die reale Reisen sehr beschwerlich sind, oder für ältere und kranke Menschen könnte diese Form der touristischen Erkundung neue Möglichkeiten eröffnen.

Diese neue Form der nachhaltigen Mobilität klingt vielversprechend, doch während hier keine direkten Emissionen durch Fahrzeuge entstehen, mag der Eindruck täuschen, dass dies die nachhaltigste Form des Reisens sein könnte. Studien zeigen, dass „[j]e teilnehmende Person [...] für eine 1-stündige Videokonferenz [...] zwischen zirka 0,05 kg CO_2 bis 60 kg CO_2 [entstehen würden] (Klima-Kollekte – Kirchlicher Kompensationsfonds gGmbH o.D.). Nimmt man diese Kennzahlen als Basis, so lässt sich erahnen, dass AR- und VR-Anwendungen einen höheren Verbrauch haben dürften, da die komplexen Welten, die virtuell besichtigt werden, deutlich mehr Rechenleistung auf Seiten der Server, aber auch der entsprechenden Endgeräte in Anspruch nehmen, ebenso wie einen deutlich höheren Energieverbrauch.

Weitere Peer-Review-Studien zeigen, dass sich der aktuelle Anteil der Informationstechnologien an den globalen Emissionen bereits auf zirka 1,8–3,9 Prozent beläuft (Berners-Lee et al. 2021, S. 1). Dieser Wert ist bereits jetzt sehr hoch und dürfte in Zukunft noch deutlich an Zuwachs gewinnen, wenn man bedenkt, dass Entwicklungen wie das Internet der Dinge und autonomes Fahren noch ganz am Anfang stehen.

Um die in Paris 2015 definierten Klimaziele zu erreichen, müsste der ICT-Sektor seine Emissionen bis 2030 um zirka 42 Prozent reduzieren und darüber hinausgehend langfristig null Emissionen bis 2050 anstreben (Berners-Lee et al. 2021, S. 8). Unter Berücksichtigung dieser Tatsache ist fraglich, wie nachhaltig virtueller Tourismus im Vergleich zu realem Tourismus tatsächlich ist. Denn aktuell verursacht das deutsche Internet bereits 5,9 Milliarden Tonnen CO_2-Emissionen jährlich, und bis 2025 dürfte der deutsche Stromverbrauch durch Rechenzentren auf zirka 16,4 Milliarden Kilowattstunden pro Jahr ansteigen (Schmidt 2022).

Tourismus nachhaltig zu gestalten ist eine große Herausforderung für alle beteiligten Akteure der Mobilitätskette, denn während viele Lösungen auf den ersten Blick äußerst vielversprechend erscheinen, so verstecken sich doch häufig Herausforderungen entlang der Wertschöpfungskette. Diese Faktoren zu identifizieren und stetig weiter zu optimieren wird eine fortwährende Aufgabe der touristischen Dienstleister, des Verkehrswesens, der Ingenieure und Entwickler sein.

Doch auch politische Push- und Pull-Maßnahmen werden eine entscheidende Rolle spielen, gerade in Bezug auf z. B. höhere Kosten für Parkplätze oder Vergünstigungen von ÖPNV-Angeboten.

Die Zukunft der Mobilität ist vielfältig und auch die Anwendungsgebiete, in denen sich diese Lösungen wiederfinden. Die Frage, wie nachhaltig diese Mobilitätsformen sind, wird daher auch maßgeblich von den Rahmenbedingungen und jeweiligen Konditionen abhängen. Denn ein Blick auf die Elektromobilität zeigt, diese ist umso nachhaltiger, je grüner der genutzte Strom zur Fortbewegung ist – doch es bleiben die negativen Auswirkungen der Rohstoffgewinnung und der Produktion. Somit wird Mobilität auch stark von nachhaltigen Rohstofflösungen und den künftigen Recyclingraten für alle Bestandteile der Wertschöpfungs- und Dienstleistungsketten abhängen.

4.4 Restaurant

Gastronomie- und Restaurantkonzepte unterliegen einem ständigen Wandel. So sind in den letzten Jahren viele neue Konzepte entstanden, und die Systemgastronomie hat sich weiter durchgesetzt. Der Bundesverband der Systemgastronomien hat heute über 830 Mitgliedsunternehmen mit 3.000 Restaurants und ist das Sprachrohr für die Systemgastronomie. Einige Unternehmen sind Vorreiter bei der Nachhaltigkeit und sogar 95 Prozent der Systemgastronomen in Deutschland unterstützen CSR-Projekte (Bundesverband der Systemgastronomie e.V. 2022). Insgesamt gibt es in Deutschland über 70.000 Gastronomieunternehmen (Statista 2021a), wovon zirka 300 Restaurants auf vegane Küche spezialisiert sind. Die Tendenz ist stark steigend. So waren es im Jahr 2019 erst 75 Restaurants (Statista 2022b).

Das Bewusstsein der Menschen für gesunderes und verträglicheres Essen hat zugenommen. In einer Studie im Auftrag der Veganz Group AG im Jahr 2020 wurden 2.600 Menschen aus sieben europäischen Ländern zu ihren Essgewohnheiten befragt. Der vegane Trend ist in Deutschland am stärksten zu beobachten. Laut dieser Studie ernähren sich in Deutschland (Stand Juni 2020) 2,6 Millionen Menschen (3,2 Prozent der Bevölkerung) vegan und zirka 3,6 Millionen Menschen (4,4 Prozent der Bevölkerung) vegetarisch (VEGANZ Ernährungsstudie 2020). Damit ist Deutschland Spitzenreiter, gefolgt von Dänemark und der Schweiz. Die Zahl der Veganer hat sich seit 2016 mit 1,3 Millionen verdoppelt (Skopos 2016).

Der renommierte Gastroführer MICHELIN hat als Erster in der Branche nachhaltige Gastronomien ausgezeichnet. Der Grüne Michelin-Stern ist eine Auszeichnung, die darauf abzielt, Betriebe hervorzuheben, die an der Spitze eines nachhaltigeren Ansatzes in der Gastronomie stehen (Michelin 2021).

Auch für Restaurants besteht in den nächsten Jahren die Herausforderung, sich nachhaltig aufzustellen, um den Ansprüchen der Gäste gerecht zu werden. Praktische Einblicke in eine zukunftsweisende Gastronomie bietet der Gastbeitrag am Ende dieses Kapitels.

Eine Studie des Zentrums für Nachhaltige Unternehmensführung (ZNU) hat im Jahr 2016 in Zusammenarbeit mit gv-praxis und food-service ergeben, dass Nachhaltigkeit in der Gastrobranche eine immer größere Bedeutung erlangt. Ausgewogene, saisonale und regionale Ernährung im Lebensstil der Generation Y findet nicht nur in der heimischen Küche statt. Der Wunsch nach nachhaltigen Lebensmitteln ist auf Reisen und beim Restaurantbesuch ebenso wichtig geworden (Greentable 2016).

Management und Kommunikation

Nachhaltige Restaurants kommunizieren ihre Philosophie meist auf der eigenen Website und wenn vorhanden auch auf den Social-Media-Kanälen. Konzepte mit einer speziellen nachhaltigen Ausrichtung wie zum Beispiel Bioprodukten, veganem oder vegetarischem Angebot oder einem reduzierten Fleischangebot machen eine nachhaltige Gastronomie aus. Diese Konzepte werden vermehrt nachgefragt und lassen sich sehr gut in die externe Kommunikation einbinden.

Laut einer Studie von Futouris innerhalb eines Sustainable-Food-Projektes möchten 82 Prozent der Urlaubsgäste mehr über das Essen im Urlaub erfahren. Wie und wo werden die Speisen produziert? Wie typisch sind sie für das Urlaubsland? Aus dem Projekt ist ein Handbuch zur nachhaltigen Gästekommunikation entstanden (Futouris 2016).

Hotels in der Türkei und auf Gran Canaria haben testweise Aufsteller, Informationen auf Platzdeckchen oder Banner im Eingang platziert, um auf die Nachhaltigkeit der verwendeten Produkte hinzuweisen. In der Spitze stieg der Verzehr nachhaltig ausgezeichneter Produkte um 135 Prozent (Futouris 2018).

Auch im Branding können Gastronomiebetriebe eine nachhaltige Ausrichtung zum Ausdruck bringen. In nachhaltigen Systemgastronomien wie z. B. „sattgrün" (vegane restaurants + cafés) ist im Namen schon klar erkennbar, was das Konzept darstellt. Sie bieten vegane Speisen und Getränke an, die cholesterin- und laktosefrei sind sowie frei von gentechnisch veränderten Lebensmitteln. Der Kunde kann sich bewusst für einen nachhaltigen Genuss entscheiden (sattgrün 2022).

Nachhaltiger Konsum nimmt immer mehr an Bedeutung zu. Kunden greifen zu nachhaltigen Produkten, ob beim Essen und Trinken, bei Haushaltsgeräten oder auch bei der Kleidung. Eine Studie aus dem Jahr 2020 von Ernst & Young hat bei einer Befragung von über 2.500 Personen in Deutschland gezeigt, dass 52 Prozent der Befragten beim Essen und Trinken besonders auf Nachhaltigkeit achten (Ernst & Young GmbH 2020). Dieser Trend wird sich in der Gastronomie ebenfalls weiter entwickeln. Umso wichtiger wird es sein, dass sich Restaurants darauf einstellen und diese Ausrichtung an die Gäste kommunizieren.

Umwelt (Energie, Wasser und Abfall)

Die Energieverbräuche in der Gastronomie haben einen wesentlichen Anteil an den CO_2-Emissionen. Um Energie einzusparen, sollten sich die Restaurants folgende Fragen stellen:

?
- – Welche Geräte sind im Einsatz?
- – Werden die Kühlschränke und -zellen regelmäßig gewartet?
- – Werden die Lagerkapazitäten effizient genutzt?
- – Müssen Geräte ausgetauscht werden? (Ein energiesparameres Modell muss nicht zwingend teurer sein oder hat sich nach kurzer Zeit amortisiert.)
- – Sind Öfen, Herdplatten, Wärmebrücken oder sonstige Geräte ausgeschaltet, wenn sie nicht genutzt werden?
- – Sind die Mitarbeiter angehalten, auf Energieeffizienz zu achten?
- – Wird Geschirr unmittelbar nach dem Gebrauch gereinigt, damit Speisereste von den Tellern ohne zusätzliche Spülgänge entfernt werden können?
- – Wie werden die Geräte genutzt, um Stromspitzen zu vermeiden?

Der Einsatz wassersparender Spülmaschinen, umweltfreundlicher Reinigungs- und Spülmittel sowie im Allgemeinen die korrekte Wiederaufbereitung des verbrauchten Wassers können weitere Aspekte für eine nachhaltige Küche sein. Gerade bei den Maschinen lohnt sich ein Spezialgerät für die Gastronomie. Dieses reduziert den Wasserverbrauch erheblich (Gastro Academy 2022).

Die Initiative „Zu gut für die Tonne" wurde vom Bundesministerium für Ernährung und Landwirtschaft im Jahr 2015 ins Leben gerufen. Im Durchschnitt wirft jeder Haushalt in Deutschland 75 Kilogramm pro Jahr an Lebensmitteln weg (Bundesanstalt für Landwirtschaft und Ernährung 2022).

Das Marktforschungsinstitut GfK hat im Auftrag des Bundesministeriums für Ernährung und Landwirtschaft eine Studie erstellt. Hieran nahmen 6.000 Haushalte teil. 86 Prozent der weggeworfenen Lebensmittel wären noch verwertbar gewesen. Nachhaltiges Handeln in der Gastronomie erfordert, zu überlegen, wie diese noch hygienisch einwandfrei weiterverwendet oder weitergegeben werden können.

Abbildung 18: Hierarchie der Lebensmittelabfälle (Futouris 2018).

Als Gründe, warum Lebensmittel weggeworfen werden, wird am häufigsten angegeben, dass sie verdorben sind (81 Prozent), gefolgt von unappetitlich, zu viel gekocht oder auf den Teller getan, zu viel eingekauft oder überschrittenes Mindesthaltbarkeitsdatum. Letzteres ist jedoch ein sehr geringer Teil von nur 5 Prozent (GfK-Studie 2020).

Es ist sicherlich am besten, keinen Abfall zu produzieren. Dies ist in der täglichen Praxis allerdings nicht machbar und realistisch. Deshalb sollten die Abfälle in zwei Kategorien aufgeteilt werden: Lebensmittel, die noch verwertet werden können (muss mit den gesetzlichen Bestimmungen konform sein), und nicht mehr genießbare Lebensmittel, die zur weiteren Verwendung nur noch auf den Kompost oder zur Energie- oder Wärmeerzeugung dienen. Die Vermeidung ist sicherlich der sinnvollste Weg und bietet das größte Einsparungspotenzial. Die Entsorgung ist der letzte Ausweg. Dazwischen liegt eine Bandbreite der verschiedenen Möglichkeiten der Verwendung (siehe Abbildung 18).

Mögliche Einsparungspotenziale im Bereich Abfall sind (OEHV o. J.):

– Einwegartikel aus ökologischem Material
– Weniger Verpackungen
– Weitergabe von überschüssigen Lebensmitteln an gemeinnützige Einrichtungen
– Optimierte und gut beschriftete Trennsysteme
– Korrekte Entsorgung von Sonderabfällen
– Plan zur Abfallvermeidung und -reduzierung
– Sichtung der Art von Speisen, die auf den Tellern der Gäste bleiben
– Verzicht auf Verpackung soweit möglich

Für übrig gebliebene Lebensmittel gibt es die Initiative Too Good To Go. Es handelt sich um eine Organisation, die im Kampf gegen die Lebensmittelverschwendung ein bedeutsamer Keyplayer in der Hotellerie und in der Gastronomie geworden ist.

Das Konzept dahinter ist, übrig gebliebene Lebensmittel für einen vergünstigten Preis an Endkonsumenten zu verkaufen, um sie vor dem Wegwerfen zu bewahren. Käufer können sich über die Too Good To Go-Plattform eine oder mehrere Portionen an Lebensmitteln eines der teilnehmenden Lokale reservieren und die nicht verkaufte Ware nach Ladenschluss in Form einer Überraschungstüte abholen (Too Good To Go o. J.). Die Bewegung ist in 14 Ländern der Welt aktiv und hat die Rettung von 11,2 Millionen Portionen an Lebensmitteln möglich gemacht. Inzwischen nutzen viele Hotels deutschlandweit Too Good To Go, um ihren Lebensmittelresten beispielsweise vom Frühstücksbuffet eine sinnvolle zweite Chance zu geben (GreenLine Hotels 2021c).

Biodiversität und kulturelles Erbe

Die Menschen sind auf eine biologische Vielfalt für ein intaktes Ökosystem angewiesen. Heute sind bereits 75 Prozent der Landoberfläche und 66 Prozent der Meeresfläche stark verändert (Feda 2021). Biodiversität (biologische Vielfalt) und eine regenerative Landwirtschaft halten das Gleichgewicht des Ökosystems intakt. Hierzu gehören in einem ganzheitlichen Ansatz die Vermeidung von Spritzmitteln und Pestiziden, der Humusaufbau der Böden mit natürlichen Nährstoffen und der Schutz von Artenvielfalt. Humusreiche Böden sind Kohlenstoffspeicher und tragen zum Wiederaufbau der geschädigten Ökosysteme bei. Gesunde Böden sichern langfristig gute Lebensmittel. Eine regenerative Landwirtschaft hat das übergeordnete Ziel, die Artenvielfalt und das Ökosystem in einem besseren Zustand zu hinterlassen (Greentable e.V. 2022a).

Zero Foodprint (ZFP) ist eine globale Initiative, die zusammen mit Gastronomen und Landwirten durch gesunde Böden und gesunde Landwirtschaft langfristig hochwertige Lebensmittel sichern möchte. Restaurants können die Initiative unterstützen, indem sie ihre Gäste dazu anhalten, den Betrag von 1 Prozent der Restaurantrechnung zu spenden (Greentable e.V. 2022a).

Um die Biodiversität zu verbessern, können Restaurants auch Kräutergärten, Naschgärten, Insektenhotels oder Streublumenwiesen anlegen sowie eigene Dächer begrünen.

Der Begriff kulturelles Erbe steht für die Weitergabe materieller und nicht materieller Zeugnisse der Menschheit (Technische Universität Dresden o. J.). Das kulturelle Erbe unserer Vorfahren soll möglichst weitergetragen werden. Um auch in der Gastronomie ein kulturelles Erbe von Generation zu Generation weiterzugeben, können beispielsweise alte Rezepte und Rezepturen aufgenommen werden.

Einkauf

Wenn sich ein Restaurant nachhaltig aufstellen möchte, ist der Einkauf ein wesentlicher Bestandteil des nachhaltigen Prozesses. Als Erstes werden die Waren und Lieferpartner analysiert. Hier sollte unterschieden werden in zertifizierte Bio- oder Fairtrade-Produkte, nachhaltige Fischfangprodukte, regionale und saisonale Produkte sowie Produkte mit anerkannten Nachhaltigkeitszertifikaten.

Welche Lieferanten können in ausreichenden Mengen die Produkte für das Restaurant liefern? Das ist nicht immer ganz einfach, wenn kleinere regionale Produzenten ausgewählt werden, die beschränkte Verfügbarkeiten haben.

Der Vorteil bei regionalen Lieferanten sind die kurzen Lieferwege und damit die niedrigen CO_2-Emissionen und die Stärkung der Region. Wie aus Tabelle 7 ersichtlich, haben Lebensmittel, die mit dem Flugzeug gebracht werden, mit Abstand die höchsten Emissionswerte und sollten daher auf ein Minimum reduziert werden.

Tabelle 7: Die Klimawirkung unterschiedlicher Transportmittel (Futouris 2018, S. 10).

Transportmittel	CO_2-Emissionen pro transportierter Tonne Lebensmittel und Kilometer in g
Hochseefrachtschiff	9
Binnenfrachtschiff	34
Güterzug	40
Lkw	135
Flugzeug	2.041

Der beispielhafte Saisonkalender für Deutschland in Tabelle 8 zeigt, dass Gäste nahezu ganzjährig regionales Gemüse genießen können. Während einige Gemüsesorten (Champignons, Kartoffeln) zumindest als Lagerware beinahe ständig angeboten werden können, sollten andere (Grünkohl, Spargel) als saisonale Highlights im Rahmen spezieller Angebote offeriert werden. Das Restaurant sollte sich bei seinem Speisenangebot an den heimisch wachsenden Gemüsesorten orientieren, da CO_2-Emissionen für das Freilandgemüse viel geringer sind als für Treibhauskulturen.

Als ein Best-Practice-Beispiel kann die Initiative „FEINHEIMISCHE" aus Schleswig-Holstein erwähnt werden: ein Netzwerk aus landwirtschaftlichen Erzeugern und Manufakturen, Gastronomen und Küchenchefs. 84 Mitglieder tragen das Gütesiegel und zeichnen sich durch respektvollen Umgang mit Lebensmitteln aus (FEINHEIMISCH 2021).

Sowohl biozertifizierte als auch regionale Produkte sind gute Ansätze für eine klimafreundliche Ernährung. Worin beide sich unterscheiden und welche Vor- und Nachteile beide Konzepte mit sich bringen, verdeutlicht die Abbildung 19.

Tabelle 8: Beispielhafter Saisonkalender von Obst und Gemüse in Deutschland (eigene Darstellung in Anlehnung an Futouris 2018, S. 15).

Gemüse	Januar	Febuar	März	April	Mai	Juni	Juli	August	September	Oktober	November	Dezember
Bohnen, Grüne							1	1	1	1		
Brokkoli						1	1	1	1	1	1	
Champignons	1	1	1	1	1	1	1	1	1	1	1	1
Erbsen						1	1	1				
Grünkohl	1	1							1	1	1	1
Gurke/Salatgurke						1	1	1	1	1		
Kartoffeln	2	2	2	2	2	1	1	1	1	1	2	2
Kohlrabi					1	1	1	1	1	1		
Kürbis	2	2						1	1	1	1	2
Möhren/Karotten	2	2	2	2	2	1	1	1	1	1	2	2
Pastinaken	1	1	1	2	2				1	1	1	1
Rotkohl	2	2	2	2	2	1	1	1	1	1	1	2
Spargel			1	1	1	1			1	1	1	
Spinat		1	1	1	1					1	1	
Tomaten							1	1	1	1		
Wirsingkohl	1	1	2		1	1	1	1	1	1	1	1
Zwiebeln	2	2	2	2	2	2	1	1	1	1	2	2

[1] regional und frisch verfügbar; [2] regionale Produkte als Lagerware verfügbar

BIO

→ Das EU-Biosiegel definiert klare Kriterien für biologische Anbauten und Zuchten

→ Chemie Adieu: Bei der Erzeugung der mit dem „Bio"-Siegel gekennzeichneten Lebensmittel werden rein pflanzliche Düngungsmittel angewandt

→ Hände weg vom Erbgut: Bei der Herstellung kommt keine Gentechnik zum Einsatz, denn diese ist verboten

→ Natur pur, bitte: Nur eine begrenzte Zahl von Zusatzstoffen ist in biologischen Lebensmitteln zugelassen

→ Ein Herz für Tiere: Eine artgerechte Haltung wird bei Bio Lebensmitteln aus Fleisch oder tierischen Produkten großgeschrieben. Das bedeutet genug Platz für Tiere, ordentliche Futtermittel und kein Einsatz von präventiven Antibiotika

→ CO_2-Emissionen: Die „Bio" gekennzeichneten Produkte kommen oft als dem Ausland und legen dementsprechend lange Transporte zurück

→ Soziale Standards unberührt: Das „Bio"-Siegel legt keine Kriterien für Arbeitsbedingungen fest und leider sind faire Löhne und geregelte Arbeitszeiten nicht garantiert

→ Der Verpackungsozean: „Bio" – Obst und Gemüse ist oft einzeln verpackt, was zu mehr Plastik in unseren Weltmeeren führt

REGIONAL

→ Frische Luft und leere Straßen: Regional hergestellte Lebensmittel haben meist einen kürzeren Transportweg zum Bestimmungsort. Der Transport verursacht demnach geringere Emissionen und Umweltbelastungen

→ Die vier Jahreszeiten: Regionale Produkte sind zwangsläufig auch saisonal, denn nicht überall auf der Welt wachsen gleichzeitig dieselben Obst- und Gemüsesorten. So verzichten wir zwar vielleicht auf Erdbeeren im Winter, aber genießen dafür saisonale Speisen

→ Qualität und Frische: Geerntet und verkauft wird nur, was auch reif ist. Das sorgt für einen einzigartigen Geschmack

→ Der Begriff „regional" ist weder geschützt noch klar definiert, weshalb regional auch ein 400 km entfernter Bauernhof bedeuten kann

→ Das große Unbekannte: Da es keine Zertifizierung und keine einheitlichen Standards gibt, ist der Verzicht auf chemisches Düngemittel, Gentechnik, Zusatzstoffe oder Antibiotika nicht erkennbar

→ Soziale Standards unberührt: Auch bei regionalen Speisen sind, trotz deutscher Standards, gute Arbeitsbedingungen in der Landwirtschaft nicht immer garantiert

Abbildung 19: Bio *vs.* regional (eigene Darstellung).

Weitere Einkaufsbereiche, die im Sinne der Nachhaltigkeit analysiert werden sollten, sind beispielhaft:
– Stromlieferanten
– Versicherungen
– Einrichtung
– Reinigungsmittel
– Gastronomiebedarf

Für einen ersten Überblick nachhaltig geprüfter Partner gibt es den Marktplatz von TUTAKA (siehe Gastbeitrag in Kapitel 5.2).

Regionalität und Mobilität

E-Mobilität und eine Ladeinfrastruktur werden für Restaurants immer wichtiger. Beispielsweise sind auf den Parkplätzen von Raststätten, Einkaufszentren und Restaurants gut ausgestattete Ladeinfrastrukturen zu finden. Die Gäste nutzen die Ladeinfrastrukturen und gehen in der Zeit in die umliegenden Restaurants.

Auf ein eigenes E-Auto für Einkäufe und Besorgungen umzusteigen, kann für ein Restaurant auch eine sinnvolle Investition sein. Neben dem Imagegewinn ist ein E-Auto gut für die eigene Klimabilanz. Mittlerweile gibt es viele Automobilhersteller, die Autos auf den Markt bringen, die für eine ausreichende Reichweite sorgen. Durch die Förderprogramme der Bundesregierung wird die Anschaffung eines E-Autos sowie die Installation einer Ladeinfrastruktur noch bis Ende 2022 gefördert (BAFA 2021). Weitere Förderprogramme bleiben abzuwarten.

Aus Sicht der Mitarbeiter wird eine Ausrichtung auf Regionalität und nachhaltige Mobilität sehr wertgeschätzt. Mitarbeiter, die aus der Region kommen, haben niedrige Fahrtkosten und verursachen einen geringen CO_2-Fußabdruck. Eine gute Erreichbarkeit ist ein weiterer Vorteil für Mitarbeiter, denn häufig können sie auch mit öffentlichen Verkehrsmitteln, zu Fuß oder mit dem Fahrrad zur Arbeit kommen.

Ein weiterer Aspekt der Mobilität ist, die Barrierefreiheit im Restaurant zu gewährleisten. Oft sind Restaurants durch Treppen, Stufen und mangelnde Aufzüge nur schlecht erreichbar. Gibt es die Möglichkeit, die Räumlichkeiten über eine Rampe, einen Aufzug oder sonstige Weg zu erreichen? Soziale Nachhaltigkeit heißt auch, Menschen mit körperlicher Behinderung nicht auszuschließen und diesen den Zugang zu Restaurants zu ermöglichen. In München sind zirka 5 Prozent aller Restaurants barrierefrei (Zeit 2021).

Die regionale Verankerung des Restaurants sollte einen wichtigen Stellenwert in der Philosophie einnehmen. Regionale Netzwerke stärken die Region und das Unternehmen und werden von Gästen, Lieferpartnern und Mitarbeitern geschätzt. Gute Beispiele für nachhaltige regionale Küche finden Gäste auf der Seite GreenTable.de. Hier sind mittlerweile 200 Restaurants (Greentable e.V. 2022b) gelistet, die

bei ihrem nachhaltigen Konzept auch auf regionale Speisen setzen. Die Ursprüng-
lichkeit und die Nähe zur Natur können bei einem Restaurantkonzept einen Wettbewerbsvorteil bringen und die aktuellen Gästewünsche erfüllen.

Qualitätsmanagement und nachhaltige Entwicklung

Auch bei Restaurants sind die Begriffe Nachhaltigkeit und Qualität eng miteinander
verbunden.

Zur Qualität gehören die angebotenen Speisen und Getränke, deren Präsentation, das Ambiente für die Gäste und vor allem auch ein freundlicher Service. Jeder
Qualitätsmanagementprozess setzt eine umfassende Analyse der Ist-Situation vor-
aus und liefert bei der Auswertung Informationen über mögliche Stärken und Verbesserungen. Diese bilden die Grundlage für ein Qualitätsmanagementsystem, das
auch auf nachhaltige Aspekte ausgerichtet sein kann (Schrader 2020).

Durch Bewertungen von Gästen kann die wahrgenommene Qualität messbar
gemacht werden. Eine transparente Kommunikation gegenüber Gästen und Mitarbeitern ist für einen kontinuierlichen Verbesserungsprozess anzustreben.

Die bekanntesten Portale für Bewertungen in der Gastronomie sind (ohne An-
spruch auf Vollständigkeit):
–   Deutschland Gourmet
–   Google
–   Marcellinos
–   Restaurantfinder
–   Restaurantranglisten
–   Speisekarte
–   Tripadvisor
–   Yelp

Nachhaltige Entwicklung ist ein stetiger Prozess, bei dem die Mitarbeiter fest eingebunden werden sollen. Ein standardisierter Verbesserungsprozess kann dabei helfen,
das eigene Unternehmen kontinuierlich zu verbessern und nachhaltige Entwicklungen vor allem im Bereich der Lebensmittel und Speisenangebote voranzutreiben.

Soziale Verantwortung

In den kommenden Jahren wird der demografische Wandel in Deutschland zu
einem weiteren Rückgang der Erwerbstätigen (Alter zwischen 20 und 66 Jahren)
führen. Zwischen 7 bis 11 Prozent der Bevölkerung im westlichen Flächenland und
sogar 12 bis 15 Prozent in den östlichen Ländern geht die Anzahl der Erwerbstätigen
zurück. Nur in den Städten wird es weitgehend stabil bleiben (Statistisches Bundes-

amt 2021). Umso mehr sollten sich Unternehmen ihrer sozialen Verantwortung bewusst sein. Der Kampf um die Arbeitskräfte, der heute bereits in der Gastronomie stark ausgeprägt ist, wird sich in den nächsten Jahren noch weiter verschärfen.

Die Umsetzung eines höheren Mindestlohnes ist dabei nicht mehr die treibende Kraft. Mitarbeiter suchen Unternehmen, in denen sie Anerkennung erhalten und Sinnhaftigkeit in ihrer Arbeit finden. Aber auch zunehmend interessieren sie sich für den ökologischen Fußabdruck des Unternehmens. Laut einer Studie des Capgemini Research Institute 2020 wünschen sich 78 Prozent der Befragten mehr Nachhaltigkeit im Unternehmen (Frankfurter Allgemeine Personaljournal 2021).

Die soziale Verantwortung (auch als Corporate Social Responsibility, CSR, bezeichnet) sollte in Restaurants in der Unternehmensphilosophie verankert sein. Mit der sozialen Nachhaltigkeit stärkt der Gastronom seinen Betrieb und die Region. Mitarbeiter fühlen sich dem Unternehmen enger verbunden und wertgeschätzt.

Faire Bezahlung, flexible und familiengerechte Arbeitszeiten, gesunde Mitarbeiterspeisen und ein betriebliches Gesundheitsmanagement sind nur ein paar Beispiele, die auch in der Gastronomie umgesetzt werden können.

Auszubildende für die Gastronomie zu finden ist eine weitere große Herausforderung. Das schlechte Image der Branche sorgt für wenig Interesse der jungen Menschen, eine Ausbildung als Koch/Köchin oder Restaurantfachmann/-frau zu beginnen. Junge Menschen bei ihrer Berufswahl zu unterstützen haben sich die Gründer von Praktikumsjahr.de auf die Fahne geschrieben. Hier können sich Unternehmen listen lassen, um mit Schulabgängern oder Berufseinsteigern ins Gespräch zu kommen (Praktikumsjahr o. J.).

Einen ganz neuen Bachelorstudiengang „Hotel Management – Schwerpunkt Culinary Management" hat das Hotel Der Öschberghof mit der IST-Hochschule entwickelt. Gemeinsam wollen sie die Wissensvermittlung einer Kochlehre mit einem akademischen Studium zum Bachelor vereinen. Neue Formen der Ausbildung sind zeitgemäßer, um den jungen Absolventen die Bereiche Kulinarik und Betriebswirtschaft zu vermitteln.

Dieser Studiengang dient als Alternative zu einer klassischen Ausbildung und soll den Beruf attraktiver gestalten (HOGAPAGE 2022).

Wirtschaftliche Verantwortung

Die wirtschaftliche Verantwortung ist für den Fortbestand des Unternehmens essenziell wichtig. Auch Restaurants sollten regelmäßig Wirtschafts- und Finanzdaten erfassen, analysieren und auswerten. Hierzu gehören Umsatzzahlen, Durchschnittscoverumsätze, Personalquoten, detaillierte Umsätze der einzelnen Produkte und Wareneinsatzkosten, welche Rückschlüsse zur Effizienz und Effektivität des Unternehmens geben.

Nachhaltige Kennzahlen, wie die Verwendung von veganen oder regionalen Produkten, Bio- oder Fairtrade-Produkten oder klimaneutralen Produkten, können erhoben und messbar gemacht werden.

Auch umweltrelevante Indikatoren, wie zum Beispiel der Energieverbrauch oder die eigene Energieerzeugung, können jährlich analysiert und ausgewertet werden. Damit ein Restaurant stetig in die Nachhaltigkeit investieren kann, ist eine mittel- bis langfristige Finanzplanung notwendig. Über die erhobenen wirtschaftlichen Kennzahlen sollten die Mitarbeiter regelmäßig informiert werden. Transparenz schafft Vertrauen und Loyalität bei den Mitarbeitern sowie einen achtsamen Umgang mit den begrenzten Ressourcen im Unternehmen.

Ökologische Maßnahmen verursachen häufig auch Kosten, die das Restaurant in der wirtschaftlichen Verantwortung für den Betrieb zu stemmen hat. Deshalb wird in der Praxis immer wieder der Konflikt zwischen der ökologischen und der ökonomischen Nachhaltigkeit gesehen. Dennoch müssen Investitionen hinsichtlich ihrer Kosten differenzierter betrachtet werden (Henschel 2008): Es gibt zahlreiche nachhaltige Innovationen, die sofort kostensenkende Wirkung haben, z. B. der Verzicht auf Plastikverpackungen am Frühstücksbuffet. Zudem gibt es Maßnahmen, die zunächst kostensteigende Wirkung haben, aber später Einsparungspotenziale realisieren, wie z. B. LED-Lampen im Restaurant. Es gibt auch Investitionen, die sich erst sehr langfristig amortisieren (z. B. eigene Energieerzeugung) oder aufgrund von rechtlichen Veränderungen früher oder später umgesetzt werden müssen (Verbot von Einwegplastikartikeln ab Juli 2021). Manche Investitionen müssen auch vor dem Hintergrund beurteilt werden, dass sie die Wettbewerbsfähigkeit des eigenen Betriebes sichern, weil sich Gästewünsche im Zeitablauf verändern und es ohne eine nachhaltige Ausrichtung zukünftig sehr schwer werden wird, auf dem Markt zu bestehen. Kostensteigernde Investitionen und kosteneinsparende Maßnahmen müssen mit den aktuellen Markterfordernissen abgewogen werden, daher ist eine rein monetäre Betrachtungsweise in der Praxis nicht immer ausreichend. Wirtschaftliche Verantwortung bedeutet, beide Seiten abzuwägen und im Sinne des gastronomischen Betriebes nachhaltig und langfristig ökonomisch zu entscheiden.

Gastbeitrag: Klimafreundliche und gesundheitsfördernde Küche als neuer Standard für die Gastronomie

Estella Schweizer, Autorin und Botschafterin für sinnlichen Genuss

Hoteliers und Gastronomen müssen heute über den Tellerrand des eigenen Betriebes blicken. Als Unternehmer stehen wir im weltweiten Wettbewerb um die angesagtesten und innovativsten Lösungsansätze bezüglich derzeit brennender Themen. Dort, wo es vor 10 bis 20 Jahren eher um Luxus und kostspielige Alleinstellungsmerkmale ging, dreht sich inzwischen alles um Gesundheits- und Ernährungsthemen sowie fairen Handel und klimafreundliche Konzepte. Immer mehr Menschen entwickeln ein stärkeres Bewusstsein für ihre individuelle Gesundheit, möchten nachhaltiger konsumieren und verantwortungsvollere Entscheidungen gegenüber Natur und Umwelt treffen.

Um den Leistungsträgern die gesundheitlichen Aspekte sachlich greifbar zu machen, bieten sich wissenschaftliche Studien und Marktanalysen unabhängiger Institute an, denn Wissenschaft und Forschung belegen fundiert und sachlich die erhöhte Relevanz dieser Themen. So legen Gesundheitsforscher und Ernährungswissenschaftler aus aller Welt den Menschen heute eine vorwiegend pflanzliche Ernährung nahe, in der verarbeitetes rotes Fleisch möglichst gemieden wird und der Konsum an Milchprodukten eingeschränkt ist.

Parallel dazu wird auf eine eingeschränkte Zufuhr gesättigter Fette hingewiesen – was indirekt den Verzicht auf tierische Produkte bedeutet, welche fast ausschließlich gesättigte Fettsäuren enthalten. Im Gegenzug rutscht der tägliche Verzehr von Gemüse, Obst, Kartoffeln und Vollkorngetreide in den Mittelpunkt der Ernährungsempfehlungen. Hülsenfrüchte und Produkte daraus (z. B. Tofu, Tempeh etc.) sollten als Protein- und Ballaststoffquelle mehrmals pro Woche auf dem Speiseplan stehen. Nüsse, Samen und Saaten bekommen als Lieferanten ungesättigter Fettsäuren sowie wegen ihres Proteingehaltes und ihrer Mikronährstoffdichte einen neuen Stellenwert. Die renommiertesten Ernährungsgesellschaften der Welt bestärken zunehmend, dass eine rein pflanzliche Kost für Menschen aller Altersstufen als gesund und sicher angesehen werden kann (Rittenau 2022). Gastgeber sollten für die Gesundheit ihrer Gäste Mitverantwortung tragen und dies in erster Linie bei den Zutaten, die auf dem Teller landen, beachten.

Auch aus Umweltschutzgründen und der klimapolitischen Herausforderungen wegen muss der Blickwinkel bei der Verwendung von tierischen Produkten aus Massentierhaltung geändert werden. Über 30 Prozent der vom Menschen verursachten CO_2-Emissionen entstehen durch unsere Lebensmittelauswahl und unser Essverhalten. Das ist mehr, als der gesamte Sektor der Mobilität zusammen bedingt (Proveg 2021, Campbell/Ingram/Vermeulen 2012).

Die Gäste von Morgen haben eine klare Haltung

Das Essverhalten wird zum Ausdruck der eigenen Persönlichkeit. Immer weniger Menschen können es mit ihren Werten vereinbaren, weiterhin unbedacht Fleisch- und Tierprodukte zu konsumieren (Rützlers Food Report 2020). So lehnen zwei Drittel der 15- bis 29-jährigen Konsumenten die Fleischindustrie ab und fordern seitens der Politik Maßnahmen, die eine klimafreundliche Ernährung vereinfachen (Heinrich Böll Stiftung 2021). 30 Prozent der Menschen sind inzwischen Flexitarier und hinterfragen ihr Essverhalten kritisch (VEGANZ Ernährungsstudie 2020). Gemüseküche wird zum Lifestyle-Attribut und verkörpert Verantwortungsbewusstsein der eigenen Gesundheit gegenüber sowie der Umwelt, der Gesellschaft und nicht zuletzt auch den Tieren zuliebe. Außerdem ernähren sich bereits seit fünf Jahren 25 Prozent der Deutschen gluten- und/oder laktosefrei und suchen zunehmend Alternativen (Handelsblatt GmbH 2015).

Zu Hause wird Hafermilch statt Kuhmilch in den Kaffee oder ins Müsli gegeben. Der eigenen Gesundheit wegen wird vermehrt pflanzlich gekocht und aus Umweltschutzgründen verpackungsfrei auf dem Wochenmarkt und im Unverpackt-Laden eingekauft. Weniger ist mehr! Der neue Luxus richtet sich nicht nach außen, sondern nach innen. „Ich bin es mir wert – mein Lebensraum ist es mir wert." Mit gutem Gewissen genießen bedeutet, möglichst faire und umsichtige Entscheidungen zu treffen, aber auch explizit die Bereitschaft, für besser erzeugte Lebensmittel mehr Geld zu bezahlen.

Wie reisen DIESE Menschen und wo verbringen sie Urlaub, Tagungen oder Businessübernachtungen? Ökologisch bewusste Gäste haben heute bereits vielfältige Möglichkeiten. Im Urlaub buchen sie bevorzugt Ferienwohnungen oder Airbnbs, da sie selbstbestimmt darüber entscheiden können, welche Nahrungsmittel sie dort zubereiten. Warum Halbpension bezahlen, wenn man nicht zu essen bekommt, was man sich zum Wohlfühlen wünscht? Bei Tagungen oder auf Geschäftsreisen kommt meist nur ein Hotel infrage. Um aber nicht als Spießer oder Wichtigtuer abgestempelt zu werden, äußern sie hier ihre Bedürfnisse selten oder nur ganz dezent. Hoteliers entgeht möglicherweise eine zahlungskräftige Gruppe an Gästen, die für Genussmomente und Wohlbefinden gerne auch etwas tiefer in die Tasche greifen. Die Kernfrage für Gastronomen ist: Wie kann man sie als Gäste gewinnen oder sogar entlarven, ob sie vielleicht bereits unter den eigenen Gästen sind?

Der VEGANZ Ernährungsstudie 2020 zufolge haben Flexitarier genügend finanzielle Mittel zur Verfügung, um für das zu bezahlen, was ihnen am Herzen liegt (VEGANZ Ernährungsstudie 2020). Sie geben ihr Geld gerne aus, wenn sie hinter den Produkten und der Unternehmensphilosophie stehen. Und sie sind treu, weil sie wertschätzen können, was der Gastgeber für sie tut und welches Engagement dahintersteht. Diese Gäste gilt es anzulocken, indem ihnen gezeigt wird, dass man verstanden hat, welchen Mehrwert pflanzliche Küche für Klima, Umwelt, Gesundheit und die weltweite Ernährungsgerechtigkeit bedeutet.

Noch sind Hoteliers und Gastronomen, die sich auf diese neue Zielgruppe eingestellt haben, Vorreiter und Pioniere. Sie gestalten das Bild zukunftsfähiger Hotellerie in Sachen enkeltauglicher Konzepte mit.

Was erwarten diese potenziellen zukünftigen Gäste? Welche Lösungsansätze gibt es für Restaurants und Hotels?

Diese bewussten Konsumenten erwarten grundsätzlich Transparenz und Authentizität. Sie möchten etwas über die Hintergründe der Produkte und Dienstleistungen erfahren, die ihnen angeboten werden. Insbesondere bei Lebensmitteln legen sie Wert auf biologisch-landwirtschaftliche Erzeugung, da diese Produkte garantiert frei von Pestiziden und Düngemitteln sind und diversen Umweltanforderungen Tribut zollen (PwC Deutschland 2021).

Gemüse von regionalen Landwirtschaftsbetrieben, Kräuter aus dem eigenen Garten und Obst von benachbarten Obstbauern wären beispielhafte Möglichkeiten der Umsetzung. Dies ist sicherlich zunächst eine besondere Herausforderung, denn kaum ein Betrieb kann reibungslos mehr als zehn verschiedene Lieferanten und Bezugsquellen koordinieren. Zugleich geht es um unsere Zukunft – und wenn man sich auf den Weg macht, finden sich auch Lösungen. Für den Beginn ist die Umstellung auf biologisch erzeugte Grundzutaten ein wichtiger und willkommener erster Schritt.

Der erste Eindruck setzt bekanntlich Maßstäbe, und so können die Gäste bereits mit einem persönlichen Gruß auf dem Zimmer willkommen geheißen werden. Ein kleines Gläschen hausgemachte Marmelade, ein Schokoküchlein im Weckglas oder gedörrte Apfelchips aus dem Hotelgarten sind einfach umzusetzen und hinterlassen bei den Gästen ein Gefühl von Wärme und Aufmerksamkeit.

Mit einem gut bestückten Frühstücksbuffet können Gäste bereits zu Beginn des Tages begeistert werden. Dieses kann mit Mehrweggläschen bestückt werden, in welchen herzhafte und süße Aufstriche portioniert sind. Für Flexitarier, Vegetarier und Veganer kann ein ansprechendes Angebot an hausgemachten herzhaften Aufstrichen und Dips auf Gemüse- oder Hülsenfrüchte-Basis bereitstehen. Weitere gern gesehene Komponenten sind hausgemachter Vanille-Mandelquark auf Seidentofu-Basis, Hafer- oder Sojamilch und selbst fermentierter Cashewjoghurt. Für die Rührei-Genießer kann ein Tofu Scramble mit einer Prise Kala Namak für den Ei-Geschmack eine willkommene pflanzenbasierte Alternative sein. Anstelle von Bacon kann es auch mal Auberginenspeck sein. Ein grüner Smoothie oder frisch gepresster Gemüsesaft sowie Vollkornbrot und Brötchen, ein Porridge oder Birchermüsli, ein paar Nüsse und naturbelassene Flocken runden das abwechslungsreiche und gesunde Angebot ab. Optional lassen sich manche dieser Getreidekomponenten auch glutenfrei zubereiten und schließen damit eine weitere Gästegruppe mit ein. Der Art und Weise, wie diese Speisen präsentiert werden, sollte ebenfalls große Aufmerksamkeit geschenkt werden. Eine originelle Beschriftung und Erklärung ist stets hilfreich, und ein Teammitglied, welches beratend am Buffet steht, kann das Engagement des Gastgebers besonders transparent vermitteln. Die eben beschriebenen Speisen und Getränke sprechen über 50 Prozent der Gäste an.

Darüber hinaus können sie von allen genossen werden, da natürlich auch die Omnivoren Gemüse, Getreide und Hülsenfrüchte essen.

Beim Mittagstisch kann ein umfangreiches Salatbuffet mit sättigenden und zugleich kreativen Getreide- und Hülsenfrüchte-Kreationen kredenzt werden. Ergänzend gibt es eine warme Suppe und natürlich etwas für den süßen Zahn. Gerade Backwerk wie Rührkuchen, Mürbeteig und Hefegebäck gelingt ganz wunderbar ohne Ei und Butter. Für Schmandcremes und Sahnehäubchen gibt es einfache milchfreie Alternativen.

Für das abendliche À-la-carte-Menü ist der kleinste gemeinsame Nenner aller Ernährungsvorlieben die kreative und gewitzte Pflanzenküche. Denn wie oben geschrieben: Auch Allesesser mögen Gemüse, Salate, Getreide und Hülsenfrüchte sowie Saaten und Nüsse. Hier lohnt es sich, Zeit zu investieren und die Speisekarte im Detail zu durchdenken. Es finden sich problemlos geschmackliche Gemeinsamkeiten, welche passionierte Veganer, genussverliebte Flexitarier sowie Fisch- und Fleischesser vereinen. Mit etwas Know-how und Leidenschaft fürs Kochen lässt sich ein Basiskonzept für die Speisekarte entwerfen, das allen Ernährungsrichtungen gerecht wird. Röstaromen, die mit Fleischgerichten in Verbindung gebracht werden, können gleichermaßen beim scharfen Anbraten von herzhaft marinierten Pilzen oder Seitanschnetzeln entstehen. Die gemeinsamen Basiskomponenten für die Speisekarte haben zwei Vorteile: Durch ihre pflanzlichen Grundpfeiler schonen sie die CO_2-Bilanz des Unternehmens, weil die Küche wesentlich weniger tierische Produkte verbraucht und damit eine bessere Ökobilanz erzielt. Gleichzeitig können gemüseverliebte Genießer (fast) alles bestellen. Für die Fisch- und Fleischliebhaber lassen sich viele Elemente der Karte, seien es Salate, Suppen oder Hauptgerichte, ganz einfach mit einem Stück vom Tier ergänzen.

Um hier nicht missionarisch oder belehrend verstanden zu werden, empfiehlt es sich, das Speisekartenkonzept und die nachhaltige Botschaft gewitzt und undogmatisch zu kommunizieren. Und umso mehr auf der Website und in den sozialen Medien darüber zu lesen ist, umso schneller kommen auch die neuen Gäste! Oder altbekannte Stammgäste entpuppen sich als Fans und Miteiferer. Wer darüber spricht und die Initiativen illustriert, nimmt seine Gäste mit auf die Reise! Diese Umsetzung hat Pioniergeist und einen enormen Zukunftswert für uns alle. Sobald ein Hotelier sich als Influencer versteht und begriffen hat, wie viele Millionen Menschen jedes Jahr durch nahhaltige Reisekonzepte für den eigenen Alltag inspiriert werden können, hat das Hotel einen Zweck und eine Mission, die über das Übernachtungsangebot hinausgeht. Damit wird das alltägliche Business zum Changemaker unserer Gesellschaft und der Hotelier zum Gamechanger in sozialen, ökonomischen und ökologischen Belangen. Die Gesundheit der Gäste, die Wirtschaftlichkeit des Unternehmens (CO_2-Steuer und faire Handelsbeziehungen) und der Umweltschutz nehmen einen wichtigen Platz ein.

Die Hospitality-Branche bahnt den Weg in eine grünere Zukunft

Eine grandiose und verantwortungsvolle Aufgabe! Vernetzt mit anderen Akteuren, die dieselbe Perspektive teilen, wird diese Vision größer. Bio-Siegel und fairer Handel werden zur Selbstverständlichkeit, regionale Bezugsquellen und Dienstleistungen aus dem Umfeld (Schreiner, Handwerker, Zulieferer) zum neuen Status quo.

Neben dem Ausbau der Zimmer und dem Inventar, dem Raumluftklima und dem Umgang mit Wellnessangeboten gehören die Entscheidungen, die täglich in der Küche gefällt werden, zu den wichtigsten überhaupt. Zusätzlich zum Nachhaltigkeitsmanager, der die Prozesse im Haus koordiniert, lohnt es sich, externe Berater an Bord zu holen, die in den jeweiligen Fachgebieten Experten sind und mit Ideen und Strategien unterstützend zur Seite stehen. Das ebnet den Weg und erspart zahlreiche Try-and-Error-Versuche. Hier zu investieren ist für den Hotelier unterm Strich wahrscheinlich günstiger, als auf der Suche nach Lösungen möglicherweise an verkehrter Stelle Geld auszugeben und später Fehler auszubügeln. Mit GreenSign als Zertifizierungspartner hat der Hotelier ein Netzwerk an Experten zur Hand, die in den diversen Feldern nachhaltiger Strategien und Lösungsmöglichkeiten entsprechend aufgestellt sind (GreenSign Zertifizierung InfraCert GmbH 2021).

Der am wenigsten diskutierte Punkt und die größte Hemmschwelle stellt mit Sicherheit das Thema der Finanzierung dar. „Was kommen da für Kosten auf mich zu?" – ein absolut gerechtfertigter und nachvollziehbarer Einwand, der unbestritten maßgeblich mitbestimmt, wie man sich dem Projekt widmet. Ohne hier in jedem der relevanten Bereiche ins Detail zu gehen, kann vorab jedoch folgende Feststellung gemacht werden: Hochwertige Baustoffe, nachhaltige Strategien und enkelfähige Konzepte sind in der Regel zu Beginn teurer als minderwertige Lösungen. Sobald der Kreislauf zu Ende gedacht ist und mit einberechnet wird, welche Kosten bei günstigen Materialien außerdem entstehen und eigentlich mit einberechnet werden müssten, wird der Mehrwert, hochwertig und gewissenhaft zu investieren, unmittelbar klarer.

Diese neue Herangehensweise darf auch den Kunden und Gästen offengelegt werden. Transparenz ist, wie bereits erwähnt, eines der wichtigsten Kriterien, welches die Konsumenten der Zukunft anwenden, wenn sie Kaufentscheidungen treffen. Transparenz schafft Vertrauen. Mit Transparenz werden alle zu Mitstreitern und in die Verantwortung genommen. Und nicht zuletzt zahlt es sich aus. Denn die CO_2-Steuer kommt und das Lieferkettengesetz nimmt uns zukünftig auch in die Pflicht. Wir werden als Unternehmer für den gesamten Prozess der Wertschöpfung Verantwortung mittragen. In diese Mitverantwortung können wir unsere Gäste inkludieren. Denn auch sie sind ein Teil des Ganzen.

5 360°-Management im Tourismus: Partnerperspektive

Die Partnerperspektive soll aufzeigen, wie sich Unternehmen durch geeignete Partner besser und ganzheitlicher nachhaltig aufstellen können. Dabei reichen die Partner von Zertifizierungsunternehmen und nachhaltigen Zulieferern bis zu nachhaltigen Technologiepartnern.

Die in diesem Kapitel beschriebenen Zertifizierungen und Siegel zeigen nur einen kleinen Ausschnitt. Selbst für branchenspezifische Zertifizierungen ist das Angebot so groß, dass es für die Akteure schwierig ist, das richtige Zertifikat auszuwählen.

Für eine fundierte Entscheidungsfindung sollten sich die Hoteliers, Gastronomen oder touristische Anbieter folgende Fragen beantworten:

[?]
- Sind in der Zertifizierung alle drei Säulen der Nachhaltigkeit enthalten?
- Wird das Zertifikat nur mit einer externen Begutachtung oder Auditierung vergeben?
- Ist das Zertifikat international anerkannt?
- Ist das Zertifikat für meine Branche relevant?
- Gibt es Branchenkollegen, die ich nach einem Feedback fragen kann?
- Wo ist das Zertifikat vertreten (OTA, Firmenausschreibungen, DEHOGA etc.)?

Zertifizierungen bilden häufig die Grundlage bei der Partnerwahl, geben Sicherheit und helfen bei der Entscheidungsfindung, daher werden sie nachfolgend als Erstes thematisiert.

5.1 Zertifizierungen

Zur Partnerperspektive gehören Zertifizierungsunternehmen mit dem Schwerpunkt auf ökologisch, sozial und ökonomisch nachhaltigem Handeln und Arbeiten. Im Bereich des nachhaltigen Tourismus haben sich eine Vielzahl an Standards und Organisationen am Markt etabliert. Aufgrund des veränderten Konsumverhaltens und des steigenden Bewusstseins von Nachhaltigkeit in der Gesellschaft ist zu erwarten, dass Zertifizierungsunternehmen im Tourismus eine zunehmend große Rolle spielen werden.

Das Ziel von Nachhaltigkeitszertifizierungen ist es unter anderem, nachhaltige Kaufentscheidungen zu ermöglichen und Anreize für umweltfreundliche Produkte und Servicedienstleistungen zu schaffen. Die Kennzeichnung externer Anbieter unterstützt Verbraucher bei der Identifizierung vertrauenswürdiger, umwelt- und sozialverträglicher und gesundheitsbewusster Angebote. Für grüne Siegel sind daher insbesondere die Werte Transparenz, Greifbarkeit und Ehrlichkeit unverzichtbar.

https://doi.org/10.1515/9783110748505-005

Wissenschaftlich basierte, extern anerkannte Nachhaltigkeitszertifikate versprechen eine zukunftsfähige Daseinsberechtigung und wirken dem Phänomen des sogenannten Greenwashings (siehe Kapitel 3.3) proaktiv entgegen.

Im Tourismus sind Nachhaltigkeitszertifizierungen längst angekommen, und insbesondere in der Hotellerie haben Zertifizierungen einen zunehmend hohen Stellenwert. Nachhaltig zertifizierte Betriebe sind in der Lage, ihre Prozesse ressourcenschonend und verbrauchssparend zu optimieren und damit ihre Leistungs- und Wettbewerbsfähigkeit zu steigern. Hierbei helfen Zertifizierungen sowie branchenspezifische Umweltmanagementprogramme, um einen schnellstmöglichen Erfolg in der Umsetzung von Nachhaltigkeitsmaßnahmen zu erfahren. Weiterhin haben branchenspezifische Zertifizierungen den Vorteil, den Endverbraucher für Nachhaltigkeit sensibilisieren zu können und deren Sichtbarkeit zu erhöhen.

Das Global Sustainable Tourism Council (GSTC) ist eine gemeinnützige Organisation, die im Jahr 2010 gegründet wurde. Die Organisation hat grundlegende Standards für weltweit nachhaltigen Tourismus festgelegt. Der GSTC agiert als Akkreditierungssystem und als eigene Zertifizierungsstelle. Einige der folgend beschriebenen Zertifizierungen sind beim GSTC unter Einhaltung der vorgegebenen Standards akkreditiert (Global Sustainable Tourism Council 2021).In diesem Kapitel werden internationale und nationale Zertifizierungen vorgestellt. Dabei ist zu erwähnen, dass diese wertfrei und in alphabetischer Reihenfolge dargestellt werden.

Branchenübergreifende Zertifizierungen

EMAS ist ein europäisches Gütesiegel und das Umweltmanagementsystem der Europäischen Union. Es steht für „Eco-Management and Audit-Scheme" und deckt alle Anforderungen der ISO 14001 ab. EMAS wurde im Jahr 1993 entwickelt und richtet sich an 99 Kategorien von Betrieben jeder Art und Größe.
EMAS behandelt die folgenden Themen anhand einer Umweltbetriebsprüfung:
– Klima & Energie
– Nachhaltigkeit
– Ressourcenschonung
– Biodiversität
– Lieferkette

Deutschlandweit sind an die 80 Beherbergungsbetriebe EMAS-zertifiziert. 3.862 mit dem EMAS ausgezeichnete Organisationen gibt es weltweit (EMAS 2021).

Das **EU Ecolabel** ist das in allen Mitgliedsstaaten der EU anerkannte Umweltzeichen. Es wurde im Jahr 1992 von der Europäischen Kommission eingeführt und verfolgt das Ziel, Verbrauchern eine bessere Auswahl von umweltfreundlichen Produkten zu ermöglichen.

Die Zielgruppe ist vielfältig und reicht von Reinigungsprodukten über Getränke bis hin zu Arzneimitteln. Mit 67 Kriterien – 22 davon obligatorisch und 45 fakultativ – deckt das EU Ecolabel in Beherbergungsbetrieben die folgenden Bereiche ab:

- Energie
- Wasser
- Abfall, Abwasser
- Allgemeine Verwaltung/Management
- Weitere Kriterien

Die Nachweisführung erfolgt mithilfe einer Eingabe ins Antragsprogramm, einem Vor-Ort-Audit sowie einem Audit-Protokoll. Der Fokus des EU Ecolabels liegt auf ökologischen Aspekten; soziokulturelle und ökonomische Kriterien sind kaum enthalten.

70 Hotels europaweit sind mit dem EU Ecolabel zertifiziert; in Deutschland ist das Siegel auf dem Hotelmarkt nicht vertreten (EU Ecolabel 2021).

Die **DIN ISO 14001** wurde 1996 von der Internationalen Organisation für Normung veröffentlicht. Sie ist auf jede Art von Branche und Unternehmensgröße anwendbar.

In der ISO 14001 werden Umweltkriterien für die Zertifizierung festgelegt und können branchenübergreifend für Unternehmen und Organisationen eingesetzt werden. Das Umweltprogramm kann für die Verbesserung und Überprüfung der einzelnen Maßnahmen eingesetzt werden.

Umweltauswirkungen können mit der ISO 14001 gemessen und dargestellt werden, so dass die Maßnahmen und Ergebnisse der Nachhaltigkeit für alle Beteiligten einsehbar und nachvollziehbar sind. Es gibt weltweit mehr als 300.000 nach ISO 14001 zertifizierte Betriebe in 171 Ländern (ISO 2021).

Die **DIN ISO 26000** ist eine international anwendbare Zertifizierung und dient als Leitfaden für die Umsetzung der Corporate Social Responsibility (CSR) für Unternehmen.

Die ISO 26000 umfasst sieben Kernthemen gesellschaftlicher Verantwortung. Mit diesen sieben Kernbereichen kann ein Unternehmen sein CSR-Konzept erstellen und verbessern:

- Organisationsführung
- Menschenrechte
- Arbeitspraktiken
- Umwelt
- Faire Betriebs- und Geschäftspraktiken
- Konsumentenanliegen
- Einbindung und Entwicklung der Gemeinschaft

Diese Bereiche sind zusammenhängend zu betrachten und hängen auch inhaltlich zusammen oder ergänzen sich gegenseitig.

Der erste Punkt „Organisationsführung" ist dabei elementar wichtig, da hier die formelle und informelle Führung und Umsetzung der CSR-Maßnahmen möglich gemacht und die Inhalte miteinander verbunden werden (b-wise GmbH 2021).

Die **WIN-Charta** steht für „Wirtschaftsinitiative Nachhaltigkeit" und wurde im Jahr 2010 im Rahmen der Nachhaltigkeitsstrategie des Bundeslandes Baden-Württemberg gegründet. Sie stellt ein Managementsystem für nachhaltiges Wirtschaften kleiner und mittelständischer Unternehmen (KMU) dar, welche sich zu ökologischer, sozialer und ökonomischer Verantwortung bekennen.

Über 290 Unternehmen tragen inzwischen das Qualitätssiegel und bekennen sich damit zu den 12 Leitsätzen der WIN-Charta, zu welchen die Energie und Emissionen, die nachhaltigen Innovationen, die Finanzentscheidungen und der regionale Mehrwert zählen. Außerdem inkludiert die Charta Aspekte zum Klimaschutz und orientiert sich an der verpflichtenden CSR-Richtlinie für Unternehmen ab 500 Mitarbeitenden (Ministerium für Umwelt, Klima und Energiewirtschaft Baden-Württemberg o. J.). Ziel der WIN-Charta ist es, gut umsetzbare Sichtbarkeit für unternehmerische Verantwortung zu schaffen. Die Teilnahme an der WIN-Charta ist kostenlos, und alle Berichte sind online veröffentlicht (Ministerium für Umwelt, Klima und Energiewirtschaft Baden-Württemberg 2021).

Branchenspezifische touristische Zertifizierungen

Das **Biosphere**-Siegel wird vom Responsible Tourism Institute vergeben. Dieses wurde nach der Weltkonferenz für nachhaltigen Tourismus im Jahr 1995 mit Unterstützung der UN, WTO (Welttourismusorganisation), UNEP (Umweltprogramm der Vereinten Nationen) und der EU gegründet.

Biosphere richtet sich an Hotels, Reiseveranstalter, Tourismusstätten, Campinganlagen, gastronomische Betriebe, Kongresszentren und weitere Tourismusdienstleister. Das Nachhaltigkeitszertifikat ist überwiegend auf dem spanischen Markt aktiv und schließt die 17 Ziele für nachhaltige Entwicklung (SDGs) in seinen Kriterien mit ein.

Neben verpflichtenden Kriterien und einem unabhängigen Audit sieht Biosphere eine kontinuierliche Verbesserung der Nachhaltigkeitsleistung in den Kernbereichen Klimawandel, Umwelt, Soziales, Ökonomie und Kultur vor.

Derzeit führen 205 Hotelbetriebe in Spanien sowie über 3.000 Betriebe in weiteren 31 Ländern das Biosphere-Siegel für Nachhaltigkeit (Biosphere Responsible Tourism Inc. 2021).

EarthCheck wurde auf Initiative der australischen Regierung im Jahr 1987 als „Scientific and strategic research organisation" speziell für den Tourismus gegründet. Es richtet sich an Hotels, Destinationen, Restaurants und Attraktionen.

EarthCheck ist GSTC- akkreditiert und betrachtet in seiner Zertifizierung die folgenden Kernbereiche:
- Treibhausgas-Emissionen
- Energieeffizienz, -einsparung und -management
- Verwaltung von Süßwasserressourcen
- Ökosystemerhaltung und -management
- Handhabung von kulturellen und sozialen Angelegenheiten
- Flächennutzungsplanung und Flächennutzungsmanagement
- Schutz der Luftqualität
- Abwasserwirtschaft
- Abfallmanagement

Die Zertifizierung mit EarthCheck fängt an mit einem Benchmarking, gefolgt von einem Audit vor Ort. Hier wird zwischen den „EarthCheck Benchmarked Bronze" und der „EarthCheck Silver"-Zertifizierung unterschieden (EarthCheck 2021).

Eine weitere Nachhaltigkeitszertifizierung für Destinationen ist **Green Destinations**. Dieses Label ist weltweit führend unter den Auszeichnungen für nachhaltiges Engagement von Destinationen und außerdem eines von nur drei durch den GSTC anerkannten Siegeln. Green Destinations ist aktuell in 120 Regionen aus 60 Ländern vertreten (Green Destinations DACH Region 2021b).

Bei den Zertifizierungen gibt es verschiedene Abstufungen. Die Green Destinations Siegel und Quality Coast Awards werden in Bronze, Silber und Gold vergeben. Der Kriterienkatalog beinhaltet sechs übergeordnete Hauptthemen mit insgesamt 100 Kriterien: 1. Destinationsmanagement, 2. Natur, Tiere und Landschaft, 3. Umwelt und Klima, 4. Kultur und Tradition, 5. Soziales Wohlbefinden, 6. Wirtschaft und Gastronomie (Green Destinations DACH Region 2021a).

Green Destinations trägt seit dem Jahr 2014 außerdem den Global Top 100-Wettbewerb aus, bei welchem die Destinationen mit der beeindruckendsten „Good Sustainable Practice Story" auf der ITB in Berlin geehrt werden (Green Destinations DACH Region 2021c).

Green Globe wurde im Jahr 1993 vom World Travel & Tourism Council ins Leben gerufen. Die Nachhaltigkeitszertifizierung richtet sich an Hotels, Veranstaltungszentren, Caterer, Zulieferer, Urlaubsresorts und Konferenzzentren.

Die Kriterien wurden auf Basis der ISO 14001 und der ISO 9001 entwickelt und orientieren sich an der Agenda 21, dem GSTC sowie der Welttourismusorganisation UNWTO.

Bei der Analyse des nachhaltigen Leistungsstands fragt Green Globe unter anderem den Umgang mit Energie, Abfall und Wasser sowie die Kommunikation im sozialen und gesellschaftlichen Umfeld ab. Dabei machen Umweltaspekte etwa 70 Prozent der Zertifizierung aus und soziokulturelle Aspekte ungefähr 30 Prozent.

Um die Green-Globe-Zertifizierung aufrechtzuerhalten, muss eine jährliche Leistungsverbesserung erzielt werden. Diese wird von einem unabhängigen Auditor vor Ort überprüft. Betriebe erhalten nach fünf Jahren der Green-Globe-Zertifizierung den „Gold-Mitglied"-Status, und nach zehn Jahren werden sie zum „Platinum-Mitglied".

In Deutschland sind derzeit zehn Hotels und zehn Veranstaltungszentren mit dem Green Globe zertifiziert (Greenglobe 2021).

Das Gütesiegel **Green Key** wurde im Jahr 1994 von der Non-Profit-Organisation Foundation for Environmental Education (FEE) in Dänemark gegründet. In Deutschland ist die Deutsche Gesellschaft für Umwelterziehung (DGU) für die Verleihung des Siegels zuständig.

Green Key zertifiziert Hotels, Ferienparks, Restaurants und weitere touristische Unterkünfte und Attraktionen auf Nachhaltigkeit.

Der Green-Key-Standard ist GSTC-geprüft und orientiert sich aktiv an der Einhaltung der 17 Ziele der UN. Er ist außerdem unterteilt in optionale und verpflichtende Kriterien, wobei die Anforderungen bei den verpflichtenden Kriterien mit jedem Zertifizierungsjahr zunehmen.

Dabei fokussiert sich der Kriterienkatalog von Green Key auf die umweltbezogenen Aspekte und fragt die folgenden Themen ab:
- Umweltmanagement
- Beteiligung von Mitarbeitenden
- Gästeinformationen
- Wasser
- Abfall- und Energieeinsparung
- Wasch- und Reinigungsmittel
- Speisen und Getränke
- Raumklima
- Parks und Parkplätze
- Umweltaktivitäten
- Verwaltung

Insgesamt sind 3.200 Betriebe in 65 Ländern weltweit Green-Key-zertifiziert (Green-Key 2021).

Das **GreenSign**-Nachhaltigkeitszertifikat wurde im Jahr 2015 von GreenSign Institut GmbH entwickelt. Basierend auf einer wissenschaftlichen Arbeit in Kooperation mit der Fachhochschule Heilbronn schließt es internationale Standards mit ein und berücksichtigt dabei die drei Säulen der Nachhaltigkeit Ökologie, Soziales und Ökonomie. Der praxisnahe und hotelspezifische Kriterienkatalog beruht zu Teilen auf der ISO 14001, ISO 9001, ISO 26000 und ist vom GSTC anerkannt.

GreenSign fungiert als integratives Umweltmanagementsystem mit dem Fokus auf der Implementierung und Weiterentwicklung nachhaltiger Maßnahmen. Dafür werden die folgenden Kernbereiche der Nachhaltigkeit abgefragt und überprüft:

- Management und Kommunikation
- Umwelt (Energie, Wasser und Abfall)
- Biodiversität und kulturelles Erbe
- Einkauf
- Regionalität und Mobilität
- Qualitätsmanagement und nachhaltige Entwicklung
- Soziale Verantwortung
- Wirtschaftliche Verantwortung

Nach einer Selbstevaluierung des Hotels werden die Nachhaltigkeitsleistungen vor Ort während eines unabhängigen Audits kontrolliert. Der Stand des im Hotel umgesetzten nachhaltigen Engagements wird in einem Levelsystem von 1 bis 5 ausgezeichnet. Dabei steht Level 1 für die Erfüllung erster nachhaltiger Ansätze, während Level 5 ein über alle Hotelebenen implementiertes und kommuniziertes Nachhaltigkeitskonzept mit Vorbildcharakter aufzeigt (InfraCert 2021).

Die Organisation „Klimapatenschaft Tourismus GmbH" bietet touristischen Betrieben und Destinationen die Möglichkeit, das von ihnen verursachte CO_2 durch die Unterstützung von Klimaschutzprojekten zu kompensieren. Weiterhin hilft sie bei der Entwicklung einer nachhaltigen Tourismusstrategie, führt Nachhaltigkeitsanalysen in Destinationen durch und berechnet den CO_2-Fußabdruck für die An- und Abreise der Gäste. Bei Letzterem werden die Emissionen pro Kopf anhand der Länge der Anreisestrecke, Personenanzahl sowie dem gewählten Verkehrsträger ermittelt und anschließend ein entsprechender Preis für die Neutralisierung dieser Werte festgelegt. Führt die Region dies erfolgreich durch, erhält sie das Siegel „Klimaneutrale An- und Abreise".

Weiterhin können interessierte Destinationen ein Seminar zur Einführung ins Nachhaltigkeitsmanagement buchen, sich zum Thema beraten lassen oder ganze Nachhaltigkeitskonzepte sowie Mitarbeiterschulungen in Auftrag geben. Zusätzlich bietet **Klimapatenschaft** eine Einkaufsgemeinschaft, deren Mitglieder zu vergünstigten Konditionen nachhaltig zertifizierte Produkte erwerben können. Außerdem unterstützt die Organisation bei der Umsetzung von nachhaltigen Bauprojekten und Einrichtungsgestaltungen (Klimapatenschaft Tourismus GmbH 2021).

Das wohl bekannteste Nachhaltigkeitssiegel für Destinationen in Deutschland ist **TourCert**, welches auch international anerkannt ist. Der Kriterienkatalog von TourCert orientiert sich an den Standards von ISO und EMAS (Umweltbundesamt 2021d). Betrachtet werden die vier Dimensionen Management, Ökonomie, Umwelt und Soziales sowie insgesamt acht Handlungsfelder. In der Dimension Management sind dies „Strategie und Planung" und „Nachhaltige Angebotsgestaltung". Der Bereich Ökonomie umfasst „Ökonomische Sicherung" sowie „Lokalen Wohlstand". In der dritten Dimension Umwelt gibt es die Handlungsfelder „Schutz von Natur und Landschaft" und „Ressourcenmanagement". Der letzte Bereich Soziales umfasst „Kultur und Identität" sowie „Gemeinwohl und Lebensqualität". Allgemein gibt es

mehrere Pflichtkriterien, welche Destinationen, die eine TourCert-Zertifizierung anstreben, unbedingt erfüllen müssen. Für die einzelnen Punkte im Katalog wurden
zudem entsprechende Verantwortliche für die Umsetzung der selbigen ernannt.
Diese Verantwortlichen sind die DMO, der Nachhaltigkeitsrat sowie Partnerbetriebe.
Ebenfalls wird deutlich, welchen Zielen des GSTC die Erfüllung der jeweiligen Kriterien entspricht (TourCert gGmbH 2018).

Als Pilotprojekt entwickelte TourCert in Kooperation mit dem baden-württem-
bergischen Ministerium der Justiz und für Migration zudem die Auszeichnung
„Nachhaltiges Reiseziel". Für dieses Siegel erfolgt eine Gesamtbetrachtung der Destination und aller sich in ihr befindlichen touristischen Leistungsträger (TourCert
gGmbH 2021).

Die britischen und niederländischen Tourismusverbände ABTA und ANVR haben
Travelife im Jahr 2007 gegründet. Das Projekt wurde von der ECEAT unterstützt,
einer gemeinnützigen niederländischen Organisation für nachhaltigen Tourismus,
und auch die Lund-Universität in Schweden und die Leeds-Metropolitan-Universität
in Großbritannien haben bei der Entwicklung mitgewirkt.

Die Travelife-Zertifizierung wurde im Rahmen des EU LIFE-Umweltprogramms
entwickelt und basiert auf dem UNEP-Konzept für nachhaltiges Management der
Tour Operator Initiative (TOI) für Nachhaltige Entwicklung im Tourismus.

Das EU LIFE-Umweltprogramm umfasst die Förderprogramme der Europäischen Union. Das UNEP-Konzept (United Nations Enviroment Programm – Umweltprogramm der Vereinten Nationen) wurde auf der Grundlage eines Beschlusses der
ersten Weltumweltkonferenz 1972 in Stockholm entwickelt.

Tavelife richtet sich an Reiseveranstalter und Reiseverbände sowie an Hotels
und Unterkünfte. Das Bewertungskonzept verläuft nach einem Drei-Stufen-System;
Travelife-Einsteigerstufe, Travelife-Partnerstufe und Travelife Certified. Die eigentli-
che Zertifizierung ist in Bronze, Silber und Gold zu erreichen. Hierfür werden über
200 Kriterien abgefragt, welche unter anderem auf der ISO 14001 und der ISO 26000
basieren.

Folgende Themen deckt die Travelife-Zertifizierung mit ab:
– Energieeffizienz
– Wasser- und Abfallmanagement
– CO_2-Emissionen
– Arbeitsbedingungen
– Menschenrechte
– Beziehung zu Einheimischen
– Erhaltung des Ökosystems
– Auswirkungen auf die Kultur, Gesundheit und Sicherheit
– Faire Geschäftspraktiken
– Verbraucherschutz
– Tierschutz

Mehr als 500 Unterkünfte weltweit haben bis heute das Travelife-Zertifikat erhalten (Travelife o. J.).

Einen guten Überblick über bereits bestehende Nachhaltigkeitsstandards und Kriteriensysteme liefert auch der Deutsche Tourismusverband (DTV) mit dem „Praxisleitfaden für Nachhaltigkeit im Deutschlandtourismus" 2016. Dieser beruht auf den Anforderungen von TourCert, GSTC, ETIS sowie dem Deutschen Nachhaltigkeitskodex. Neben den Kriterien, welche im Groben dem TourCert-Katalog entsprechen, bietet der Praxisleitfaden zudem aufschlussreiches Hintergrundwissen zur Aufstellung als nachhaltige Destination. Zur Messbarmachung der verschiedenen Kriterien erfolgt die Angabe von weiteren Indikatoren und zudem eine Einordnung auf Destinations-, Kooperations- und DMO-Ebene. Weiterhin sind die Systeme, welchen die Kriterien entnommen wurden, durch Symbole deutlich gemacht. Der Praxisleitfaden ist zwar kein Nachhaltigkeitszertifikat, jedoch kann er erste Anhaltspunkte und Denkanstöße für die nachhaltige Destinationsentwicklung bieten (Deutscher Tourismusverband e.V. 2016).

Produktspezifische Zertifizierungen

Das **Fairtrade**-Siegel hat sich auf die Säule der sozialen Verantwortung spezialisiert und steht für fairen Handel entlang der gesamten Wertschöpfungskette. Bis heute haben sich über 1.800 Hersteller in 72 Ländern mit insgesamt mehr als 30.000 Produkten Fairtrade-zertifizieren lassen. Bei Fairtrade stehen die Bauern und Arbeiter im Mittelpunkt und profitieren unter dem Zertifizierungssystem von menschenwürdigen Arbeitsbedingungen, fairen Löhnen, dem Verbot von Kinder- und Zwangsarbeit sowie Diskriminierung (Fairtrade o. J.c).

Grundsätzlich unterscheiden sich die Fairtrade-Standards für Bauern, Arbeiter und Primärproduzenten von denen der Unternehmen, Hersteller und Einkäufer. Für jede dieser Kategorien werden spezifische Fairtrade-Kriterien abgefragt. Die zu zertifizierenden Produktgruppen schließen Kaffee, Tee, Honig, Nüsse, Getreide, Rohrzucker sowie Obst und Gemüse mit ein. Alle Normen schließen wirtschaftliche, soziale und Umweltkriterien mit ein und werden in vierteljährlichen Sitzungen vom Fairtrade International Standards Committee bestimmt (Fairtrade o. J.a, Fairtrade o. J.b).

GOTS steht für den Global Organic Textile Standard. Nach der Intercot Conference 2002 in Düsseldorf entstand eine Arbeitsgruppe aus insgesamt vier Organisationen der Textilindustrie und ökologischen Organisationen: dem Internationalen Verband der Naturtextilwirtschaft (IVN), der Japan Organic Cotton Association (JOCA), der Organic Trade Association (OTA) und der Soil Assocation. Nach einer ausgiebigen Entwicklungszeit wurde im Jahr 2006 das GOTS-Zertifizierungssystem eingeführt. Es hat sich zum führenden Standard für die Definition von weltweit anerkannten Anforderungen an Bio-Textilien etabliert und beleuchtet hierfür die gesamte Wertschöpfungskette: von der Ernte der Rohstoffe über die Herstellung der Textilien bis hin zu ihrer Kennzeichnung mit dem GOTS-Siegel. GOTS wird in seiner Arbeit von einem vierköpfigen Beirat, einem Normenausschuss und einem umfangreichen Rat der Zertifizierer unterstützt (Global Standard gGmbH 2021a, Global Standard gGmbH 2021b).

Der **Grüne Knopf** ist ein im September 2019 ins Leben gerufenes staatliches Textilsiegel. Es umfasst 46 zu erfüllende Sozial- und Umweltkriterien – 26 davon auf Produktebene und 20 auf Unternehmensebene. Diese wurden vom Siegelinhaber, dem Bundesministerium für wirtschaftliche Zusammenarbeit und Entwicklung, festgelegt. Genauer betrachtet werden bei der Zertifizierung das Bleichen und Färben sowie das Zuschneiden und Nähen. Künftig sollen auch der Material- und Fasereinsatz sowie das Weben und Spinnen mit einbezogen werden. Unabhängige Prüfer kontrollieren die Einhaltung der 46 Kriterien und werden dabei von der Deutschen Akkreditierungsstelle überwacht (Deutsche Gesellschaft für internationale Zusammenarbeit GmbH o. J.a).

Mit dem Grünen Knopf zertifizierte Textilien sind deutlich am Symbol des Knopfes erkennbar. Zu ihnen zählen Bekleidung, Rucksäcke und Bettwäsche. Die Produkte des Grünen Knopfes sind in zahlreichen Unternehmen geführt wie beispielsweise Aldi, Bonprix, Kaufland, Lidl, Esprit und Jack Wolfskin (Deutsche Gesellschaft für internationale Zusammenarbeit GmbH o. J.b).

5.2 Lieferanten

Die Auswahl nachhaltiger Produkte für den Hoteleinkauf war Jahrzehnte lang sehr limitiert. Durch eine veränderte Nachfrage und bewusstere Konsumentenentscheidungen erkennen immer mehr Hersteller und Lieferanten das Bedürfnis für umwelt- und klimafreundliche Angebote und erweitern ihr Repertoire. Zusätzlich entstehen zunehmend junge Unternehmen, welche ihre Betriebsabläufe und ihr Produktportfolio gänzlich auf Nachhaltigkeit ausgelegt haben. Für eine nachhaltige Unternehmensführung im Tourismus ist der Bezug von Produkten und Dienstleistungen über qualifizierte Lieferpartner essenziell wichtig. Qualität kann sich in puncto Nachhaltigkeit unter anderem durch Verantwortung, Regionalität, Klimafreundlichkeit und Transparenz widerspiegeln und sollte bei der Auswahl von Dienstleistern stets berücksichtigt und über alle Produkt- und Prozessebenen umgesetzt werden.

Lieferkettensorgfaltspflichtengesetz

Durch den Fortschritt der Globalisierung machen globale Wertschöpfungsketten heute 80 Prozent des Welthandels aus (Bundesministerium für wirtschaftliche Zusammenarbeit und Entwicklung 2021a). Die Einhaltung grundlegender Menschenrechtsstandards entlang globaler Lieferketten wird bisher nicht gewährleistet. So arbeiten Millionen von Menschen weltweit, darunter auch 79 Million Kinder, unter ausbeuterischen Bedingungen und sind der Kinder- und Zwangsarbeit schutzlos ausgesetzt. Um diese durch den globalen Handel hervorgerufenen Missstände künftig zu verhindern, wurde am 3. März 2021 erstmals der Gesetzentwurf für das Lieferkettensorgfaltspflichtengesetz auf den Weg gebracht. Dieses tritt ab Januar 2023 in Kraft und soll sicherstellen, dass Unternehmen entlang globaler Strukturen ihre Sorgfaltspflichten erfüllen (Bundesministerium für wirtschaftliche Zusammenarbeit und Entwicklung 2021b).

Der Begriff Lieferkette erfasst alle Schritte im In- und Ausland, die zur Herstellung von Produkten oder zur Erbringung von Dienstleistungen erforderlich sind. Von der Gewinnung der Rohstoffe bis zu der Lieferung an den Kunden ist die Lieferkette zu betrachten (Deloitte 2021).

> **i** *„Generell nehmen wir wahr, dass sich mit der Diskussion über die Einführung des deutschen Lieferkettengesetzes auch die Aufmerksamkeit für nachhaltige Textilien erhöht." (Dibella 2021)*

Es wird unterschieden in unmittelbare und mittelbare Zulieferer, die beide von dem Gesetz betroffen sind. Unmittelbare Zulieferer sind direkte Partner eines Vertrages, die für die Lieferung von Waren oder die Erbringung von Dienstleistungen notwendig sind. Mittelbare Zulieferer sind alle Zulieferer, mit denen das Unternehmen infolge seiner Vertragsbeziehungen, seiner Geschäftstätigkeit, seiner Produkte oder Dienstleistungen trotz fehlender direkter Vertragsbeziehungen verbunden ist (z. B. Zulieferer der Automobilindustrie für das hoteleigene Elektroauto).

Nach dem Lieferkettensorgfaltspflichtengesetz sollen Maßnahmen im Unternehmen ergriffen werden, um Menschenrechts- und Umweltrechtsverletzungen zu vermeiden. Ein zentrales Erfordernis des Gesetzes ist die Durchführung einer Risikoanalyse als notwendige Voraussetzung der Implementierung eines angemessenen und wirksamen Risikomanagementsystems mit dem Ziel, menschenrechtliche und umweltbezogene Risiken sowie die Verletzung geschützter Rechtspositionen entlang ihrer Lieferketten zu identifizieren, zu verhindern, zu beenden oder zumindest ihr Ausmaß zu minimieren.

Das kommende Gesetz gibt den Unternehmen Verfahrensschritte vor, die aufeinander aufbauen und sich in einem wiederholenden Kreislauf aufeinander beziehen. Die Geschäftsleitung im Unternehmen muss klare Zuständigkeiten zur Erfüllung der Überwachung festlegen. Idealerweise wird das von der Geschäftsführung, dem Vorstand oder dem Einkauf überwacht (Bundesanzeiger Verlag 2021).

Ab 2023 gilt das Gesetz zunächst für Unternehmen mit mehr als 3.000 Mitarbeitenden, ab 2024 für Unternehmen mit mehr als 1.000 Mitarbeitenden (Bundesamt für Wirtschaft und Ausfuhrkontrolle 2021a). Bei der Auswahl der Lieferanten ist somit nicht nur auf die gute Qualität der Produkte zu achten, sondern auch auf die

Art und Weise, wie Güter erzeugt werden. Auch wenn das Gesetz aufgrund seiner derzeitigen Auslegung nur für sehr große Betriebe gilt, sollten auch touristische Akteure sich bewusst machen, von wem sie ihre Waren beziehen und wie diese hergestellt werden.

Für eine ganzheitliche und authentische nachhaltige Ausrichtung braucht es die richtigen Lieferanten und Kooperationspartner in diversen Geschäftsbereichen – intern sowie extern, im Operativen sowie im Administrativen.

Die globale Covid-19-Krise hat dafür gesorgt, dass das gesamtgesellschaftliche Bedürfnis nach Sicherheit, Gesundheit und Nachhaltigkeit in den letzten Monaten stark in den Fokus gerückt ist. In einer Studie im Auftrag von Interos hat das Marktforschungsinstitut Vanson Bourne im Jahr 2021 über 900 hochrangige Entscheider aus den USA und Europa befragt. Über 94 Prozent gaben an, dass es durch die Pandemie zu Lieferengpässen kam. Die Lieferschwierigkeiten führten nicht nur zu Umsatzeinbußen, sondern auch zu einem großen Imageschaden, meinten 83 Prozent der Befragten (ABC New Media AG 2021). Gerade in der aktuellen Situation 2022 ist ein besonderer Fokus auf die Lieferanten und Partner zu legen, die liefern können und gleichzeitig nachhaltig aufgestellt sind.

Branchenübergreifende Lieferanten und Partner

Zunächst werden branchenübergreifende Partner vorgestellt, die jedes Unternehmen braucht. Auch hier kann auf eine nachhaltige Auswahl Wert gelegt werden, auch wenn das auf den ersten Blick nicht immer gleich erkennbar ist. Stromanbieter, Versicherungsunternehmen, Krankenkassen sind mittlerweile auch schon nachhaltig aufgestellt und auch bei der Suchmaschinensuche sowie dem Webhosting gibt es nachhaltige Angebote.

Der Bezug nachhaltigen **Stroms**, auch bekannt als Ökostrom, Naturstrom oder Grünstrom, zeichnet sich durch die Nutzung umweltfreundlicher, erneuerbarer Energiequellen aus. Dazu zählen unter anderem die Bioenergie, die Solarenergie, die Wasserenergie und die Windenergie. Diese regenerativen Energiequellen stellen uns Menschen Strom und Energie nahezu unerschöpflich zur Verfügung, da sie sich im Vergleich zu fossilen Energiequellen wie Braunkohle oder Erdöl recht schnell erneuern. Somit ist der Bezug von Ökostrom eine wertvolle Maßnahme, um nachhaltiger zu agieren. Tatsächlich übersteigt die Nachfrage nach ökologischem Strom in Deutschland das vorhandene Angebot. Ein Grund hierfür ist die Komplexität im Ausbau erneuerbarer Energien hinsichtlich politischer Vorgaben und Genehmigungsverfahren. Des Weiteren gibt es auch im grünen Stromsektor Beschaffungswege, welche langfristig nicht als positiv betrachtet werden können. Die Nutzung von Biomasse ist hier das konkreteste Beispiel, da deren CO_2-Bilanz eher schlecht ausfällt. Auch die Stromgewinnung durch Wasserkraft ist langfristig kritisch zu betrachten. Hier werden

Lebensräume an Gewässern beeinflusst und auch die Verfügbarkeit der genutzten Wassermassen wird sich in den nächsten Jahren verändern (Maatsch 2021).

Durch die EEG-Umlage (auch Ökoumlage genannt) wird der Ausbau von Anlagen zur Stromerzeugung aus erneuerbaren Energien finanziert. Die EEG-Umlage wird als Bestandteil des Strompreises auf den Stromabnehmer umgelegt. Das zugrundeliegende Erneuerbare-Energien-Gesetz sieht vor, dass Stromerzeuger, die Ökostrom aus erneuerbaren Energiequellen ins Netz einspeisen, finanziell gefördert werden. Ab 2022 beträgt die EEG-Umlage 3,723 ct/kWh und sinkt somit um 43 Prozent zum Vorjahr (BMWI).

In Deutschland gibt es über 1.000 Ökostromanbieter und Tarife (Umweltbundesamt 2020a). Der Markt ist sehr unübersichtlich. Der Begriff Ökostrom ist in Deutschland nicht definiert, und die Stromanbieter dürfen ihren Stromtarif bereits Ökostrom nennen, wenn 50 Prozent Stromanteil aus erneuerbaren Energien kommen. Der Bundesverband für erneuerbare Energie (BEE) bündelt die Interessen von Verbänden, Organisationen und Unternehmen (wirkungsvoll GmbH o. J.). Zusätzlich werden in Deutschland fossile Energien noch immer mit 46 Milliarden Euro jährlich subventioniert (Fiedler/Mahler/Zerzawy 2017, S. 2).

Der wohl bekannteste Lieferant von Ökostrom auf dem deutschen Markt ist Green Planet Energy. Die eingetragene Genossenschaft mit Hauptsitz in Hamburg entstand vor über 20 Jahren aus einer Kampagne von Greenpeace e.V. und spezialisiert sich auf ökologische Strom- und Gasangebote für Privat- und Geschäftskunden. Seit 1999 setzt sich Green Planet Energy für die Schonung natürlicher Ressourcen ein und verspricht Ökostrom ohne Kohle und Atomkraft (Green Planet Energy eG 2022a, Green Planet Energy eG 2022b).

Auch in puncto **Versicherungen** ist Nachhaltigkeit möglich und wichtig. Denn Versicherungsgesellschaften können je nach Kapitalverwaltung eine nachhaltige Entwicklung fördern oder blockieren. Grüne Versicherungen wählen für ihre Geldanlagen Projekte mit ökologischem oder gesellschaftlichem Mehrwert aus wie zum Beispiel erneuerbare Energien oder fairer Handel (Utopia 2021a). Auf einer sogenannten Negativliste stehen Atomkraft, Tierversuche oder Waffenherstellung. In diesen Bereichen werden grüne und nachhaltige Versicherer nicht investieren. Den nachhaltigen Versicherungsanbietern ist Transparenz und Glaubwürdigkeit enorm wichtig, weshalb sie für eine und offene nachvollziehbare Kommunikation sorgen.

Laut einer Umfrage im Juli 2021 (Allensbach-Umfrage GDV 2021) kann sich fast jeder Zweite eine nachhaltige Versicherungspolice vorstellen. Die Bekanntheit nachhaltiger Policen ist jedoch noch nicht weit verbreitet. Im Jahr 2022 änderte sich die Versicherungsvertriebsrichtlinie, und seitdem müssen die Versicherungsberater ihre Kunden nach ihren ökologischen und sozialen Präferenzen sowie guter Unternehmensführung befragen. Auf dieser Grundlage dürfen dann die passenden Produkte angeboten werden (GDV 2021).

Einen guten Überblick nachhaltiger Versicherungsanbieter bietet die Website www.lifeverde.de. Hier werden die besten grünen Versicherungen dargestellt:

Bessergrün ist ein Marktplatz für grüne Versicherungen und arbeitet ausschließlich mit Partnern zusammen, die sich verpflichten, in nachhaltige Kapitalanlagen zu investieren. Die Partner werden geprüft und anhand eines Kriterienkatalogs zertifiziert.

Ver.de ist eine Genossenschaft und investiert in ökologische, ethische und nachhaltige Projekte und Unternehmen. Die Finanzströme des Versicherungswesens sollen in nachhaltige und umweltfreundliche Projekte gelenkt werden.

Greensurance bietet unter anderem Haftpflicht-, Rechtsschutz-, Hausrat-, Unfall- und Wohngebäudeversicherungen und hat sich im Firmenbereich mitunter auf Energieberatung, Facility Management und Modular-Schutz spezialisiert. Greensurance hat weiterhin eine Stiftung gegründet, mit der sie Klimaschutzprojekte wie Moorrenaturierungen oder Projekte der Nachhaltigkeitsbildung realisiert (Lifeverde o. J.).

Nachhaltige **Krankenkassen** engagieren sich besonders für naturheilkundliche und alternative Behandlungsmethoden und bieten oftmals kostenlose Seminare und Workshops für eine gesündere und nachhaltigere Lebensweise an. Auch hier spielt die grüne Kapitalverwaltung eine nicht unwesentliche Rolle ebenso wie die interne Nachhaltigkeit (fairer Umgang mit Mitarbeitenden, Veröffentlichen eines Nachhaltigkeitsberichts und mehr) (Markwart 2020). Auf der Internetseite Lifeverde gibt es auch eine Übersicht nachhaltiger Krankenkassen:

BKK ProVita ist eine gesetzliche Krankenkasse und richtet ihr unternehmerisches Handeln nachhaltig aus: Als Krankenkasse hat sich BKK ProVita zur Aufgabe gemacht, auf die Gesellschaft und das Gesundheitssystem einzuwirken und das gesamte System zu transformieren. Um einen nachhaltigen Lebensstil zu fördern, bietet die BKK ProVita ihren Mitgliedern viele Angebote zur Gesundheitsförderung in Beruf und Alltag an, die weit über die Versichertengemeinschaft hinausgeht. BKK ProVita kompensiert ihre CO_2-Emissionen und gilt daher seit vielen Jahren als klimaneutrale Krankenkasse (BKK ProVita o. J.).

BKK24 erfüllt die Kriterien als erste umweltzertifizierte gesetzliche Krankenkasse Deutschlands und verbindet Umweltschutz mit Gesundheitsschutz elementar. Dies zeichnet sich unter anderem durch die Gesundheitsinitiative „Länger besser leben" aus, in welcher sich die BKK24 auf Bewegung, Ernährung und Suchtmittelkonsum fokussiert hat. Darüber hinaus liegt der Hauptfokus der Krankenversicherung auf Präventionskursen und der Kostenübernahme von Akupunktur, homöopathischen, osteopathischen und chiropraktischen Behandlungen (BKK24 2022, Markwart 2020).

BKK VBU ist eine weitere nachhaltige Krankenkasse, für die Umwelt und Gesundheit untrennbar miteinander verbunden ist. Die Krankenversicherung übernimmt Verantwortung zum einen nach innen, indem die internen Prozesse so umweltverträglich wie möglich gestaltet sind. Gleichzeitig wird Verantwortung nach außen übernommen, indem den Kunden ein umfangreiches Präventions- und Leistungsportfolio geboten wird. BKK VBU ist auf den Bereich Umwelt spezialisiert und bietet seinen Versicherten an, selbst aktiv zu werden und sich zu beteiligen. Im Rahmen verschiedener sozialer Projekte, wie dem Social Day oder dem Familienherz e.V., können sich Mitarbeiter und Versicherte engagieren (BKK VBU o. J.).

Als weitere Beispiele für nachhaltige Krankenkassen sind noch pronova BKK, Concordia und Securvita nennenswert. Auch diese Krankenkassen stehen für Nachhaltigkeit und verbinden Umwelt und Ökologie mit Gesundheit. Securvita hat sogar einen Aktienfond namens GreenEffects entwickelt und bietet den Anlegern die Garantie, ausschließlich in Aktien zu investieren, die nach strengen NAI-Auswahlmaßstäben ausgesucht werden und somit keine Investitionen in Gentechnik oder Atomkraft tätigen (securvita o. J.).

Die inzwischen alltägliche Internetnutzung der Menschheit geht mit einem immensen Energieverbrauch einher. Google hat hier einen Marktanteil von knapp 94 Prozent und ist mit Abstand die Nummer 1 in Deutschland (MyGreenChoice 2022). Auch bei der Wahl der richtigen **Suchmaschine** gibt es grünere Alternativen. Durch die Stromversorgung der Suchmaschinen mit erneuerbaren Energien kann der eigene CO_2-Fußabdruck positiv beeinflusst werden. Darüber hinaus verwalten grüne Suchmaschinen ihre durch Klicks auf Anzeigen generierten Werbeeinnahmen mit Verantwortung und spenden diese oftmals an ökologische oder soziale Projekte.

Wie funktioniert eine nachhaltige Suchmaschine? Folgende nachhaltige Suchmaschinen wie Ecosia, Gexsi, Ekoru, Lilo, Givero greifen für die Suchanfragen auf die Suchalgorithmen von Bing der Firma Microsoft zurück. Hinter der Suchmaske steckt keine eigens programmierte Software.

Wie verdienen nachhaltige Suchmaschinen Geld? Nachhaltige Suchmaschinen haben grundsätzlich das gleiche Geschäftsmodell wie Google. Wenn der Nutzer auf eine Anzeige (bezahltes Suchergebnis) klickt, werden Einnahmen erzielt, und erst dann fließt Geld in nachhaltige Projekte. Die nachhaltigen Suchmaschinen stehen dafür, die Welt etwas nachhaltiger zu machen. Jedoch verdient bei jedem Klick auf eine Anzeige der Weltkonzern Microsoft mit.

Die in Deutschland verbreitetste nachhaltige Suchmaschine ist Ecosia. Das Social Business wurde im Jahr 2009 gegründet und hat bis heute seinen Sitz in Berlin. Ecosia spendet laut eigenen Angaben 80 Prozent seiner Einnahmen an Naturschutzorganisationen und hat sich hierbei auf das Pflanzen von Bäumen spezialisiert. Durchschnittlich 45 Suchanfragen können in das Pflanzen eines Baumes umgerechnet werden, wodurch bis heute mehr als 114 Millionen Baumpflanzungen realisiert wurden. Neben der Unterstützung von Klimaschutzprojekten betreibt Ecosia seine eigenen Server aus 100 Prozent erneuerbaren Energiequellen und kompensiert durch den Bau eigener Solarquellen mehr Treibhausgas-Emissionen, als es verursacht (GreenLine Hotels 2021a).

Websites werden bei einem **Hosting**anbieter verwaltet und liegen oft auf stromfressenden Servern. Es gibt nachhaltige Hostinganbieter, die ihre Server mit grünem Strom aus erneuerbaren Quellen beziehen. Um sich jedoch ein wirklich nachhaltiges

Hostingunternehmen nennen zu können, sollten weitere Nachhaltigkeitsaspekte ebenso in der Unternehmenskultur verankert sein. MyGreenChoice hat einige Hostinganbieter unter die Lupe genommen und die fünf besten Anbieter ermittelt:

Manitu, GreenSta, Biohost, Hoststar und Raidboxes haben ihre Server in Deutschland stehen und beziehen Ökostrom aus Wasserkraft oder erneuerbaren Energien. Nachhaltiges Engagement, wie die Unterstützung wohltätiger Zwecke, Maßnahmen zur Müllreduktion, E-Mobilität und vieles mehr, gehört zur Firmenphilosophie der genannten Unternehmen (MyGreenChoice 2021).

Branchenspezifische Lieferanten und Partner

Grundsätzlich sind alle Akteure im Tourismus gefordert, nachhaltige Lieferketten mit möglichst kleinem ökologischem Fußabdruck zu realisieren. Regionale und überregionale Lieferpartner stellen sich zunehmend auf die Bedürfnisse der Branche ein und nehmen ihre ökologische und soziokulturelle Verantwortung gegenüber Mensch und Umwelt sehr ernst.

Der Einkauf gehört zu einer nachhaltigen Strategie im Unternehmen und sollte mit einer Bestandsaufnahme des aktuellen Einkaufs beginnen. In der Hotellerie bildet der Einkauf zirka 30 Prozent des Umsatzes ab und ist damit vergleichsweise zu anderen Branchen sehr hoch. Die Wertschöpfung beispielsweise in der Automobilindustrie liegt bei zirka 20 Prozent (Buer/Oehler 2017).

Zu den branchenspezifischen Produkten und Dienstleistungen gehören beispielsweise:
– Food & Beverage
– Hotel- und Gastronomiebedarf (Hygieneartikel, Reinigungsmittel, Geschirr, Gläser)
– Digitale Lösungen (Buchungstechnologien, Dienstpläne, In-Room Devices)
– Buchungs- und Vertriebsplattformen
– Investitionen und Ersatzgüter (Küchenmaschinen, Gastromaschinen, Zimmerausstattung wie Möbel, Lampen, PC)

Food & Beverage

Speisen und Getränke (Food & Beverage) stellen einen zentralen Berührungspunkt zwischen Gästen und der umliegenden Region sowie den nachhaltigen Bemühungen von gastronomischen Betrieben dar. In diesem Bereich gibt es eine Vielzahl nachhaltiger Lieferpartner, welche sich dem Vegetarismus und Veganismus, der Bioqualität, der Einsparung von Plastikmüll oder der Reduktion von Lebensmittelverschwendung angenommen haben.

Nach der Ist-Analyse der Waren, die für das Hotel oder Restaurant gekauft werden, kann eine Auswahl an regionalen oder biozertifizierten Produkten zur Entscheidung stehen. Dabei ist der Mix regionaler und biozertifizierter Produkte ebenso fortschrittlich wie die Spezialisierung auf eine Produktart/-herkunft.

Der älteste Bioverband in Deutschland ist Demeter e.V. Er wurde bereits im Jahr 1924 gegründet und steht als demokratisch organisierter Verband für die nachhaltigste Form der Landbewirtschaftung. Der Verband geht weit über die Vorgaben der EU-Öko-Verordnung hinaus. Demeter steht für Biolebensmittel, die im Einklang mit der Natur produziert werden. Die lebendige Kreislaufwirtschaft der Demeter-Landwirtschaft gilt als nachhaltigste Form der Landbewirtschaftung (Demeter o. J.a). Der Öko-Pionier Demeter nimmt für sich die Qualitätsführerschaft im Biobereich in Anspruch, weil er höhere Standards hat als die EU-Öko-Verordnung vorschreibt. Beispielsweise ist die Tierhaltung in der EU-Öko-Verordnung nicht vorgeschrieben und wurde bei Demeter auf mindestens 0,2 RGV/ha (Raufutter-fressende Großvieheinheiten = Rinder, Schafe, Ziegen, Pferde) festgelegt oder in Kooperation mit Demeter-Betrieben, die eine Tierhaltung haben. Bei Demeter muss 100 Prozent des Futters Biofutter sein. Zwei Drittel des gesamten eingesetzten Futters muss von Demeter sein und mindestens 50 Prozent des Futters muss vom eigenen Hof oder einer Betriebskooperation stammen (Demeter o. J.b).

Für den Getränkebereich stellt sich diese Herausforderung ebenso, wobei es mittlerweile auch hier nachhaltige Lieferpartner am Markt gibt. Ob Wein, Wasser, Säfte oder Bier, die Vielfalt ist groß und jedes Unternehmen kann sich für sein Konzept die passenden Lieferanten und Partner auswählen.

Als Wasser-Anbieter ist hier ein besonders nachhaltiges Unternehmen hervorzuheben. Viva con Agua de Sankt Pauli e.V. ist ein seit 2006 eingetragener gemeinnütziger Verein, der sich weltweit für sauberes Trinkwasser einsetzt und dabei stets die Vision „Wasser für alle – Alle für Wasser" verfolgt. Finanziert werden die Wasserprojekte mit Schwerpunkt im afrikanischen Kontinent in den Bereichen Wasser, Sanitär und Hygiene durch Spendenaktionen mit Musik, Kunst und Sport. Das Ziel von sauberem Trinkwasser schließt eine bessere Gesundheit, mehr Zeit, höhere Bildung und mehr Female Empowerment mit ein. Weltweit haben sich Tausende freiwillige Helfer für Viva con Agua engagiert und so über drei Millionen Menschen erreicht. Ein ehrenamtlich fungierender Aufsichtsrat und ein Komitee unterstützen den Verein in seiner Arbeit (Viva con Agua de Sankt Pauli e.V. 2022a, Viva con Agua de Sankt Pauli e.V. 2022c). Im Jahr 2010 wurde die Viva con Agua Wasser GmbH als erstes Social Business gegründet, welches den klassischen Mineralwassermarkt mit einer sozialen Alternative ergänzen möchte. Der Kauf des Mineralwassers von Viva con Agua unterstützt die oben genannten Projekte und hat die Gründung von Viva con Agua Arts und des Social Business Goldeimer gGmbH ermöglicht (Viva con Agua de Sankt Pauli e.V. 2022b).

Hotel- und Gastronomiebedarf

Ein weiterer großer Bereich des Einkaufs bildet der Hotel- und Gastronomiebedarf. Textilien, Reinigungsmittel sowie Waren, die verbraucht werden, wie Kosmetik- und Hygieneartikel, Bürobedarf und vieles mehr. Hier stellt sich ebenso die Aufgabe, passende Lieferanten und Partner zu finden. Gerade die Herstellung von Textilien, angefangen bei der Ernte der Rohstoffe über das Weben, Spinnen und Färben, birgt eine Vielzahl ökologischer und sozialer Gefahren. Schlechte Arbeitsbedingungen mit geringer Entlohnung, chemiebelastete Inhaltsstoffe und intransparente Lieferketten sind hier keine Seltenheit. Umso wichtiger, dass sich einige Unternehmen für den Textilbedarf in der Hotellerie und Gastronomie nachhaltig einsetzen und Verantwortung für Mensch und Umwelt übernehmen. Ein Beispiel für ein Unternehmen aus der Textilbranche ist die Firma Dibella, die entlang der Lieferkette für nachhaltige Transparenz sorgt. Dibella BV führt zertifizierte Textilprodukte mit dem EU Ecolabel, dem GOTS, dem Grünen Knopf, dem OEKO-Tex- und dem Cotton made in Africa-Siegel. Das Engagement für Umweltschutz, Gesundheit und Menschenrechte macht Dibella mit einer transparenten Lieferkette von Kleinstbauern über die Weberei und Färberei bis hin zur Großwäscherei dem Hotel und dem Gast deutlich (Dibella o. J.).

Die nachhaltig produzierten Textilien sollten dann auch ökologisch nachhaltig gereinigt werden. Auch hier ist nicht nur die Wäscherei näher zu beleuchten, sondern auch die Entfernung zum Hotel oder Restaurant. Regionalität ist ein sehr wichtiges Argument, denn Wäsche wird im Hotel viel benötigt und kurze Lieferwege haben geringere CO_2-Emissionen.

Mit dem erhöhten Konsumentenbewusstsein für nachhaltige Produkte rückt auch die Kosmetik immer mehr in den Fokus. Über 14.400 Menschen wurden auf dem Verbraucherportal für nachhaltigen Konsum in einer Studie „Eine Frage der Haltung" im März 2020 zu ihrem Konsumverhalten befragt. Das waren doppelt so viele Menschen wie bei der Studie im Jahr 2017. Abbildung 20 zeigt, dass für 69 Prozent der Befragten es wichtig ist, dass Kosmetik und Körperpflege umweltfreundlich oder fair hergestellt werden. Diese Zahl hat sich vom Jahr 2017 zum Jahr 2019 um 4 Prozentpunkte erhöht. Die wichtigste Kategorie für die Befragten sind Lebensmittel, wobei ein Rückgang von 2019 zu 2017 um 2 Prozentpunkte zu verzeichnen ist (Utopia w&v 2020).

Auch in der Hotellerie hat das Thema eine Relevanz. Kosmetik wird hier meist mit Amenity Sets, also Hygienepaketen für das Badezimmer, in Verbindung gebracht. Oft klein verpackt in Einwegflaschen, die nach der Abreise entsorgt werden müssen. Die Herausforderung für die Lieferanten ist, neben den Inhaltsstoffen auch die Verpackung nachhaltig umzustellen.

Neue Partner kommen auf den Markt, wie zum Beispiel Valentina & Philippa aus Österreich, die sich den Anforderungen der nachhaltigen Konsumenten zu 100 Prozent gestellt haben. So sind nicht nur die Inhaltsstoffe aus Produkten, die der Umwelt nicht schaden, sondern auch die Verpackung ist aus umweltfreundlichen

**Wie wichtig ist es für dich in den folgenden Bereichen, dass
Produkte oder Dienstleistungen, die du nutzt, umweltfreundlicher
sind oder fair hergestellt werden?***

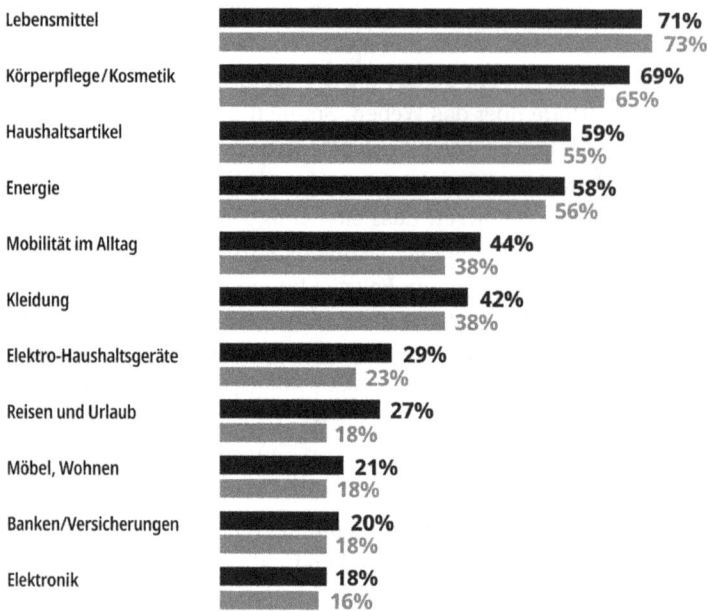

Kategorie	2019	2017
Lebensmittel	**71%**	73%
Körperpflege/Kosmetik	**69%**	65%
Haushaltsartikel	**59%**	55%
Energie	**58%**	56%
Mobilität im Alltag	**44%**	38%
Kleidung	**42%**	38%
Elektro-Haushaltsgeräte	**29%**	23%
Reisen und Urlaub	**27%**	18%
Möbel, Wohnen	**21%**	18%
Banken/Versicherungen	**20%**	18%
Elektronik	**18%**	16%

*Prozentzahlen beziehen sich auf die „sehr wichtig"-Angaben ▪ 2019 ▪ 2017

Abbildung 20: Bedeutung des bewussten Konsums in verschiedenen Kategorien (Utopia w&v 2020).

recycelten PCR-Kunststoffen oder die Kosmetik wird in Glasflaschen verpackt (Valentina & Philippa o. J.).

Seit über zehn Jahren gibt es die Hamburger Naturkosmetik-Marke STOP THE WATER WHILE USING ME!. Sie zählt zu den Vorreitern in der Branche, die mit ihrer Marke auch auf den Wasserverbrauch beim Duschen hinweisen wollen. Mittlerweile ist sie mit ihren Produkten in über 500 Hotels weltweit vertreten (T.D.G. Vertriebs GmbH & Co. KG o. J.).

Wenn es um Hotelbedarf geht, dürfen auch nicht die Reinigungsmittel vergessen werden. Hier werden oft Chemikalien verwendet, die der Umwelt schaden. Viele Reinigungsmittel enthalten umweltschädliche oder gesundheitsgefährdende Substanzen. Häufig werden mehr Reinigungsmittel als nötig verwendet – nach dem Motto „Viel hilft viel", was nicht immer zwingend der Fall sein muss. Daher ist für den Housekeeping-Bereich darauf zu achten, dass die Mitarbeiter richtig geschult sind und mit Dosieranlagen gearbeitet wird. Firmen, die sich darauf spezialisiert haben, unterstützen die Mitarbeiter im Housekeeping durch regelmäßige Schulungen und den richtigen Einsatz von Reinigungsmitteln (z. B. Tana, ECOLAB).

Sollte ein Hotel gänzlich auf Chemie beim Reinigen verzichten wollen, gibt es mittlerweile Reinigungsmaschinen, die mit Mikrotrockendampf arbeiten (z. B. von medeco cleantec). Ganz ohne Chemie und Reinigungsmittel werden Oberflächen gepflegt und hygienisch vor Schmutz geschützt. Gerade in den letzten Monaten, wo der Bedarf und der Wunsch nach hygienisch sauberen Zimmern der Gäste besonders im Fokus standen, ist diese Art der Reinigung beliebter geworden.

Digitale Lösungen

Die Auseinandersetzung mit der Digitalisierung und diesbezüglich digitalen Lösungen für mehr Nachhaltigkeit schafft eine Basis für nachhaltige Entwicklung sowohl im privaten Alltag als auch für jedes Unternehmen. Es gibt unendlich viele Anbieter, die digitale Lösungen für die unterschiedlichsten Bereiche in Unternehmen anbieten.

> *„Das Thema Nachhaltigkeit wird in den nächsten 5 Jahren eine zentrale Rolle spielen in der Hotellerie und geht Hand in Hand mit dem Thema Digitalisierung. Die Digitalisierung ermöglicht es, nachhaltige und gut durchdachte Prozesse zu etablieren und dadurch Ressourcen einzusparen – nur so bleiben Hotels weiterhin wettbewerbsfähig."* (Straiv 2021)

In der Tourismusbranche beginnt der Schritt der Digitalisierung mit der digitalen An-/ Abmeldung im Hotel. Durch den Umstieg auf digitale Lösungen können hier pro Gast bereits mehrere Seiten Papier gespart werden, was insgesamt einen nicht unbedeutenden Beitrag zur Nachhaltigkeit des Hotels leistet. Diese Maßnahme wird perfektioniert, wenn zur Umsetzung keine neuen Geräte wie Tablets installiert werden müssen, sondern die Gäste individuell von ihrem eigenen Gerät beispielsweise über das WLAN auf den Service zugreifen können. Durch die Funktion „Green Choice" der Firma CODE2-ORDER (jetzt Straiv GmbH) haben Gäste die Möglichkeit, die tägliche Zimmerreinigung abzubestellen, wodurch alleine bei einmaliger Nutzung durchschnittlich bereits 7,4 Liter Wasser gespart werden können (Strobel 2019).

Laut einer Studie von Ricoh Europe (2021), in welcher 1.500 Entscheidungsträger aus Unternehmen in ganz Europa befragt wurden, ist die Mehrheit (71 Prozent) allerdings der Überzeugung, dass digitale Transformationen keine Auswirkungen auf die langfristige Nachhaltigkeitsentwicklung des Unternehmens haben (Ricoh Austria GmbH 2021).

Neben der digitalen Buchung, An- und Abmeldung im Hotel gibt es mittlerweile viele Anbieter, um die Prozesse zu digitalisieren: Dienstplanung im Hotel, digitaler Einkauf oder Roboter für Küchenleistungen oder Serviceangebote.

Eine digitale Dienstplan- und Abrechnungssoftware wird heute bereits in vielen Unternehmen eingesetzt. Schnittstellen für die Lohnabrechnungen oder integrierte Abrechnungsmodule erleichtern die Arbeit und sparen Zeit. Hotellerie und Gastronomie haben oft die große Herausforderung, anders als in vielen Branchen, die Personalplanung optimal zu gestalten. Personalmangel, kurzfristiges Geschäft oder krankheitsbedingter Ausfall von Mitarbeitern sind oft Probleme, die gelöst werden müssen. Digitale und auch cloudbasierte Anwendungen haben eine hohe Flexibilität, bieten eine Transparenz für die Mitarbeiter sowie eine schnelle Kommunikation untereinander an. Die Dienstplanung, die Erfassung der geleisteten Stunden sowie der Abrechnungsprozess wird effizienter und einfacher. Mittlerweile gibt es für die Gastronomie unzählige Anbieter für die digitalen Dienstpläne und Abrechnungen: Gastromatic, Gastronowi, Gastrolohn, Aplano, Edtime und viele mehr.

Wie digital eine Stadt sein kann, zeigt die Stadt Ahaus, auch Smart City Ahaus genannt. Neben den digitalen Hotels, mit einem Online-Check-in und -Check-out, wurden weitere digitale Hotspots errichtet. Das smartel Hotel in Ahaus kommt mit minimalem Personaleinsatz aus. Es wurde eine Software entwickelt, in der alle Prozesse des Hotels abgebildet werden: Verkauf der Zimmer, Schlüsselvergabe für den Gast, Organisation der Zimmerreinigung mit dem Housekeeping sowie die gesamte kaufmännische Abwicklung (Smartel o. J.). In der Stadt Ahaus wurden konsequent digitale Lösungen umgesetzt. Über das Smartphone können die Besucher der Stadt Konzert- oder Freibadtickets kaufen, Ruderboote oder E-Bikes leihen, Essen und Getränke im Restaurant bestellen und bezahlen (Ahaus digital o. J.).

Der folgende Gastbeitrag zeigt, wie durch Digitalisierung Ressourcen eingespart werden können und der Hotelbetrieb nachhaltiger wird.

Gastbeitrag: Digitalisierung und Nachhaltigkeit
Benjamin Köhler, Geschäftsführer und Gründer Betterspace

Das Zusammenspiel von Nachhaltigkeit und Digitalisierung im Hotel
Eine der größten Herausforderungen für Hoteliers ist es, Digitalisierung und Nachhaltigkeit im Hotel in Einklang zu bringen. Denn nur, wenn beide Bereiche miteinander verknüpft sind, kann das volle Potenzial im Hotel ausgeschöpft und können die sich stark gewandelten Gästebedürfnisse befriedigt werden. Die Digitalisierung, so scheint es zumindest, stellt die Nachhaltigkeit in den Schatten. Schließlich benötigt die Digitalisierung Rohstoffe und Ressourcen. Doch das muss nicht sein. Das ungleiche Paar steht nicht in Konkurrenz, sondern baut vielmehr aufeinander auf. Richtig eingesetzt entstehen durch die Verwendung von digitalen Helfern enorme Einsparpotenziale im Hotel, die sich positiv auf die Nachhaltigkeit auswirken können. Das Wort „Sustainovation" beschreibt die Symbiose aus Digitalisierung und Nachhaltigkeit und entwickelt sich zum Schlüsselbegriff in diesem Zusammenhang. Digitale Innovationen sorgen für reale Einsparungen im Hotel und für mehr ökologische, ökonomische sowie soziale Nachhaltigkeit. Digitalisierung und Innovationen bieten viel Potenzial, um die Nachhaltigkeit im Hotel voranzutreiben und gleichzeitig den Ansprüchen und Bedürfnissen der Gäste gerecht zu werden. Die modernen Helfer und Software-Lösungen überzeugen durch die einfache Anwendbarkeit, die simple Integration in die vorhandene Infrastruktur und sind an die Bedürfnisse von Hoteliers und Hotelgästen bestens angepasst.

Beispiele für mehr Nachhaltigkeit im Hotel durch digitale Helfer gibt es viele, wie etwa die Themen Elektromobilität, intelligente Raumsteuerung oder auch smarte Apps. Digitale Lösungen können die Nachhaltigkeit in all ihren Facetten unterstützen, sowohl ökologisch, sozial als auch ökonomisch betrachtet.

Ökologische Nachhaltigkeit	Soziale Nachhaltigkeit	Ökonomische Nachhaltigkeit
– Einsparung von Ressourcen	– Förderung regionaler Angebote	– Förderung von Wertschöpfung
– Reduktion von Treibhausgas-Emissionen	– Interkultureller Austausch	– Sicherung von Arbeitsplätzen
	– Zufriedenheit von Reisenden und Bereisten	

Der Einsatz moderner Technologien im Hotel trägt dazu bei, dass die Wirtschaftlichkeit des Hotelbetriebes umwelt- und sozialverträglich ist, und beruht nicht allein auf der Erreichung von Wachstum und Besitzmehrung. Infolgedessen steht die Lebensqualität aller Akteure wieder stärker im Mittelpunkt des Geschehens und die Hotellerie vermag es, in ihrer besonderen Rolle als Gastgeber einen wertvollen Beitrag zur ökonomischen, ökologischen und sozialen Nachhaltigkeit beizutragen.

Digitalisierung und Nachhaltigkeit im Hotel

Digitalisierung und Nachhaltigkeit sind die Trends in der Hotellerie. Beide Themen werden Hoteliers, Mitarbeiter, Zulieferer und Gäste in den nächsten Jahren immer mehr beschäftigen. Denn ohne die Förderung von umweltbewusstem Verhalten im Hotel und damit dem Vorantreiben der Nachhaltigkeit gefährdet die Hotellerie auf lange Sicht ihre eigene Existenz. Und ohne Digitalisierung können zum einen die Wünsche der Gäste nicht mehr erfüllt werden und zum anderen wird viel Potenzial verschenkt.

Nachhaltigkeit ist ein Thema, dass die Hotellerie beschäftigen muss. Denn der Tourismus trägt zu großen Teilen zur Umweltverschmutzung bei. Gleichzeitig ist der Tourismus aber auch von den Folgen der Klimaveränderungen und einer verschmutzten Umgebung stark betroffen. Dass die Themen Nachhaltigkeit und Umweltschutz wichtig sind, darüber sind sich Hoteliers einig. In einer Umfrage durch Betterspace vom Mai 2021 gaben 60 Prozent der Befragten an, dass diese Themen im Hotel sehr wichtig sind. Vier von zehn Hoteliers stufen das Thema als eher wichtig ein (Betterspace 2021a). Dass die Digitalisierung in der Hotellerie noch am Anfang steht, geht aus einer weiteren Umfrage von Betterspace vom Februar 2021 hervor. Eine deutliche Mehrheit von 63 Prozent gab an, dass sie ihr Hotel als weniger digital fortgeschritten einschätzen. Nur 13 Prozent der befragten Hoteliers sind der Meinung, dass sie mit der Digitalisierung im Hotel sehr fortgeschritten sind, und weitere 25 Prozent sagen, ihr Hotel sei eher digital fortschrittlich (Betterspace 2021b). Auch die Forschungsergebnisse einer Roland-Berger-tudie vom Mai 2019 (IHA 2019) zu den Auswirkungen der Digitalisierung auf die Hotellerie zeigen, dass es noch viele ungenutzte Reserven entlang der Guest Journey, also der Gastreise, gibt. Lediglich das Buchen von Hotelaufenthalten wird mit insgesamt 63 Prozent als fortgeschritten und sehr fortgeschritten eingestuft. Die Bereiche „Ergänzen & Verbessern" sowie „Erleben", also die Teile der Reise, die den Aufenthalt im Hotel beschreiben, werden in den wenigsten Hotels fortschrittlich eingestuft. Hier gibt es also noch großes Potenzial. Bitkom e.V. hat in einer Umfrage (2020) die Reisenden zum Thema Nachhaltigkeit und Digitalisierung befragt. Die Ergebnisse sind eindeutig: Reisende nehmen digitale Unterstützung gerne an, wenn sie damit ihren Hotelaufenthalt verbessern oder nachhaltiger gestalten können. 90 Prozent der Befragten stimmten der Aussage zu, dass sie einen digitalen Roomservice nutzen würden, mit dem sie nach Bedarf Handtücher, Reinigung und Bettwäsche bestellen können. Mehr als zwei Drittel der Befragten sagten, dass Reiseanbieter dazu verpflichtet werden sollten, die Reisedokumente digital zur Verfügung zu stellen (Rohleder 2020).

Diese Ergebnisse sprechen dafür, dass Hotelgäste Wert auf Umweltschutz und digitale Services im Hotel legen. Möglichkeiten, die Digitalisierung und Nachhaltigkeit im Hotel miteinander zu verbinden, gibt es viele. Nur müssen Hoteliers die benötigten Services zur Verfügung stellen.

Beispiele digitaler Helfer für mehr Nachhaltigkeit im Hotel
Smarte Gastkommunikationslösungen

Unter digitalen Gastkommunikationslösungen werden sowohl Hardware- als auch Softwarelösungen verstanden, welche es ermöglichen, analoge Kommunikations- und Interaktionsprozesse, an denen der Hotelgast beteiligt ist, in den digitalen Raum zu verlagern. Dazu zählen neben Softwarelösungen für den Online-Check-in, die digitale Gästemappe und Apps auch alle Medien wie zum Beispiel In-Room-Tablets, Check-in-Terminals oder Informationsdisplays. Allen gemein ist der Umstand, dass viel Papier eingespart werden kann. Denn Informationen jeglicher Art können dem Gast digital bereitgestellt werden. Von Ausflugszielen über das Hotel A–Z bis hin zu Werbebroschüren, TV-Programmen, Magazinen und Zeitschriften kann alles, was üblicherweise in gedruckter Form im Hotel vorliegt, durch eine digitale Variante ersetzt werden. Diese Art der Informationsbereitstellung ist weitaus nachhaltiger als analoge Kommunikationsmöglichkeiten.

Allein die Digitalisierung des Check-in-Prozesses im Hotel führt zu einem positiven Effekt in Bezug auf die Nachhaltigkeit des Hotels. Laut Berechnungen des Statistischen Bundesamtes können pro Check-in drei bis vier Minuten an Zeit eingespart werden. Dazu schätzt der deutsche Hotelverband IHA, dass jährlich 150 Millionen Papiermeldescheine wegfallen (Allgemeine Hotellerie und Gastronomie-Zeitung 2020). Das führt zu entlasteten Mitarbeitern, da der bürokratische Aufwand, der mit dem Check-in-Prozess verbunden ist, minimiert wird. Zusätzlich können CO_2-Emissionen, die im Zusammenhang mit der Papierherstellung stehen, reduziert werden. Ebenfalls positiv auf die Nachhaltigkeit wirkt sich der Wegfall des Transportes des Papiers aus.

Zudem können auch die Kosten für die Aufbewahrung und Vernichtung der Meldescheine nach der gesetzlichen Aufbewahrungsfrist stark reduziert werden, denn die digitalen Meldescheine werden online gespeichert und automatisiert gelöscht. Damit kann ebenfalls der physische Flächenbedarf, der mit der Aufbewahrung der Meldescheine einhergeht, reduziert werden. Aus Aspekten der sozialen Nachhaltigkeit betrachtet wird die Zufriedenheit der Mitarbeiter und Gäste gesteigert. Warteschlangen werden vermieden und der Aufwand wird sowohl für das Hotelpersonal als auch für die Gäste beim Check-in reduziert. Auch die Einladung zum Check-in im Hotel kann digital erfolgen, und genauso wie der Check-in kann der Check-out im Hotel digital ablaufen. Zusätzlich kann die Rechnungslegung papierlos erfolgen, was einen positiven Beitrag zu mehr Nachhaltigkeit im Hotel leistet. Findet der Check-in ohne zusätzliche Hardware wie Check-in-Terminals statt, kann dies weitere positive Auswirkungen haben, da wertvolle Ressourcen für die Herstellung der Hardware eingespart werden.

Auch die digitale Gästemappe auf dem In-Room-Tablet trägt als digitaler Helfer zu mehr Nachhaltigkeit im Hotel bei. Ein großer Vorteil der digitalen Gästemappe ist der Verzicht auf gedruckte Gästemappen und die damit verbundene Senkung des Papierverbrauchs. Allein die Vermeidung des regelmäßigen neuen Druckens der Gästemappen spart Papier, aber auch Kosten und Aufwand für das Hotel. Eine digitale Gästemappe kann neben den gedruckten Hotelinformationen außerdem Informationen über die Umgebung und Sehenswürdigkeiten sowie aktuelle Angebote des Hotels oder auch von Dritten digital zur Verfügung stellen. So ersetzt die digitale Gästemappe auch Flyer und Broschüren, die im Hotelzimmer ausliegen. Auch das TV-Programm, Speisekarten, Zeitungen und Zeitschriften lassen sich in die Gästemappe einbinden, was das Papieraufkommen im Hotel zusätzlich verringert. Über Push-Nachrichten werden die Gäste außerdem über besondere Angebote oder Neuigkeiten informiert. Zettel oder Briefe werden so ganz einfach ersetzt. Anstatt das Frühstück über ausliegende Zettel bestellen zu lassen, können Hotels diesen Prozess über die digitale Gästemappe abbilden. Papier und Stift werden im Hotelzimmer somit überflüssig.

Die digitale Gästemappe kann durch die Präsentation von nachhaltigen Alternativen und Angeboten zu einer Steigerung des Umweltbewusstseins der Gäste beitragen. Sie können so digital beispielsweise über E-Mobilitätsangebote, über die Möglichkeit, die Zimmerreinigung abzubestellen, oder über nachhaltige Verhaltensweisen, um den Hotelaufenthalt selbst umweltbewusster zu gestalten, informiert werden. Ein Feature der digitalen Gästemappe, welches die Nachhaltigkeit im Hotel fördert, ist die Green Option. Hier bekommen Hotelgäste die Möglichkeit, mit nur wenigen Klicks die tägliche Zimmerreinigung abzubestellen, wenn sie diese nicht benötigen. Das senkt zum einen den Wasser- und Reinigungsmittelverbrauch, zum anderen entlastet es das Reinigungspersonal. Zudem optimiert sie das Bestell- und Anfragemanagement. Zum Beispiel reservieren Gäste einen Tisch im Hotelrestaurant über die Gästemappe oder buchen digital einen Wellness-Termin. Das spart ebenfalls Papier und Arbeitszeit, was aus Gründen der sozialen Nachhaltigkeit letztendlich auch wieder zu verbesserten Arbeitsbedingungen führt. Mit der digitalen Gästemappe auf dem In-Room-Tablet verringern Hotels zusätzlich das Aufkommen von Elektroschrott. Das Tablet ersetzt neben den gedruckten Informationen auch das Telefon, die Fernbedienung und das Radio, so dass im Hotelzimmer nicht mehr viele verschiedene Geräte nötig sind. Der Reparatur oder dem Austausch der verschiedenen Geräte bei Funktionsmängeln kann so entgegengewirkt werden. Ebenfalls gehört der Batteriewechsel der Vergangenheit an.

Betrachtet man die beschriebenen Vorteile, wird schnell deutlich, dass auch unter Aspekten der wirtschaftlichen Nachhaltigkeit eine digitale Gästemappe die bessere Alternative zu einer Printvariante darstellt. Die digitale Version macht vieles einfacher, effizienter und umweltfreundlicher.

Intelligente Energiemanagementsysteme

Ein weiteres Beispiel für den positiven Einfluss der Digitalisierung im Hotel auf die Nachhaltigkeit sind intelligente Energiemanagementsysteme. Diese smarten Softwarelösungen automatisieren Prozesse im Hotel. Ein Beispiel hierfür ist better.energy von Betterspace. Die intelligente Software sorgt zusammen mit funkfähigen Thermostaten für perfekte Wohlfühltemperaturen und reduziert gleichzeitig den Energieverbrauch. Das System reguliert die Heizleistung automatisch innerhalb festgelegter Temperaturgrenzen. Ein Überhitzen oder Auskühlen von Hotelzimmern oder öffentlichen Bereichen im Hotel ist damit nicht möglich. Pro Grad Celsius steigt der Energieverbrauch im Durchschnitt um 6 Prozent an. Indem unnötiges Heizen und Auskühlen im Hotel vermieden wird, kann Energie eingespart werden. Zudem erkennt das System geöffnete Fenster. Insbesondere Heizen bei offenem Fenster steigert den Energieverbrauch innerhalb kürzester Zeit enorm. Anders als im eigenen Zuhause achten Gäste bei ihrem Hotelaufenthalt häufig nicht darauf, die Fenster zu schließen, wenn die Heizung an ist. Das Heizen bei offenem Fenster führt zu einer unnötigen Ressourcenverschwendung, steigert die Energiekosten und ist zudem klimaschädlich, da bei der Bereitstellung von Energie CO_2-Emissionen entstehen. Dieses Verhalten kann demnach durchaus eine große Herausforderung im Hotel darstellen.

Ist das System mit der Hotelsoftware verbunden, erkennt die Raumsteuerung, wann ein Gast ein- und auscheckt, und steuert die Heizung im Hotelzimmer automatisiert und personalunabhängig. Das heißt, die intelligente Raumsteuerung sorgt für weniger Aufwand für das Personal und noch mehr Kontrolle durch automatisierte Warnmeldungen, wenn das Heizverhalten von der Norm abweicht. Die Energieeinsparung durch die intelligente Raumsteuerung liegt bei bis zu 30 Prozent. Das Fraunhofer Institut IEE hat dies als objektive und unabhängige Institution im März 2018 bei einem Test im Azimut Hotel Dresden bestätigt. Von Februar bis März wurden 18 Zimmer unterschiedlicher Kategorien mit der intelligenten Raumsteuerung von Betterspace ausgestattet. Zudem wurden geeichte Wärmemengenzähler installiert, um eine präzise Auswertung zu ermöglichen. Während jeweils drei Perioden mit der smarten Steuerung und ohne diese wurde der Wärmeverbrauch quantifiziert und analysiert. Dabei konnte festgestellt werden, dass der Energieverbrauch bei der Verwendung der intelligenten Raumsteuerung um exakt 27,69 Prozent reduziert wurde. Damit bestätigt das Fraunhofer Institut IEE die Einsparung von knapp 28 Prozent CO_2-Emissionen im Hotel durch die Betterspace GmbH (Betterspace 2018).

Fazit

Dass Nachhaltigkeit, Umweltschutz und Digitalisierung wichtige Themen für die Hotellerie sind, haben bereits Statistiken und Befragungen gezeigt. Sowohl Hoteliers als auch Hotelgäste sind sich einig, dass ein nachhaltiger Hotelaufenthalt keine vage Zukunftsvision ist. Mehr Nachhaltigkeit wird jetzt gefordert. Die vorangegangenen Beispiele haben deutlich gezeigt, dass die Digitalisierung genutzt werden kann, um die Nachhaltigkeit in all ihren Facetten in der Hotellerie voranzutreiben. Aus der Verknüpfung von Digitalisierung und Nachhaltigkeit entstehen Synergieeffekte, von denen sowohl Hoteliers als auch das Hotelpersonal und die Gäste profitieren. Um das enorme Potenzial aus Nachhaltigkeit und Digitalisierung im Hotel auszuschöpfen, sollten Hoteliers genaue Ziele festlegen und über eine Nachhaltigkeits- und Digitalisierungsstrategie reflektieren.

Buchungs-/Vertriebsplattformen

Nachhaltige Buchungsplattformen tauchen zwar vereinzelt im Internet auf, jedoch ist ihre Nutzung noch nicht weit verbreitet. Die Mehrheit dieser Buchungsplattformen setzt sich aus Start-ups zusammen, aber auch bestehende Online Travel Agencies wie Booking.com, HRS oder Expedia nehmen sich der Thematik nachhaltiger Buchungsoptionen nach und nach an. So hat HRS zu Beginn des Jahres 2021 seine GreenStay-Initiative gelauncht, welche Entscheidungsträgern und Geschäftsreisenden aufgrund umfangreicher Datenanalyse den Vergleich von buchbaren Hotels und deren Umwelteinflüssen, wie beispielsweise Energie- und Wasserverbräuche sowie Abfallentsorgung, ermöglicht. Dennoch haben Angebot und Nachfrage umweltfreundlicher Unterkünfte im Leisure- und Businesssegment noch keine bedeutende Relevanz (HRS GmbH 2022).

Booking.com hatte im Jahr 2021 vor, für nachhaltige Unterkünfte eine Kennzeichnung vorzunehmen. Hotels können ihre gültigen Zertifikate im Backend der Plattform hochladen. Akzeptiert werden nur anerkannte Zertifikate vom GSTC (siehe Kapitel 5.1). Stand Februar 2022 gibt es keine Suchfunktion auf dem Portal, die nach nachhaltigen Hotels filtern lässt (Booking 2021a).

Auch bei Google können die Hotels ihre Nachhaltigkeitsleistungen neben der Ausstattung darstellen. Unter „Informationen" ist es dem User möglich zu sehen, ob das Hotel ökologisch betrieben wird und welche Umweltzertifikate vorliegen. Eine direkte Integration in die Buchungsstrecke ist derzeit noch nicht geschehen.

Neue Tools sollen die nachhaltige Reiseentscheidung zukünftig positiv beeinflussen. Bei Google Flights stehen Informationen zu CO_2-Emissionen bereits zur Verfügung. Google Maps zeigt in Europa ab 2022 standardmäßig die Route mit den geringsten CO_2-Emissionen an, wodurch über eine Million Tonnen CO_2-Emissionen eingespart werden können (Pichai 2021).

EcoHotels.com wurde im Jahr 2020 gegründet und positioniert sich als gänzlich unabhängige Buchungsplattform. Mit einer eigens entwickelten Buchungsmaschine möchte EcoHotels eine Alternative zu großen und dominanten Online Travel Agencies darstellen und stattdessen den Fokus auf individuelle Hotelidentitäten und -konzepte setzen. Alle hier buchbaren Hotels müssen eine der 25 von EcoHotels akzeptierten Nachhaltigkeitszertifizierungen inklusive Zertifizierungsbelege vorweisen, wie beispielsweise GreenSign, Travelife, Fair Trade Tourism oder Good Travel Seal (EcoHotels.com o. J.).

„Außerdem wird pro Buchung ein Baum gepflanzt, um somit die Aufforstung und Biodiversität zu unterstützen und zu erhalten und der Natur etwas zurückzugeben. Bis jetzt werden die Bäume in Dänemark angepflanzt, in Zukunft planen wir aber, Bäume rund um den Globus zu pflanzen." (Ecohotels 2021)

Mit einer kostenfreien Hotelregistrierung, einer Umsatzbeteiligung von 8–10 Prozent für EcoHotels.com und dem Pflanzen eines Baumes pro Hotelbuchung spricht sich EcoHotels für Fairness, Transparenz und weniger Greenwashing in der Hotellerie aus (EcoHotels.com o. J.).

GreenPearls beschreibt sich selbst als Kommunikationsagentur und Informationsquelle für nachhaltige Orte weltweit. Handverlesene Unterkünfte mit erzählenswerten Geschichten, welche den Umweltschutz, die Stärkung der Region und die Wertschätzung der lokalen Kultur einbeziehen, werden angeboten. Die auf GreenPearls gelisteten Hotels erfüllen unter anderem Anforderungen in den Bereichen Architektur, Wasserverbrauch, Müllmanagement und soziale Projekte und werden allesamt mit einem ausführlichen Unternehmensprofil vorgestellt. Die Buchung findet per Direktverlinkung auf der hoteleigenen Website statt, nachdem GreenPearls eine voraussichtliche Zimmerrate bekannt gegeben hat (Greenpearls o. J.).

Weitere nachhaltige Buchungsplattformen wie Bookitgreen, Singular Places, Faircations, GreenSelect Hotels und die GreenLine Hotels sind in den letzten Jahren entstanden. Jeder Vertriebspartner verfolgt einen etwas anderen Ansatz, jedoch haben alle eine Gemeinsamkeit: nachhaltige Hotels und Unterkünfte zu zeigen und sichtbar zu machen.

Folgender Gastbeitrag der GreenLine Hotels verdeutlicht, wie heute nachhaltige Hotels sichtbar und buchbar gemacht werden können.

Gastbeitrag: Nachhaltige Buchungsplattformen
Anja Engel, GreenLine Hotels

Travel green and feel good – Reisen mit grünem Gewissen

Der Umwelt- und Klimaschutz beschäftigt die Menschen in Deutschland zunehmend, und die Dringlichkeit eines nachhaltigeren Lebensstils ist in den meisten Köpfen bereits angekommen. So ist auch der Sinneswandel in Bezug auf das achtsame Reisen fortgeschritten. Laut einer aktuellen Umfrage gaben im Jahr 2021 insgesamt 81 Prozent der Reisenden weltweit an, innerhalb des nächsten Jahres mindestens einmal in einer nachhaltigen Unterkunft unterkommen zu wollen. Damit ist die Nachfrage nach nachhaltigen Urlaubsunterkünften in den letzten fünf Jahren um rund 20 Prozent gestiegen (Statista 2022a).

Sicherlich lässt sich festhalten, dass ein vollkommen nachhaltiges Reisen nicht möglich ist, da durch Anreise, Aufenthalt und Freizeitbeschäftigungen unweigerlich CO_2-Emissionen entstehen. Die nachhaltigste Reise ist die, welche gar nicht erst angetreten wird. Doch der Tourismus bildet einen riesigen Wirtschaftszweig und das Reisen ist und bleibt bei denen, die es sich leisten können, ein wichtiger Faktor der Lebensqualität. Reisen bildet, erweitert den Horizont, macht glücklich und kann sogar gesundheitsfördernd sein. Aber wie können wir diese Reisekultur fortsetzen, ohne auch der Gesundheit der Umwelt zu schaden? Neben der Auswahl der Entfernung des Reiseziels sowie der Form der Anreise spielt auch die Wahl der Unterkunft eine zentrale Rolle. Dass es auch mit einer besseren Klimabilanz funktioniert, zeigen bereits zahlreiche nachhaltig geführte Hotels weltweit. Dabei wird sogar mit Klimaneutralität, Klimapositivität und Emissionslosigkeit geworben. Die Anzahl der Hoteliers, die sich ernsthaft mit dem hoteleigenen CO_2-Fußabdruck beschäftigen und sinnvolle Maßnahmen ergreifen, um Treibhausgase zu reduzieren oder sogar die nicht vermeidbaren Emissionen zu kompensieren, wächst stetig. Aber auch die anderen Aspekte der Nachhaltigkeit in den Bereichen Ökonomie, Ökologie und soziales Engagement haben viele Hoteliers in ihren Betrieben bereits erfolgreich umgesetzt.

Wir stellen also fest: Es gibt ein steigendes Interesse auf der Gastseite an nachhaltig geführten Unterkünften und die Anzahl der Hotels und Hostels, die sich der Nachhaltigkeit ganzheitlich angenommen haben, wächst ebenfalls. Angebot und Nachfrage sind da. Die zentrale Frage ist nur, wie bringen wir diese beiden zusammen? Wie findet der Gast sein grünes Reisedomizil? Genau diesem Thema hat sich GreenLine Hotels angenommen und bietet auf der Website www.greenline-hotels.com die Buchung ausschließlich nachhaltig zertifizierter Hotels an.

Glaubwürdigkeit und Transparenz – Nachhaltigkeitssiegel schaffen Sicherheit

Wer bewusster reisen möchte und in Online-Suchmaschinen nach nachhaltigen Hotels recherchiert, kann schnell den Überblick verlieren. Die Unsicherheit wächst: Wie erkenne ich die Nachhaltigkeit eines Hotelbetriebes und wie schütze ich mich vor Greenwashing? Als Gast kann ich nicht hinter die Kulissen blicken und sehen, ob sich ein Hotel ausreichend in den Bereichen Energie, Wasser, Abfall, Biodiversity, Regionalität, nachhaltige Entwicklung und soziale Verantwortung engagiert. Auch viele Hotelwebsites geben darüber ungenügende Informationen preis. Die einzige vereinheitlichte Betrachtung eines wahrhaftigen nachhaltigen Engagements bieten anerkannte Nachhaltigkeitssiegel, die im Namen der Gäste und anderer Stakeholder eben diesen genauen Blick auf die Nachhaltigkeit einer Unterkunft erhalten und nach bestimmten Kriterien bewerten können.

Explizit aus diesem Grund sind auf greenline-hotels.com ausschließlich Hotels mit anerkannten Nachhaltigkeitszertifikaten gelistet und buchbar gemacht worden. Dazu gehören:
–   BIOSPHERE
–   EMAS

- EU-Ecolabel
- Green Globe
- GreenSign
- ISO 14001
- The Green Key
- Tourcert
- Travelife

Bei der Auswahl dieser Zertifizierungen wurde auf den Einbezug aller drei Säulen der Nachhaltigkeit, die Nachvollziehbarkeit in Form eines Audits oder Gutachtens sowie die Relevanz und Akzeptanz geachtet.

Auch der CO_2-Fußabdruck eines Hotels kann ein gutes Indiz für einen nachhaltig engagierten Hotelbetrieb sein. Für Businessreisen wird dieser zunehmend wichtiger, da sich zahlreiche Unternehmen in Deutschland aktiv für die Nachhaltigkeit im Geschäftsreisebereich einsetzen und die eigene CO_2-Bilanz damit bereichern möchten. Wenn das Hotel öffentlich darstellt, dass sich der CO_2-Fußabdruck von Jahr zu Jahr verbessert, dann kann davon ausgegangen werden, dass in Sachen Nachhaltigkeit viel getan wird. Allerdings war bei GreenLine dieser Wert allein nicht aussagekräftig genug, weil er nicht die anderen wichtigen Kernbereiche der Nachhaltigkeit einbezieht, so wie es die Nachhaltigkeitszertifizierungen umsetzen.

Wenn wir auf die Blickrichtung der Hoteliers schauen, die viele Aufwendungen erbracht haben, um den eigenen Betrieb auf Nachhaltigkeit umzustellen, und dies mit Überzeugung leben, ergibt sich die Problematik, wie man für sein Hotel die richtige Sichtbarkeit bei der nachhaltigen Zielgruppe erlangt. Tue Gutes und sprich darüber, ja – aber wie? Auch hier hilft die Nachhaltigkeitszertifizierung, welche zum einen eine Weiterentwicklung der Nachhaltigkeit ermöglicht und zum anderen den potenziellen Gästen das grüne Engagement transparent aufzeigt.

Auf der Website kann der Gast nach einem Reiseziel und dem Reisedatum suchen und bekommt alle verfügbaren nachhaltig zertifizierten Hotels angezeigt, die sich im Ort oder in der Umgebung befinden. Anschließend kann die Unterkunft mit wenigen Klicks direkt online gebucht werden.

Für die Buchungsstrecke arbeitet GreenLine Hotels mit dem Technologieunternehmen ehotel® zusammen. Das Berliner Unternehmen bündelt die Unterkunftsangebote aller Anbieter weltweit auf einer Plattform durch die META-SEARCH-Technologie. Die Hotelbuchungsplattform wurde mehrfach für ihre Servicequalität ausgezeichnet, unter anderem vom Deutschen Institut für Servicequalität und dem Marktforschungsinstitut ServiceValue. Sie ist zudem nachhaltig mit GreenSign Office und dem KlimaInvest Ökostrom zertifiziert. Die Zusammenarbeit mit GreenLine Hotels inspirierte ehotel® sogar dazu, die bedeutendsten Nachhaltigkeitszertifikate für Hotels im META-SEARCH auszuweisen und auch auf anderen Plattformen darzustellen.

Mehr als nur Buchungstool für nachhaltige Hotels

„Auf GreenLine-Hotels.com verbinden wir Reiselust und Komfort mit nachhaltigem Lifestyle", lautet das Credo des Berliner Unternehmens, welches seit über 20 Jahren die Hotellerie in Deutschland und Europa bereichert. Gestartet als Marketingplattform für im Grünen gelegene Mittelklassehotels hat sich GreenLine Hotels im Jahr 2014 der Nachhaltigkeit verpflichtet und möchte mit diesem grünen Spirit Hoteliers und Reisende begeistern und animieren. Nachhaltiges Reisen soll Spaß machen, es soll gesundheitsfördernd sein und muss keinesfalls einen Komfortverlust und höhere Kosten nach sich ziehen. Dies möchte GreenLine Hotels den Gästen vermitteln und sie anregen, auch im Urlaub auf Achtsamkeit und Ressourcenschutz Wert zu legen.

Inzwischen sind über 1.500 Hotels und Hostels auf greenline-hotels.com buchbar, wovon der größte Teil in Deutschland liegt, aber auch in vielen europäischen Zielen und in Mittelamerika können nachhaltige Hotels gefunden und gebucht werden.

Um die Reisenden aufzuklären und anzuregen, ihr Reiseverhalten und ihren Lebensstil bewusst zu gestalten und nachhaltig zu verändern, bietet die Website greenline-hotels.com neben dem Buchungstool auch viele informative und beispielhafte Inhalte. So ergänzen Nachhaltigkeits-Tipps für Reisen und Alltag die Vorstellung verschiedener Reiseregionen und ein Nachhaltigkeits-Blog das Portfolio der modern und mit viel Herzblut gestalteten Buchungs-Website. Neben den Informationen auf der eigenen Website nutzt GreenLine Hotels auch zur Inspiration potenzieller nachhaltiger Reisenden die Social-Media-Plattformen (Facebook, Instagram, Pinterest) sowie Blogs, Podcasts, Editorial Content bei Partner-Websites, Magazinen und nachhaltigen B2C-Publikationen.

So wird aus dem Gast ein Klimaheld – Klimaneutraler Aufenthalt

Manchen Reisenden reicht es nicht nur, in einer nachhaltig geführten Unterkunft zu übernachten. Sie wollen eine noch größere soziale und ökologische Verantwortung übernehmen und das gute Gefühl genießen: Mein Aufenthalt ist komplett klimaneutral. Trotz starkem nachhaltigem Engagement auf Seiten des Hoteliers sind niemals alle Emissionen zu vermeiden. So haben die Beleuchtung des Hotelzimmers, die Nutzung des Fernsehers oder der Minibar und das Betätigen der Dusche und Armaturen im Badezimmer folgende Gemeinsamkeit: Sie sind für einen Hotelaufenthalt kaum verzichtbar, verursachen aber schädliche Treibhausgas-Emissionen, welche unser Ökosystem erheblich ins Ungleichgewicht bringen. Der Hotelier kann hier mit seinen ressourcenschonenden Maßnahmen und der Nutzung von Ökostrom schon viel CO_2 einsparen, aber es lassen sich leider nicht alle Emissionen verhindern. Ein komplett klimaneutraler Aufenthalt ist nur durch eine Kompensation möglich. Klimaschutzprojekte ermöglichen einen Ausgleich dieser anfallenden CO_2-Emissionen und bieten eine gute Möglichkeit, klimaneutral zu handeln.

Neben der Hotelbuchung ermöglicht GreenLine Hotels auf der Website in Zusammenarbeit mit ausgewählten Partnern einen vollständig klimaneutralen Hotelaufenthalt. Mithilfe einer geringen Kompensationssumme können jegliche entstehende CO_2-Emissionen einer bevorstehenden oder bereits vollbrachten Hotelübernachtung ausgeglichen werden, denn der Erlös wird in wichtige Klimaschutzprojekte in Kenia und Indien investiert. Doch auch Bäumepflanzen und Bienenretten können als Kompensation gewählt werden.

Business und Nachhaltigkeit in Balance – Green Conference Hotels

Neben Urlaubs- und Geschäftsreisen hat auch der Tagungsmarkt das Potenzial, eine Lösung für die vereinfachte Suche nach grünen Locations anzubieten. GreenLine Hotels wollte dies nicht auf der eigenen Website mit aufnehmen, um die Thematik nicht zu verwischen. Dennoch gehörte die Tagungsbuchung seit jeher zum Geschäftsmodell des Unternehmens. Bei der Umstellung auf Nachhaltigkeit wurde also nach einer Möglichkeit gesucht, dieses Segment ebenfalls zu bedienen und dafür ein einfaches, aber effektives Medium zu bieten.

So entstand GreenConferenceHotels.com als erste Plattform für einzigartige, handverlesene, authentische und nachhaltige Tagungshotels, welche nach den wichtigsten Kriterien für Nachhaltigkeit in der Hotellerie ausgewählt wurden und mit einem anerkannten Nachhaltigkeitszertifikat ausgezeichnet sind. Ob Tagung, Konferenz, Workshop, Seminar oder Teambuilding: Die Kunden können auch auf GreenConferenceHotels.com nach der gewünschten Region suchen und erhalten ausschließlich nachhaltig zertifizierte Tagungshotels angezeigt, welche für Events mit oder ohne Übernachtung direkt angefragt und gebucht werden können.

Auch hier haben die Kunden zusätzlich die Möglichkeit, ihre Veranstaltung klimaneutral zu gestalten. Dabei geht es um den Ausgleich der CO_2-Emissionen, deren Entstehung trotz nachhaltigem Einsatz bei einer Tagung nicht zu vermeiden ist. Dazu bietet GreenLine Hotels verschiedene Kompensationsmöglichkeiten mit diversen Partnern an, aus denen der Kunde frei wählen und direkt über wenige Klicks auf der Website buchen kann.

Nachhaltigkeit wird nicht nur propagiert, sondern auch im GreenLine-Team gelebt
Eine aktive umweltbewusste und klimaschonende Unternehmensführung ist für GreenLine Hotels selbstverständlich. Der Anspruch ist dabei, stets als Vorbild zu agieren und den Nachhaltigkeitsgedanken über alle Kanäle zu kommunizieren. Dazu nutzt das Unternehmen auch sein großes Netzwerk an nachhaltigen Partnern mit innovativem Know-how. Mit dem eigenen Team, den Hoteliers, den Partnern und der Öffentlichkeit sucht GreenLine Hotels einen transparenten und kontinuierlichen Nachhaltigkeitsdialog. Auch die eigenen Betriebsprozesse sind an den Prinzipien der Nachhaltigkeit ausgerichtet, und innerbetrieblich wird stets nachhaltig agiert, um so wenig umweltbelastend wie möglich und zugleich sozialverträglich zu arbeiten.

Zu den nachhaltigen Maßnahmen im Büro der GreenLine Hotels gehören u. a. papierloses Arbeiten, PET-freie Kantine, Nutzung von E-Fahrzeugen oder der Bahn für nicht vermeidbare Geschäftsreisen, klimaneutrale Printprodukte, Kompensation des CO_2-Ausstoßes der Website, Gesundheitsmanagement und moderne Mitarbeiterführung, flexible Arbeitszeiten, Bezug von Ökostrom, Unterstützung sozialer Projekte und Baumpflanzaktionen.

Reisen mit gutem Gewissen ist längst nicht mehr nur ein Trend. Die Zukunftsfähigkeit des Tourismus kann nur mit einer nachhaltigen Entwicklung garantiert werden. Greenline-hotels. com möchte die Menschen informieren und inspirieren, ihr Reiseverhalten und ihren Lebensstil bewusst zu gestalten und nachhaltig zu verbessern. Sehenswerte Reiseziele mit Fokus auf die Regionalität, eine große Auswahl an komfortablen Hotels mit vielfältigem Ambiente, attraktive Angebote und alles mit wahrhafter Nachhaltigkeit sollen Lust auf grünes Reisen machen. Ziel ist es, die Menschen dazu anzuregen, sich bei der Urlaubsplanung und auch auf Geschäftsreisen für nachhaltigere Alternativen zu entscheiden. Dabei will GreenLine Hotels weder belehren noch missionieren, sondern informieren und begeistern. Travel green and feel good!

Investitionen und Ersatzgüter

Der Bau von neuen Hotels und Restaurants ist ungebremst. Bei Neubauten kann von Anfang an auf eine nachhaltige Bauweise geachtet und auf nachhaltige Materialien zugegriffen werden. Bei der Renovierung von Hotels und Restaurants sind oft die vorhandenen Gegebenheiten zu berücksichtigen, wodurch nicht immer alles sofort umsetzbar ist.

Beim Bau oder bei der Renovierung sollte auf die Wertstoffkreisläufe, die Herkunft und die Zusammensetzung des Mobiliars geachtet werden. Architekten sind hier gefragt, die sich darauf spezialisiert haben, nach dem Cradle-to-Cradle-Prinzip und mit nachhaltigen Materialien zu bauen sowie die regionalen Handwerksbetriebe mit einzubinden.

⚡ Cradle-to-Cradle
Vision einer abfallfreien Wirtschaft durch das Denken in Kreisläufen. Die Produktion soll ein geschlossener Kreislauf sein durch Wiederverwendung von Ressourcen nach der Nutzung. Das Müllaufkommen soll so vermieden beziehungsweise minimiert werden (InfraCert 2020).

Das erste Hotel, das ein Konzept des nachwachsenden Hotelzimmers® umgesetzt hat, ist das Hotel Creativhotel Luise. Nach dem Cradle-to-Cradle-Prinzip wurde eine ganzheitliche Betrachtungsweise der verwendeten Ressourcen beim Umbau der Hotelzimmer angewandt. Bei der Materialauswahl wurde verantwortungsbewusst auf die Herstellungsverfahren und Umweltverträglichkeit geachtet. So wurde eine Duschtechnologie der NASA, die 90 Prozent Wasser und 80 Prozent Energie einspart, eingebaut. Durch den Einbau von holzschonenden Decken aus Stroh konnte auf formaldehydhaltigen Kleber verzichtet werden. Jegliches Metall wurde durch Holz ersetzt. Es wurden Teppichfliesen aus Fischernetzen verlegt, welche langlebig sind und sich schalldämmend nutzen lassen. Das nachwachsende Hotelzimmer® zeigt, wie sich eine bis ins kleinste Detail geplante nachhaltige Wohnkultur in einem Hotel installieren lässt (Creativhotel Luise o. J.).

Der erste nachhaltige Marktplatz für die Hotellerie und Gastronomie wurde im Jahr 2018 mit TUTAKA ins Leben gerufen. Hier finden Gastronomen und Hoteliers geprüfte, authentisch nachhaltige Produkte. Nur Produkte, die durch ein strenges Prüfverfahren laufen, werden nach positiver Begutachtung im Shop aufgenommen (TUTAKA o. J.).

Der folgende Gastbeitrag kann zeigen, wie nachhaltiger Einkauf heute gehen kann.

Gastbeitrag: Nachhaltiger Einkauf
Franziska Altenrath und Alexandra Herget von TUTAKA

Eco statt Ego – Einordnung und das Problem
Die Temperaturen steigen, Gletscher schmelzen. Lebensräume verschwinden, Arten sterben. Unser Verhalten verschmutzt unser Land, unsere Luft und unser Wasser. Das gilt für uns als Individuen, aber auch für die Branchen und Industrien, in und mit denen wir arbeiten. Das Gastgewerbe ist zwar eine Branche mit Herz und Seele, ein „people business", in dem Menschen für Menschen sorgen und Erlebnisse schaffen. Leider ist es auch ein ressourcenintensives und schmutziges Geschäft, wie folgende Zahlen auszughaft zeigen:
- Touristen erzeugen bis zu doppelt so viel Abfall pro Kopf wie Einwohner (IFC 2007).
- Das Hotelgewerbe muss seine absoluten CO_2-Emissionen bis 2030 um 66 Prozent und bis 2050 um 90 Prozent reduzieren, um die auf der COP 21 beschlossene 2-Grad-Grenze einzuhalten (ITP 2017).
- In Deutschland werden stündlich 320.000 Einwegbecher verbraucht, pro Jahr sind das fast drei Milliarden Stück (Deutsche Umwelthilfe 2021).

- Die Charity Soap Aid schätzt, dass weltweit täglich zirka fünf Millionen Handseifenstücke weggeschmissen werden. Das beinhaltet nicht die unendliche Anzahl an halb genutzten Behältern für flüssige Seifen, Shampoos, Conditioner und Zahnpasta (soapaid.org 2021).
- Ein Ferienhotel mit 50 Doppelzimmern und einer Jahresbelegung von 70 Prozent sowie einem durchschnittlichen Aufenthalt von drei Tagen verbraucht zwischen 5.000 bis 10.000 Plastik-Einwegslipper pro Jahr (Kalkulation TUTAKA 2021).

Der Plastik-Einwegslipper ist ein Sinnbild für vieles, was in der Hospitality-Branche schiefläuft: schadstoffreiche Materialien, intransparente Lieferketten, unzureichende Löhne im Produktionsland. Er ist nicht recycelfähig, linear designt. Der Hotelslipper und seine Lieferkette sind das Ergebnis eines homogenen Marktes, in dem Wettbewerbsvorteile insbesondere durch Kosteneffizienz erreicht werden. Selbst gehobene Gaststätten und Hotels setzen auf Einwegartikel, Kosmetika mit Mikroplastik, schadstoffreiche Textilien, Energie aus fossilen Brennstoffen etc.

Grundsätzlich gibt es für Gastgeber im Einkauf diverse Lösungen, wenige davon mit nachhaltigen Angeboten. Je nachdem, ob sie für sich allein wirtschaften, zu einer Kette gehören oder ihren Einkauf ganz oder teilweise outgesourct haben, bedient sich das Gastgewerbe unterschiedlicher Anbieter. Zu den Einkaufsquellen zählen Einkaufspools (z. B. progros, coperama, HGK, HOGAST, TPA, Head, atlas), HORECA-Webshops (z. B. Gastro Hero, Rick, Vega, Hotelbedarf24, lusini, pulsiva, gastro24), nachhaltige HORECA-Webshops (z. B. TUTAKA), digitale, nicht branchenspezifische Marktplätze (z. B. Amazon, Alibaba), digitale, nicht branchenspezifische, nachhaltige Marktplätze (z. B. Avocadostore, Memo), Großhändler (z. B. Transgourmet, Chefs Culinar, Service Bund, Intergast), lokale und regionale Produzenten und Hersteller (z. B. Regionalwert AG) sowie stationäre Einzelhändler, Fachhändler und Großmärkte.

2,3 Milliarden Euro betrug der Umsatz von Chefs Culinar im Jahr 2019 (Schimmel 2020), 932 Millionen Euro der der HOGAST im Jahr 2017 (HOGAST Einkaufsgenossenschaft f. d., 2018), und das Einkaufsvolumen über progros konnte im Jahr 2020 auf insgesamt 205 Millionen Euro gesteigert werden. Die Zahlen zeigen die (monetäre) Signifikanz des Marktes und können sowohl als Warnung als auch als Chance gelesen werden: Bleibt der signifikante Fußabdruck, also die negativen ökologischen und sozialen Auswirkungen, bestehen, trägt die Branche in einem erheblichen Maße zu Klimawandel, Verlust von Artenvielfalt und sozialer Ungerechtigkeit bei. Gelingt ihr eine flächendeckende und langfristige Transformation, kann sie einen bedeutenden Beitrag zu einer positiven, globalen Entwicklungsagenda leisten. Konkret: Umso größer der Anteil der genannten Umsätze und Erträge, der in den Einkauf von nachhaltigen Produkten fließt, umso größer die Chance einer Transformation.

Zeiten ändern sich – Wandel statt Stillstand

Das Gastgewerbe ist nicht nur Mit-Verursacher von Klimawandel, Verlust von Biodiversität, Verschmutzung von Ökosystemen und prekären Arbeitsverhältnissen. Es ist zeitgleich auch von all dem bedroht. Alleine aus den Anrainerstaaten des Mittelmeers landen nach Schätzungen jährlich über eine halbe Million Tonnen Plastikmüll im Meer. Der finanzielle Schaden, den die Tourismusindustrie durch Plastikverschmutzung erleidet, beläuft sich auf 268 Millionen Euro pro Jahr. Der Tourismus trägt Mitverantwortung, „denn zu offensichtlich ist der Zusammenhang der in Plastik abgepackten Miniportionen Marmelade, Kaffeemilch oder Haarshampoo einerseits und wachsender Müllberge andererseits" (WWF 2019).

Ökosysteme sind nicht nur eine Touristenattraktion, sondern erbringen eine Vielzahl von Leistungen für Menschen. Dazu gehört die Reinerhaltung von Luft und Wasser, die Bereitstellung fruchtbarer Böden oder die Produktion von Baumaterialien wie Holz. Leider tragen Infrastrukturen, CO_2-Emissionen, Lebensmittelverschwendung, die Produktion enormer Abfallmengen, der gesteigerte Wasser- und Energieverbrauch zur Vernichtung von Biodiversität bei (Fischer 2019). Ein paar Beispiele sind:

1. Absterben lokaler Waldflächen durch übermäßigen Wasserverbrauch von Hotels
2. Versiegelung von Flächen für Hotelparkplätze
3. Speisekarten mit einem Schwerpunkt auf exotischen und jahreszeitlich nicht angepassten Gerichten
4. Bepflanzung von Hotelanlagen und touristischen Attraktionen mit exotischen Pflanzen

Im täglichen Geschäft können eine nachhaltige Beschaffung und die Nutzung regionaler Lieferketten Biodiversität fördern. Das gilt für den Einkauf von Lebensmitteln, aber auch von Verbrauchsgütern und Einrichtungen.

Die Förderung von nachhaltiger Beschaffung und transparenten Lieferketten ist auch ein Politikum. So stellte im Dezember 2015 die EU-Kommission den „EU Action Plan for a Circular Economy" vor. Er identifizierte Plastik als eines der Haupt-Handlungsfelder. Entsprechend folgte im Januar 2018 die „Plastics in a Circular Economy Strategy" mit dem ehrgeizigen Ziel, sämtlichen Plastikmüll bis 2030 recyclebar zu machen. Im Mai 2018 wurde die EU-Direktive „On the reduction of the impact of certain plastic products on the environment" vorgestellt. Ende 2018 stimmte das EU-Parlament dem Vorschlag zu. Einige Plastikprodukte wurden komplett verboten (Trinkhalme, Rührstäbchen, Wattestäbchen, Einweggeschirr und -teller, Luftballonstäbchen), bei anderen sollen Hersteller stärker in die Pflicht genommen werden (Luftballons, Flüssigkeitsbehälter, Verpackungsmaterialien, Zigarettenstummel, Feuchttücher, Plastiktüten). Der Konsum von Einweg-Essensbehältern und -Trinkbechern soll, insbesondere durch Konsumenten-Aufklärung, stark reduziert werden. Ab 2023 sind Restaurants, Cafés und Bistros demnach verpflichtet, ihrer Kundschaft das Getränk-to-go oder das Take-away-Gericht in einem wiederverwendbaren Mehrwegbehältnis als Alternative zu Einwegverpackungen anzubieten.

Ein weiteres rechtliches Vehikel ist die im Rahmen des Klimapaketes beschlossene CO_2-Bepreisung. Ziel ist es, einen zusätzlichen wirtschaftlichen Anreiz für Energieeinsparungen und die Nutzung erneuerbarer Energien zu geben. Dafür wurde der CO_2-Preis ab Beginn 2021 einheitlich festgelegt. Erfasst werden dabei die Emissionen aus der Verbrennung fossiler Brenn- und Kraftstoffe und die Emissionen der Wärmeerzeugung von Gebäuden, die dann als Grundlage für die Bemessung der Höhe der Besteuerung dienen. Dies hat unmittelbar einen Effekt auf die Beschaffung, da nachhaltig hergestellte und distribuierte Waren im besten Fall einen Preisvorteil gegenüber konventionell hergestellten Produkten haben werden, obwohl das Gesetz nur für Großanlagen und auch nur in Deutschland gilt, wo die Herstellung kaum stattfindet.

Das im März 2021 verabschiedete und ab 2023 in Deutschland geltende Lieferkettensorgfaltspflichtengesetz nimmt Unternehmen für ihre Lieferketten in die Verantwortung. Das umfasst Umweltschäden als auch Verstöße gegen Menschenrechte entlang der Wertschöpfungskette. Denn leider haben heute allzu oft noch jene Unternehmen einen Wettbewerbsvorteil, die ihre Wertschöpfungsketten ohne Rücksicht auf ihre menschenrechtlichen Sorgfaltspflichten betreiben und keine Verantwortung für Menschen und Umwelt übernehmen. Das Gesetz wird unter anderem vom Bundesverband Nachhaltige Wirtschaft kritisiert und als nicht weitreichend genug erklärt, denn es richtet sich zunächst an Unternehmen mit mehr als 3.000 Beschäftigten, ab 2024 dann an Unternehmen mit mehr als 1.000 Beschäftigten. In Deutschland gibt es nur 600 Unternehmen mit 3.000 Mitarbeitenden und nur 2.900 Unternehmen mit über 1.000 Mitarbeitenden (Bundesverband Nachhaltige Wirtschaft e.V. 2021).

Liefer- und Wertschöpfungsketten spielen eine zentrale Rolle bei der Lösung globaler Herausforderungen. In nahezu allen Industriebereichen liegen mehr als 90 Prozent der Liefer- und Nachhaltigkeitsrisiken in der tieferen Lieferkette (Bundesverband Materialwirtschaft, Einkauf und

Logistik e.V. 2019). Sichtbarkeit über die direkten Zulieferer hinaus ist daher eine Notwendigkeit, um nachhaltiges unternehmerisches Handeln zu gewährleisten. Nur wer seine Lieferkette umfassend kennt, kann damit verbundene Risiken bewerten, notwendige Gegenmaßnahmen treffen und Verbesserungen erreichen. Dabei umfassen mögliche Risiken

- Kinderarbeit, Menschenrechtsverletzungen und moderne Sklaverei
- Wasserverschmutzung, Entwaldung und weitere Umweltprobleme
- Lieferengpässe aufgrund politischer Unruhen oder Naturkatastrophen
- Abhängigkeit von fossilen Energieträgern und hohe CO_2-Emissionen

Angesichts dieser Risiken ist es nicht verwunderlich, dass in der Lieferkette immense Reputationsrisiken für das eigene Unternehmen liegen. Transparenz ist essenziell und bietet über das Risikomanagement hinaus viele Chancen: Sie fördert positive Markenwahrnehmung und Vertrauen von Kunden und Stakeholdern in das Unternehmen und ermöglicht ein optimales Qualitätsmanagement. Die BCG-Studie „Total Societal Impact: A New Lense for Strategy" (2017) zeigt, wie die Integration von Nachhaltigkeit in die Unternehmensstrategie zu einer Steigerung von Gewinnmargen und zur Minderung von Geschäftsrisiken führen kann. Unternehmen, die Nachhaltigkeitsaspekte in ihre Unternehmensstrategie integriert hatten, schnitten im direkten Vergleich der wirtschaftlichen Leistung besser ab als die Konkurrenz. Nicht nur im Tourismus sehen wir, dass heute starke Marken solche sind, die Engagement und Glaubwürdigkeit ausstrahlen. Marken, die Position beziehen und sich zu ökologischen und sozialen Zielen bekennen.

Diese Entwicklungen gehen Hand in Hand mit den Forderungen von Gästen, Kunden und Mitarbeitenden. Studien bestätigen, dass die Bedeutung von Nachhaltigkeit in Zusammenhang mit Urlaubsreisen groß ist. Laut der Reiseanalyse der Kieler Forschungsgemeinschaft Urlaub und Reisen e.V. (2020) legen hierzulande 61 Prozent der Bevölkerung ab 14 Jahren Wert darauf, dass ihr Urlaub möglichst sozialverträglich, ressourcenschonend und umweltfreundlich ist. Wissen, welches Gastgeber nutzen sollten, um Verantwortung zu übernehmen, Qualität unter anderem durch die im Betrieb eingesetzten, nachhaltigen Produkte zu zeigen und sich als attraktiver Arbeitgeber zu präsentieren. Denn Mitarbeitende suchen sich immer häufiger ein Arbeitsumfeld, in welchem ihre eigenen Werte gut aufgehoben sind. Sie wollen Teil eines verantwortungsbewussten Unternehmens sein, welches neben Gewinnabsichten eine klare Botschaft verfolgt. Dass der Aufbau von Vertrauen insbesondere post Covid wichtig ist, bedarf keiner weiteren Erläuterungen. Es ist offensichtlich: Die Zeiten ändern sich und stehen, auch wegen Forderungen aus Politik, Mitarbeiterschaft und Kundschaft, im Zeichen des Klima-, Arten- und Menschenrechtsschutzes und des Aufbaus von nachhaltigen Unternehmenspraktiken. Praktiken, die zum einen Risiken minimieren und zum anderen die Marke und den wirtschaftlichen Erfolg stärken. In Bezug auf Beschaffung heißen die neuen Einkaufsmaximen Transparenz und Nachweisbarkeit. Sowohl ökologische als auch soziale Kriterien müssen in Kaufentscheidungen mit einbezogen werden. So kann der Einkauf zu einem echten Impact-Hebel werden.

Einkauf als Impact-Hebel – Good Buy statt Good Bye

Es gibt sie, die Vision von nachhaltiger Beschaffung im Gastgewerbe. Sie ist, zugegebenermaßen, noch mehr Theorie als Praxis. Warum ist das so? Weil es an praktikablen Lösungen mangelt? Nein. Weil alles Greenwashing und nichts „echt" nachhaltig ist? Wieder nicht. Weil niemand weiß, was Nachhaltigkeit überhaupt genau bedeutet? Auch nicht. Der „Good Buy" der Hospitality-Branche scheitert am Preis. Der Preis nachhaltigen Einkaufs setzt sich zusammen aus dem Einkaufspreis, den Einkaufsnebenkosten und, und das ist wirklich wichtig, den aufgebrachten Kapazitäten für die Auswahl des Produktes. Denn bei nachhaltigen Produkten geht es um viel mehr Kriterien als beim konventionellen Einkauf. Das macht den Einkauf aufwendiger und damit teurer und damit schwer durchsetzungsfähig.

Was kann also mit dem Einkauf nachhaltiger Produkte erreicht werden, und wie gehen wir die Umstellung an? Ziele geben Orientierung und räumen auf mit Klischees, die Fortschritt verhindern und den tatsächlichen Impact im Zweifel eher verschlimmern als ihn zu verbessern.

Dekarbonisierung

Ist logisch, irgendwie. Was für den Betrieb gilt, gilt auch für Lieferketten. Drei Aspekte sind entscheidend, um die Emissionsintensität des Einkaufs zu bewerten. *Erstens* die Materialauswahl. Endgegner in Sachen Klimaschutz sind Materialien wie Zement, Stahl und Aluminium. Mit denen hat der Einkauf weniger zu tun, denn das Gebäude steht vermutlich. Nichtsdestotrotz führen Terrassenausbau, Poolgestaltung, Parkplatzrenovierung immer mal wieder in diesen Bereich. Es gibt aber auch Materialien des täglichen Verbrauchs, die hochgradig emissionsintensiv sind. Dazu gehören sämtliche technischen Geräte, Nicht-kbA-Baumwolle und natürlich alle Produkte, die auf Erdöl basieren (also quasi sämtliche Kunststoffprodukte). Aber, ein *zweiter* Aspekt ist entscheidend: die Logistik. Wer Produkte mit langen Transportwegen einkauft, produziert Treibhausgase, Stickoxide und Partikel en masse. Wer auf tägliche Lieferung besteht, macht die Sache noch schlimmer. Und da haben wir mit den Verpackungsmaterialien, meistens Kunststoff, noch gar nicht begonnen. *Drittens* ist die Entsorgung der eingekauften Produkte zu betrachten. Selbst Recycling kann ressourcenintensiv sein und damit die Treibhausgasbilanz des Einkaufs belasten. Da bei Lieferketten seit Jahrzehnten Externalitäten wie Entsorgung ignoriert werden und sie sich an den niedrigsten Löhnen (weit weg = Transportemissionen) und günstigsten Materialien (erdölbasiert) orientieren, ist die Dekarbonisierung der Lieferketten eine der zentralen Herausforderungen für die nachhaltige Beschaffung.

Zero Waste

Buzzword, und doch kommen wir nicht drum herum. Das Zauberwort in diesem Zusammenhang heißt Kreislaufwirtschaft. Zirkuläre Wertschöpfungsketten resultieren nämlich in Zero Waste. Die Idee dahinter ist: Alles ist Wertstoff. Das ist natürlich aktuell noch überhaupt nicht der Fall. Viele der Materialien, die wir verwenden, halten gerade mal einen Produktlebenszyklus aus. Danach können wir mit ihnen maximal das lokale Schwimmbad über die thermische Verwertung beheizen. Das klingt besser, als es ist. Die Verbrennung von Materialien löst sie leider nicht nur in Wärme auf. Übrig bleiben hochtoxische Reststoffe, die dann vergraben werden. Wer also in der thermischen Verwertung einen Baustein der Kreislaufwirtschaft ahnt, der sollte so ein Werk am besten mal besuchen. Wenn wir diesen Weg also vermeiden wollen, dann müssen wir robuste, langlebige Materialien einsetzen. Moment, führt uns das nicht wieder zum Kunststoff? Richtig. Dieser vermeintliche Widerspruch zeigt, dass Nachhaltigkeit nicht eindimensional gedacht werden kann und darf. Neben dem sogenannten technischen Kreislauf gibt es auch noch den biologischen Kreislauf. Dabei geht es nicht um Recycling, sondern um eine Rückführung von biobasierten Materialien in die Kompostierbarkeit. Bei dieser Art von Kreislauf gibt es zahlreiche Herausforderungen, die von der praktischen Handhabe bis zum Inhalt des nächsten Ziels, dem Schutz von Ökosystemen, reichen. Es ist Achtung geboten bei der Kompostierbarkeit.

Schutz von Ökosystemen

Ökosysteme sind unsere wichtigsten Lieferanten. Das Beste an ihnen? Sie bieten Konditionen, von denen selbst Star-Einkäufer nur träumen können. Nahezu ständige Verfügbarkeit zum Nulltarif. Lieferung frei Haus. Unangenehm ist, dass wir auch zu 100 Prozent von ihnen abhängig sind. Keine Chance auf Wechsel. Aber warum auch? Die Luft, die wir atmen, das Wasser, das wir trinken, die fruchtbaren Böden und Photosynthese, aus denen unsere Nahrung entsteht, Bestäubung und unendlich weitere Regulationsdienstleistungen, die unsere anhaltende Existenz überhaupt erst ermöglichen. Auch in puncto Wirtschaftlichkeit sind sie uns bei Weitem überlegen. Eine Studie aus Australien hat ergeben, dass die Leistung unserer Ökosysteme für uns Menschen ungefähr doppelt so hoch ist wie die Leistung unserer Volkswirtschaft (Anderson et al. 2014). Eigentlich müssten wir diesen Lieferanten doch die Füße küssen, maximale Beziehungspflege betreiben, sie einladen und beschenken, regelmäßig prüfen, ob sie alles haben, was sie brauchen. Wir Menschen schauen aber lieber auf das, was für uns rausspringt. Oder besser gesagt: Wir sorgen dafür, dass bei uns mehr rausspringt als bei unseren Nachbarn. Das führt zur sogenannten Tragedy of the Commons, also der unendlichen Ausbeutung der Natur und Ressourcen, die in keinem Besitzverhältnis stehen. Aktuell entziehen wir uns durch unseren Umgang mit unseren Ökosystemen tatsächlich die Lebensgrundlage. Auch Produkte und Materialien, die wir einkaufen, leisten dazu ihren Beitrag. Die konventionelle Landwirtschaft degradiert durch den Einsatz von synthetischen Düngemitteln, Herbiziden und Pestiziden unsere Böden und vernichtet wertvolle Lebensräume und Lebewesen. Aber nicht nur im Nahrungsmittelbereich ist daher Achtung geboten. Auch beim Einkauf von Produkten aus Naturfasern wie Baumwolle oder Bambus findet Ausbeutung statt. Dasselbe gilt für Produkte aus Holz. Zuletzt seien biobasierte Kunststoffe genannt. Auch sie basieren auf Materialien, deren Anbau in Monokulturen unter Einsatz diverser umweltschädlicher Stoffe geschieht. Die Illusion, dass Natur gleich Nachhaltigkeit ist, ist also wenig beständig.

Schutz von Menschenrechten
Menschenrechte sind nicht verhandelbar. Ihre Gewährleistung ist nicht nur Aufgabe des Händlers oder produzierenden Unternehmens, sondern gleichfalls des einkaufenden Betriebes. Die daraus resultierende Verantwortung nennt sich Fürsorgepflicht. Der Umfang der Fürsorgepflicht ergibt sich ab 2023 legislativ aus der Unternehmensgröße. Normativ lässt sich die Verantwortung aber auch für Betriebe unter 3.000 beziehungsweise 1.000 Mitarbeiter erkennen. Denn bei der Gewährleistung von Menschenrechten handelt es sich um keinerlei Luxus, sondern um das absolute Minimum, das Menschen ein Leben in Würde ermöglicht. Menschenrechtsverletzungen können leider niemals ganz ausgeschlossen werden. Der Handlungsspielraum von einkaufenden Betrieben liegt darin, das Risiko zu minimieren. Das hat zunächst viel mit der Auswahl von Produkten und Lieferanten zu tun. Kriterien wie Standorte, Branchen, Zusammensetzung der Mitarbeiter und Rohstoffe sind Anhaltspunkte, um sich der Risikoeinschätzung zu nähern. (Fehlende) Zertifikate, Standards und Auszeichnungen unterstützen bei der Bewertung. Interviews, Recherchen, Besuche und die Zusammenarbeit mit NGOs können hilfreiche Informationsquellen sein. Einkaufende Betriebe sollten einen Verhaltenskodex speziell für ihre Lieferanten erstellen, diesen mit den liefernden Betrieben besprechen und unterzeichnen lassen. Hilfreich ist ebenfalls die Veröffentlichung der Lieferanten sowie die Einrichtung eines Beschwerdemechanismus, der den Schutz des oder der Meldenden gewährleistet.

Förderung von Tradition, Innovation und Handwerkskunst
Eines der Opfer globalisierter Einkaufspraktiken ist das Handwerk, das dem zunehmenden Kostendruck erliegt. Auch Innovationen, beispielsweise im Materialbereich, haben es schwer, sich durchzusetzen. Bis sie entsprechende Skaleneffekte auf ihre Preise umlegen können, vergehen oft Monate, manchmal Jahre. Sensible Einkäufer messen Handwerkstradition und innovativen Ansätzen einen Wert bei. Gerade für Gastgeber bestehen große Potenziale in der Kooperation mit lokalen Unternehmer:innen, die alte oder neue Wege gehen. Ob Stärkung der lokalen Wirtschaft, Verwurzelung und Akzeptanz oder auch die Integration örtlicher Wertschöpfung in die Gasterfahrungen. Denn wer möchte schon die immergleiche Hotelausstattung, egal wo sie oder

er schläft? Lokale Produkte schaffen Identifikation und erzählen Geschichten, die ganz sicher nicht so leicht in Vergessenheit geraten.

Förderung von Diversität, Gleichberechtigung und Inklusion

Zeitgemäße einkaufende Betriebe schauen sich insbesondere ihre Hauptlieferanten ganz genau an. Diskriminierungsfreie Unternehmensstrukturen sind längst überfällig, aber leider noch immer viel zu selten an der Tagesordnung. Welche Ziele Unternehmen hinsichtlich Diversität kommunizieren und wie divers die Besetzung von Führungspositionen und Ansprechpartnern ist, sagt viel darüber aus, wie viel Engagement tatsächlich vorhanden ist. Immer mehr Betriebe fördern explizit divers geführte Unternehmen als ihre Lieferanten.

Bevor ein jeder Betrieb die eigenen Einkaufsziele bestimmt und mit messbaren Performance-Indikatoren versieht, sollte der Blick nach innen gerichtet werden. Was sind Stärken und Schwächen des Betriebes in Bezug auf nachhaltigen Einkauf? Ist das entsprechende Know-how vorhanden? Gibt es bereits einen Verhaltenskodex? Wie robust sind die Beziehungen zu den Lieferanten? Wie hoch sind die regelmäßigen Abfallmengen? Als Nächstes sollten die Chancen und Risiken nachhaltigen Einkaufs evaluiert werden. Wie groß ist die Bereitschaft für fleischlose Gerichte? Auf was könnten Gäste gut und gerne verzichten? Was würde sie hingegen begeistern? Wo gibt es Potenziale zur einfachen Umstellung, die keine Anpassungen der Prozesse mit sich bringen würde?

Die Analyse der eigenen Stärken, Schwächen, Chancen und Risiken steht nun den eigenen Einkaufszielen gegenüber. Aus den Differenzen lassen sich Aufgaben ableiten. Wichtig ist dabei, die Aufgaben mit entsprechenden Verantwortlichkeiten und einer Zeitleiste zu versehen. Nur so kann sichergestellt werden, dass die Aufgaben auch in die Umsetzung kommen. Zwei ganz zentrale Bausteine sind die Einführung eines Verhaltenskodex für Lieferanten sowie eine Überarbeitung des Auswahlprozesses. Nach dem Motto „zusammen statt alleine" sollten Bestandslieferanten an die Hand genommen werden, wenn es um Umstellungen und Verbesserungen der Nachhaltigkeitsperformance geht. Denn auch das ist Nachhaltigkeit: sich gemeinsam Herausforderungen zu stellen. Bei der Auswahl von neuen Lieferanten können hingegen strengere Auflagen angewandt werden. Der Lieferantenkodex hilft dabei.

Die zentrale Frage bleibt bestehen: In was für einer Welt wollen wir leben, reisen, gastgeben? Wenn die Antwort „eine zukunftsfähige Welt" lautet, dann müssen wir unsere ökonomischen Systeme umstellen, die Versorgung der Menschen in Einklang mit den natürlichen Lebensgrundlagen bringen und die Regeneration von Natur und Mitwelt vorantreiben. Für ein lebenswertes Morgen!

6 CO$_2$-Emissionen

Bei der Produktion von Gütern und der Bereitstellung von Dienstleistungen werden in aller Regel Treibhausgase freigesetzt, die, so ist sich die Klimaforschung einig, maßgeblich zur Erderwärmung beitragen (IPCC 2021). Dem Pariser Klimaabkommen zufolge sollte die Temperaturzunahme bis 2030 deutlich unter 2 Grad Celsius gehalten werden (United Nations 2015), um klimatische Veränderungen zu vermeiden, die unser aller Lebensgrundlage, vor allem aber die der Menschen im globalen Süden, gefährden. Aus normativer Perspektive liegt die Verantwortung für die Umsetzung der notwendigen Klimaschutzmaßnahmen hauptsächlich bei den Ländern des globalen Nordens. Diese haben historisch gesehen den überwiegenden Teil der Emissionen produziert und sie profitieren bis heute von den vergangenen emissionsintensiven Prozessen. Realistisch betrachtet verfügen sie auch allein über ausreichend Ressourcen, um große gesellschaftliche Transformationen im eigenen Land anzustoßen und global unterstützend zu agieren. Doch die Abschwächung des Klimawandels ist keine rein staatliche Aufgabe, auch Unternehmen kommt dabei eine tragende Rolle zu. Um das 2-Grad-Ziel zu erreichen, müsste die Hotellerie global betrachtet ihre Treibhausgas-Emissionen im Vergleich zu 2010 um 66 Prozent bis 2030 und um 90 Prozent bis 2050 reduzieren (Sustainable Hospitality Alliance 2017, S. 3). Ein erster Schritt auf diesem Weg liegt darin, zu ermitteln, worin der eigene Beitrag zum Klimawandel besteht, sprich, sich mittels CO$_2$-Bilanzierung ein Bild über die betrieblichen Treibhausgas-Emissionen zu verschaffen. Durch einen solchen CO$_2$-Fußabdruck können Einsparungspotenziale sowie das Kompensationsvolumen nicht vermeidbarer Emissionen ermittelt werden, wobei die Reduktion gegenüber der Kompensation stets bevorzugt werden sollte. Grundsätzlich gilt folgender Dreiklang (siehe Abbildung 21):

Abbildung 21: Dreiklang: Vermeiden-Reduzieren-Kompensieren (eigene Darstellung).

6.1 CO$_2$-Bilanzierung

Im Bereich CO$_2$-Bilanzierung sind viele Begriffe im Umlauf, die eine ähnliche Bedeutung haben. Prominent vertreten ist der CO$_2$-Fußabdruck, die CO$_2$-Bilanz, die Klimabilanz, die Ökobilanz, der ökologische Fußabdruck. Ein Teil der begrifflichen Vielfalt

https://doi.org/10.1515/9783110748505-006

beruht darauf, dass wenn von einer CO_2-Bilanz oder einem CO_2-Fußabdruck gesprochen wird, häufig CO_2-Äquivalente und damit alle sechs Treibhausgase gemeint sind, die unter das Kyoto-Protokoll fallen: Kohlenstoffdioxid (CO_2), Methan (CH_4), Distickstoffmonoxid (N_2O), wasserstoffhaltige Fluorkohlenwasserstoffe (HFKWs), perfluorierte Kohlenwasserstoffe (FKWs), und Schwefelhexafluorid (SF_6) (GHG Protocol 2011). Ab 2015 wurde Stickstofftrifluorid (NF_3) als siebtes in die Gruppe aufgenommen (Umweltbundesamt 2021b). Da die Wirkung dieser sieben Gase auf die Erderwärmung sehr stark variiert, hat man sich darauf verständigt, die jeweilige Wirkung in die von CO_2 „umzurechnen". Da sich die klimaschädliche Wirkung der genannten Gase sehr unterscheidet und unterschiedlich lange anhält, braucht es für die Festlegung der GWP-Werte (Global Warming Potential) einen zeitlichen Referenzrahmen. Der Konvention nach bezieht sich das GWP auf einen Zeitraum von 100 Jahren.

Die CO_2-Emissionen der Verkehrsträger sind sehr unterschiedlich, wie Abbildung 22 verdeutlicht.

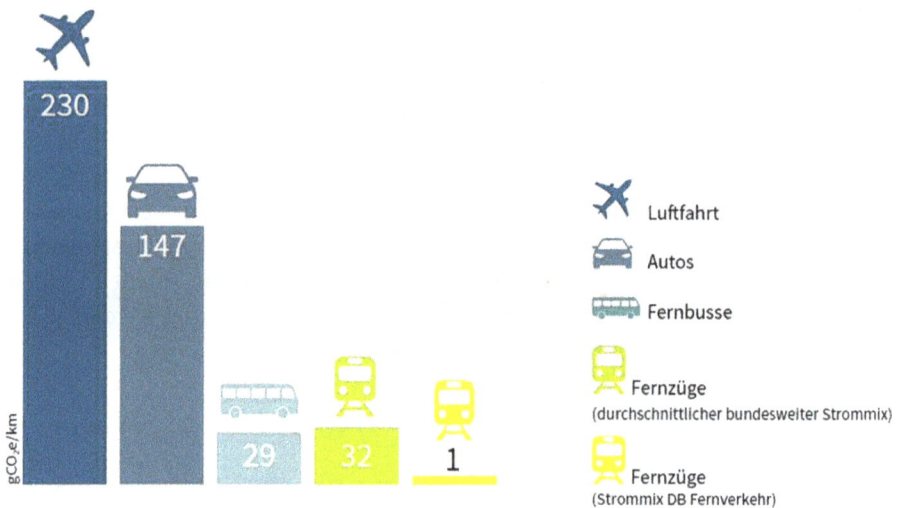

Abbildung 22: Durchschnittliche Treibhausgas-Emissionen der Verkehrsmittel im Vergleich (Donat 2020, S. 5).

Die Verkehrsemissionen 2020 werden wegen der Corona-Krise wahrscheinlich deutlich unter denen von 2019 liegen. Es ist jedoch zu erwarten, dass die Verkehrsnachfrage schnell wieder auf Vorkrisenniveau ansteigt und damit ähnliche Emissionsniveaus wie 2019 erreichen wird. Die Verlagerung des Personenverkehrs auf die Schiene ist ein wichtiger Baustein für die Dekarbonisierung des deutschen Verkehrssystems. Die Schiene ist schon jetzt einer der wichtigsten Verkehrsträger, der mindestens siebenmal weniger CO_2-Emissionen als Flüge und fast fünfmal weniger als Autos verursacht.

Wie erfolgt die Berechnung von CO_2-Emissionen?

Schritt 1: Festlegung der Bilanzgrenzen. Wenn sich ein Unternehmen nun dazu entschließt, den eigenen CCF (Corporate Carbon Footprint) zu ermitteln, muss es sich für einen Berichtsstandard entscheiden. Ziel eines solchen Standards ist es, sicherzustellen, dass zwei Personen mit denselben Daten zum selben Ergebnis kommen. Auf internationaler Ebene sind zwei Standards gängig: das Greenhouse Gas Protocol und die ISO 14064–1 der Internationalen Normungsorganisation. Der Unterschied zwischen den beiden miteinander kompatiblen Standards liegt darin, „that the GHG Protocol identifies, explains, and provides options for GHG inventory best practices, while ISO 14064 establishes minimum standards for compliance with these best practices" (EPA 2021). Nachfolgend wird das Beispiel anhand des Greenhouse Gas Protocol erläutert. Ausgangspunkt bei der Erläuterung ist ein mittelständischer, inhabergeführter Hotelbetrieb.

Im ersten Schritt wird festgelegt, welche Emissionen bei der Bilanzierung berücksichtigt werden sollen. Dazu wird erstens der Berichtszeitraum bestimmt, üblicherweise handelt es sich dabei um ein Kalenderjahr. Zweitens werden die Systemgrenzen festgelegt, also welche Bereiche der Unternehmensaktivität auf ihre Emissionswerte hin untersucht werden. Das Greenhouse Gas Protocol unterscheidet zwischen drei Emissionskategorien, abhängig von ihrem Entstehungsort im Bereitstellungsprozess einer Dienstleistung:

SCOPE 1: Direkte Emission aus Verbrennungsprozessen betriebseigener Anlagen (Heizölkessel, Firmenauto)

SCOPE 2: Indirekte Emissionen aus der Erzeugung bezogener Wärme, von Strom sowie von Kühlmitteln

SCOPE 3: Indirekte Emissionen der vor- und nachgelagerten Wertschöpfungskette, die durch Geschäftsreisen oder durch die Produktion eingekaufter Waren und Dienstleistungen entstanden sind

Entscheidet man sich für eine Bilanzierung nach dem Greenhouse Gas Protocol, müssen mindestens die Emissionen aus dem sogenannten Scope 1 und Scope 2 berichtet werden. Häufig machen jedoch die Emissionen der vor- und nachgelagerten Wertschöpfungskette, Scope 3, einen erheblichen Teil der Unternehmensemissionen aus, so dass diese nach Möglichkeit mitbilanziert werden sollten. Das ist allerdings mit teils erheblichem Aufwand verbunden, so dass empfohlen wird, vorab grob abzuschätzen, welche Emissionen aus diesem Bereich relevant sind. Die Relevanz kann dabei nach zwei unterschiedlichen Methoden festgestellt werden, qualitativ oder quantitativ. Qualitativ relevant bedeutet, dass nicht der Anteil eines bestimmten Postens entscheidend dafür ist, ob er Einzug in den CO$_2$-Fußabdruck findet, sondern die Interessen von Stakeholdern, so dass auch sehr geringe Werte ermittelt werden. Im quantitativen Vorgehen wird eine Schwelle bestimmt, unter der Emissionen nicht mehr berücksichtigt werden, unabhängig von allen anderen

Faktoren. Vorsicht ist hier insbesondere dann geboten, wenn sehr viele Werte unter eine gesetzte Schwelle von beispielsweise ein Prozent der Gesamtbilanz fallen, denn aufaddiert könnte damit eine nicht unerhebliche Menge Emissionen übersehen werden.

Schritt 2: Bilanzierung. Bei der Berechnung im Schritt 2 werden die Verbrauchsdaten innerhalb der Systemgrenzen erhoben und mit Emissionswerten multipliziert. Emissionswerte sind die Emissionen, die bei der Herstellung einer Einheit eines Produktes oder bei der Bereitstellung einer Dienstleistung anfallen. Sie können beispielsweise in Form von x kg CO_2e pro Liter Apfelsaft oder y kg CO_2e pro Zimmerreinigung gemessen werden (CO_2e = CO_2-Äquivalente).

Die Emissionswerte können unterschiedlichen Ursprungs sein. Der Zulieferer eines Hotels kann selbst die Werte als Primärdaten vom eigenen Lieferanten erhalten oder einen CO_2-Fußabdruck für beispielsweise ein Handtuch selbst ermitteln und die Emissionswerte an das bilanzierende Hotel weitergeben. Etwas weniger präzise, aber ebenfalls möglich ist es, branchenübergreifende Durchschnittswerte zu nutzen. Damit wird dann nicht mit dem konkreten Handtuch von einem speziellen Zulieferer gerechnet, sondern es wird ein durchschnittlicher Wert für Handtücher vergleichbaren (das gilt es zu überprüfen) Ursprungs verwendet. Derartige Werte finden sich in öffentlichen wie kostenpflichtigen Datenbanken, Fachpublikationen oder Publikationen öffentlicher oder privater Institutionen. Eine dritte Möglichkeit besteht darin, statt der Verbrauchsdaten die finanziellen Aufwendungen mit branchenspezifischen Emissionswerten pro Geldeinheit zu multiplizieren. Dann wird jeder für eine bestimmte Produktgruppe ausgegebene Euro mit dem Verbrauch dieser Produktgruppe multipliziert.

Im Beispiel sieht das dann so aus: Ein Hotel verbraucht 100 kg Kopierpapier im Jahr. Nach der ersten Methode multipliziert man die Emissionsdaten des Herstellers, etwa 0,9 kg CO_2e pro kg Papier (diese Werte haben rein illustrativen Charakter), mit dem Verbrauch, also den 100 kg, was 90 kg CO_2e pro Jahr ergibt. Im zweiten Ansatz werden Emissionswerte aus öffentlichen oder kommerziellen Datenbanken, beispielsweise 0,8 kg CO_2e, mit dem Verbrauch multipliziert. In diesem Falle käme man auf 80 kg CO_2e pro Jahr. Nach der ausgabenbasierten Methode werden die Ausgaben für Kopierpapier mit Emissionswerten pro Geldeinheit verrechnet: 0,75 kg CO_2e pro für Papier ausgegebenen Euro * 100 Euro Papierkosten im Bilanzierungsjahr ergibt 75 kg CO_2e pro Jahr.

Die Ansätze sind unterschiedlich präzise, daher empfiehlt es sich, wenn immer möglich, mit den Primärdaten der Lieferanten zu arbeiten. Diese liegen jedoch selten vor, so dass zumeist über Datenbankwerte bilanziert wird.

Schritt 3: Auswertung der Ergebnisse. Was macht man nun mit den ermittelten Werten? Ziel ist es, besonders emissionsintensive Produkte oder Prozesse aufzudecken und diese ggf. zu verbessern, sprich die Emissionswerte zu reduzieren. Was durch Umgestaltung der Prozesse nicht reduziert werden kann, sollte kompensiert werden. Dadurch werden sowohl die klimaschädlichen Folgen von Unternehmensprozessen verringert als auch die sozialen Kosten von Treibhausgas-Emissionen in die Kostenstruktur eines Unternehmens häufig eingegliedert.

Unter den sozialen Kosten sind die indirekten Auswirkungen auf Dritte zu verstehen (Hung/Tseng 2014, S. 316). Die Nachhaltigkeit unternehmerischen Handelns ist immer mit indirekten Folgen auf die Gesellschaft verbunden. Wenn also ein Unternehmen seine Emissionswerte reduziert und unumgängliche Auswirkungen kompensiert, hat dies wiederum langfristig positive Auswirkungen auf die Umwelt und somit auf jeden Bewohner der Erde. Viele Studien versuchen die sozialen Kosten der CO$_2$-Emissionen zu erforschen, wobei sich zwei Berechnungsmethoden herauskristallisiert haben. In Studien der vergangenen Jahre variierte der Wert zwischen 31 und 200 Dollar pro Tonne CO$_2$ (Hung/Tseng 2014, S. 318). Die Vielzahl an variablen Ergebnissen liegt in unterschiedlichen Ursachen begründet. Ausschlaggebend ist hierbei, dass die zukünftigen Entwicklungen sowohl im gesellschaftlichen Verhalten und damit den menschlichen Auswirkungen auf den Klimawandel als auch die Fortsetzung des Klimawandels an sich nicht vorherbestimmt werden können (Hung/Tseng 2014, S. 318).

Es werden verschiedene Kompensationsmethoden angeboten, bei denen die Möglichkeit besteht, in Aufforstungsprojekte oder die Wiedervernässung von Mooren zu investieren. Darüber hinaus werden noch eine Reihe weiterer Entnahmetechnologien (die allerdings nicht als Kompensationsprojekte angeboten werden) erprobt, die „anthropogene Aktivitäten [umfassen], die CO$_2$ aus der Atmosphäre entfernen und es dauerhaft in geologischen, terrestrischen oder ozeanischen Senken oder in Produkten speichern. Darin eingeschlossen sind die bestehende und potenzielle anthropogene Erweiterung biologischer oder geo-chemischer Senken sowie die direkte Abscheidung und Speicherung aus der Luft" (Edenhofer et al. 2021, S. 13). Weitere Maßnahmen umfassen die Anreicherung von Bodenkohlenstoff mittels veränderter landwirtschaftlicher Praktiken und die Nutzung von Energie aus Biomasse mit Kohlenstoffabscheidung und -speicherung. Bei künstlich beschleunigten Verwitterungsprozessen von Gestein oder der Absorptionsleistung von NaOH bei der Direktentnahme aus der Luft fußen Ansätze auch auf den chemischen Prozessen wie der CO$_2$-Bindung (Edenhofer et al. 2021, S. 13).

Eine Kompensationsmöglichkeit für Unternehmen stellt der Treibhausgas-Zertifikatshandel dar. Durch den Kauf dieser Zertifikate unterstützen Unternehmen umweltfreundliche Vorhaben durch ihren finanziellen Beitrag und kompensieren damit ihre eigenen Emissionen (Füssler/Kessler 2020, S. 60). Dieses System zur globalen Unterstützung der klimafreundlichen Entwicklung hat allerdings einige Schwachpunkte. Da die Zertifikate auf dem globalen Markt gehandelt werden, verschleiern Unternehmen aus den Industrieländern ihre umweltschädlichen Tätigkeiten durch den Einkauf vieler Zertifikate aus dem Ausland, da diese dort oft billiger gehandelt werden

(Füssler/Kessler 2020, S. 61). Da die vorherrschende Art des Zertifikatshandels negative Auswirkungen auf die Emissionen im Käuferland hat, deren Reduzierung in die Länge gezogen wird, wurden im Pariser Abkommen 2020 neue Regelungen beschlossen. Hierin hat sich jedes Land, inklusive der Entwicklungsländer, eigene Klimaziele gesetzt, wobei ein globaler Rahmen zur Treibhausgasreduktion geschaffen wurde. In diesem Abkommen ist zudem eine schrittweise Weiterentwicklung der Ziele festgelegt worden, um eine Chance zur Erreichung des 2-Grad-Ziels zu bieten. Dabei kann sich ein Land seine Unterstützung zur positiven Klimaentwicklung in anderen Ländern für die Erreichung seiner individuellen Ziele anrechnen lassen (Füssler/Kessler 2020, S. 65).

Sind Sie neugierig geworden, wie es um die eigene persönliche Treibhausgasbilanz bestellt ist? Jeder Verbraucher kann inzwischen den privaten CO$_2$-Fußabdruck mithilfe einer Vielzahl von Online-Rechnern bestimmen. Nennenswert ist hierbei der Rechner des Umweltbundesamtes: https://uba.co2-rechner.de/de_DE/

6.2 CO$_2$-Kompensation

Mit einer Kompensation ist das Ausgleichen der eigenen CO$_2$-Ausstöße über anerkannte Klimaschutzprojekte gemeint, welche sich beispielsweise mit Aufforstung oder dem Ausbau erneuerbarer Energien beschäftigen.

In aller Munde sind im Kontext der CO$_2$-Kompensationen im Jahr 2022 die Begriffe Netto-Null-Emissionen (Net-Zero) vs. klimaneutrale Emissionen. Was ist der Unterschied?

Die Begriffe „klimaneutral" und „Netto-Null" werden oft vermischt, obwohl sie unterschiedliche Ziele verfolgen. Klimaneutral bedeutet, dass CO$_2$-Kompensationszahlungen in Höhe der freigesetzten Emissionen geleistet werden, ohne dass eine Emissionsreduktion stattgefunden haben muss. Klimaneutrale Projekte umfassen beispielsweise die Erzeugung erneuerbarer Energien (z. B. Solar- und Windprojekte) und kosten weniger als 10 GBP/Tonne (Heimpel 2021).

Netto-Null-Emissionen hingegen implizieren, dass alle durch Menschen verursachten Treibhausgas-Emissionen durch Reduktionsmaßnahmen wieder aus der Atmosphäre entfernt werden. Da die Erde bereits auf geringe Änderungen des Anteils an CO$_2$, Methan und anderen Treibhausgasen in der Atmosphäre stark reagiert, muss der Ausstoß dieser Gase so weit reduziert werden, bis das ganze System wieder ins Gleichgewicht kommt. Netto-Null bedeutet, dass die Klimabilanz der Erde netto, also nach den Abzügen durch natürliche und künstliche Senkungsmechanismen, null beträgt (myclimate o. J.).

Einfacher ausgedrückt: Wer in einem Jahr eine Tonne CO$_2$ emittiert, muss im selben Zeitraum dafür sorgen, dass eine Tonne CO$_2$ gebunden, also der Atmosphäre entzogen wird. Es können Wälder gepflanzt werden, die CO$_2$ aus der Luft in Form von Kohlenstoff binden. Auch im Boden ist CO$_2$ in Form von organischem Material gebunden. Sein Anteil lässt sich durch die Form der landwirtschaftlichen Bearbeitung erhöhen. Überschüssiges Kohlendioxid ließe sich auch direkt aus der Luft oder dem Meerwasser entfernen (durch neue Technologien der CO$_2$-Bindung und -Speicherung). Diese CCS-Technologien (Carbon Capture and Storage) bedeuten, dass CO$_2$ direkt dort aufgefangen wird, wo es anfällt (z. B. Kohlekraftwerk) und dann sicher „gelagert" wird. Zum Beispiel in unterirdischen Kavernen (Carstens 2019). Ob die als „Carbon Capture and Storage" bezeichnete Technik wirklich erfolgversprechend ist und 65–80 Prozent des CO$_2$ direkt aus der Atmosphäre fernhalten kann, ist jedoch noch nicht geklärt und gegenwärtig Thema verschiedener Forschungs- und Pilotprojekte (Umweltbundesamt 2021a).

Bemühungen zu Netto-Null-Projekten sind deutlich aufwendiger und können sowohl ausgereifte Aufforstung (mindestens 10 Jahre) umfassen oder auch CO$_2$-Entfernungstechnologien notwendig machen. Die Kosten sind schwer quantifizierbar und liegen bei 10 bis 100 GBP/Tonne (Heimpel 2021).

Ein bekannter branchenübergreifender Kompensationsanbieter ist das Unternehmen ClimatePartner. Die GmbH mit Sitz in München steht für Transparenz und Nachvollziehbarkeit im Klimaschutz und lässt sich hierfür vom TÜV Austria überprüfen. Zu seinen Klimaschutzprojekten zählen der Ausbau einer Kleinbiogasanlage in Indien, die Verteilung sauberer Koch-Öfen in Ruanda sowie die Beschaffung sauberen Trinkwassers in Nicaragua. Das Label steht für Klimaneutralität in diversen Produktgruppen und Dienstleistungsfeldern, worin Druckprodukte, Hotelübernachtungen, Lebensmittel und Veranstaltungen inkludiert sind (ClimatePartner o. J.).

Ein weiterer Kompensationspartner ist das Unternehmen Planetly, das digitale Lösungen anbietet, wodurch Unternehmen ihren ökologischen Fußabdruck berechnen sowie ihre Emissionen reduzieren und kompensieren können. Ziel von Planetly ist die Schaffung durchgehender Transparenz hinsichtlich der CO$_2$-Emissionen von Unternehmen. Diese werden umfassend berechnet und analysiert, wodurch das Unternehmen ihren Kunden ein individuelles Portfolio zusammenstellen kann, um deren Emissionen optimal zu reduzieren und zu kompensieren. Dieses Portfolio umfasst verschiedene globale Projekte zum Klimaschutz und der sozialen Nachhaltigkeit. Den Kunden wird ihre Klimaneutralität durch das Planetly-Siegel nachgewiesen (Stiftung Allianz für Entwicklung und Klima o. J.).

Speziell für die Tourismusindustrie ist die Organisation atmosfair nennenswert. Diese hat sich auf das Thema Klimaschutz auf Reisen fokussiert, wobei Flugreisen im Mittelpunkt stehen. Da hier noch keine durchweg klimaneutralen Lösungen entwickelt wurden, können Reisende die Emissionen durch ihren Flug über atmosfair kompensieren. Dieser Beitrag wird vom Unternehmen für die globale Ausarbeitung der Nutzung erneuerbarer Energien verwendet. Damit stellt atmosfair einen Partner für jene Aktivitäten dar, welche noch nicht durch umweltfreundliche Lösungen ersetzt werden können (atmosfair gGmbH 2020).

Ebenfalls ein Partner hinsichtlich der Kompensation der eigenen CO$_2$-Emissionen ist die Initiative von myclimate. Sie unterstützt sowohl bei der Berechnung und Analyse des eigenen ökologischen Fußabdrucks als auch bei der Zielsetzung zur Reduktion der Treibhausgas-Emissionen und deren Umsetzung. Auch hier werden die Kompensationszahlungen der Kunden in globale Projekte zum Klimaschutz investiert und unterstützen somit die positive Entwicklung zu mehr Nachhaltigkeit auf der ganzen Welt (Stiftung myclimate o. J.).

7 Nachhaltige Rahmenbedingungen

Zwei abschließende Rahmenbedingungen für die Umsetzung einer nachhaltigen Strategie im Tourismus sind die Finanzierung und die Kommunikation der nachhaltigen Aktivitäten an interne und externe Stakeholder in Form einer Nachhaltigkeitsberichterstattung.

Sich nicht nur an rein ökonomischen Kriterien zu orientieren, sondern bei Geldanlagen und Unternehmensfinanzierung auch an Umwelt und soziale Verantwortung zu denken, das betrifft Finanzierungen immer mehr. Bereits 2022 wollen sieben von zehn Profi-Investoren in Europa auf Finanzprodukte verzichten, die nicht den sogenannten ESG-Kriterien entsprechen. Diese drei Buchstaben werden zweifelsohne die wirtschaftliche Zukunft unseres Kontinents prägen: „E" steht für „Environment" (Umwelt), „S" für „Social" (Soziales) und „G" für „Governance" (Unternehmensführung).

7.1 Finanzierung

Grün, ethisch, sozial verantwortlich – für die Finanzierung unter nachhaltigen Gesichtspunkten gibt es viele verschiedene Bezeichnungen. Letztendlich meinen sie aber alle dasselbe: Mithilfe von finanzwirtschaftlichen Instrumenten wie Krediten, Anleihen, Darlehen etc. sollen Projekte und Maßnahmen zum Umwelt- und Klimaschutz unterstützt und realisiert werden. Es geht dabei für Anleger nicht nur darum, eine attraktive Rendite zu erwirtschaften, sondern auch in die Zukunft zu investieren. Das Thema nachhaltige Finanzierung hat spätestens seit der Vorlage des Aktionsplans der EU-Kommission zur Finanzierung nachhaltigen Wirtschaftswachstums im März 2018 in der breiten Masse Anklang gefunden.

Einige Jahre nach der Verkündung des Aktionsplans und der damit einhergehenden Richtlinien stellt die grundlegende Ausrichtung zur Nachhaltigkeit im Finanzwesen noch immer eine Herausforderung dar (Briem/Hiendlmeier 2021).

Der Aktionsplan formuliert zehn Maßnahmen zur Einführung eines nachhaltigen Finanzsystems in der Europäischen Union. Dabei verfolgt er drei Hauptziele: die Neuausrichtung von Kapitalflüssen auf nachhaltige Investitionen, die Erhöhung der Transparenz und Minimierung von finanziellen Risiken, welche aus Bedrohungen wie dem Klimawandel oder auch sozialen Komponenten hervorgehen können, sowie Förderung von Transparenz und Langfristigkeit die Finanz- und Wirtschaftstätigkeit betreffend. Um diese Ziele zu erreichen, plädiert die EU-Kommission u. a. für die Implementierung eines Klassifizierungssystems, genannt Taxonomie. Unternehmen und Investoren sollen so klare und übersichtliche Informationen erhalten, welche Aktivitäten als nachhaltig anzusehen sind. Auch ist die Einführung von Normen und Gütesiegeln geplant, um diese Transparenz zu erhöhen (Koch 2020, S. 102ff.).

https://doi.org/10.1515/9783110748505-007

Anstoß für die erarbeiteten Richtlinien ist unter anderem, dass die gesetzten Nachhaltigkeitsziele nach den aktuellen Entwicklungen nicht allein durch öffentlich finanzierte Projekte erreicht werden können. Laut der Europäischen Kommission seien zusätzliche 180 Milliarden Euro notwendig, welche aus privaten Investitionen getätigt werden müssen (Duscha/Winkler 2018, S. 4). Durch die nachhaltige Ausrichtung im Bereich Finanzen sollen die Auswirkungen negativer Ereignisse auf die gesamte Wirtschaft reduziert werden. Indem die Nachhaltigkeit als Grundlage für Entscheidungen, Angebote und Entwicklungen im Finanzwesen gesetzt wird, kann die Wirtschaft langfristig gestärkt und stabilisiert werden (Europäische Union 2019).

Bis 2027 sollen laut der Europäischen Kommission 45 Milliarden Euro jährlich dafür genutzt werden, den Klimaschutz in das Wirtschaftsgeschehen einzubinden. Um die gesetzten Ziele bis 2030 zu erreichen, muss das globale Finanzvermögen der Finanzbranchen umfassend zur Nachhaltigkeitsentwicklung beitragen. Weiterhin sollen auch zukünftig die Richtlinien nichtfinanzieller Offenlegungen von Unternehmen überarbeitet werden, um zunehmend mehr Transparenz zu schaffen (Europäische Union 2019). Neben der bereits formulierten Taxonomie der Europäischen Kommission, welche Nachhaltigkeit definiert, will diese nun auch Taxonomien für neutrale und umweltschädliche Projekte erarbeiten, um die Unternehmensaktivitäten umfassend bewerten zu können. Letztlich wird die Nachhaltigkeitsreform weiterhin vor große Herausforderungen gestellt, da es in den Mitgliedsstaaten bisher keine allgemeingültige Definition von Nachhaltigkeit gibt. Auch deshalb können noch immer Projekte entsprechend der Taxonomie als nachhaltig definiert werden, welche Mehrkosten verursachen oder im Endeffekt nicht zur Minderung der CO_2-Emission beitragen (Eckhardt/Pierrat 2020, S. 4). Auch wenn die allgemeinen Richtlinien noch lange nicht final definiert sind, ist die Anzahl der nachhaltigen Anleger entsprechend der Nachhaltigkeitsstudie der Union Investment (2021) in den letzten Jahren kontinuierlich steigend.

Die Finanzierungsinstrumente bei der Fokussierung auf ESG- bzw. SRI-Kriterien unterscheiden sich kaum von denen der klassischen Finanzierung (siehe auch Kapitel 7.2 Berichterstattung). Nachhaltige Anleihen, auch Green Bonds genannt, bieten Unternehmen die Möglichkeit, sich über die Anleger Fremdkapital zu beschaffen. Die Bonds werden dabei durch Agenturen auf Erfüllung der Nachhaltigkeitskriterien überprüft. Auch nachhaltige Schuldscheine geben Unternehmen die Möglichkeit, ihre ökologischen oder sozialen Vorhaben zu realisieren. Die Bewertung von außen kann hierbei auch von einer kleineren Agentur vorgenommen werden. Ebenso können Bankkredite zur Finanzierung von grünen Projekten aufgenommen werden. Starkes Wachstum verzeichnen auch die „sustainability-linked" Finanzierungswerkzeuge. Diese müssen nicht zwangsläufig für ein konkretes grünes Vorhaben eingesetzt werden, sondern stehen auch für generelle Zwecke, unter Beachtung der Steigerung positiver Gesamteffekte, wie beispielsweise ressourcenschonende Produktion oder Reduktion von Treibhausgas-Emissionen, zur Verfügung (Helaba o. J.)

Es ist also festzuhalten, dass es in jedem Fall sinnvoll ist, auf nachhaltige Finanzierung umzusteigen. Die Nachfrage ist hoch und steigt immer mehr, während es bisher zumindest auf dem deutschen Markt wenige Anbieter gibt. Unternehmen, die sich bereits jetzt nach ESG-Kriterien ausrichten, haben gute Chancen, viele Investoren anzulocken und auch auf langfristige Sicht sicherer aufgestellt zu sein.

Mittlerweile gibt es weltweit einige Hundert Nachhaltigkeitsindizes. Dabei ist das Thema nachhaltige Finanzierung in Deutschland bisher noch deutlich weniger präsent als in anderen europäischen Ländern oder Nordamerika. Gerade deshalb ist es lohnend, sich als Unternehmen damit auseinanderzusetzen und das Potenzial darin zu erkennen. Das weltweite Emissionsvolumen für nachhaltige Anleihen lag im Jahr 2020 nach Angaben der Climate Bonds Initiative bei 269,5 Millionen US-Dollar (Deutsches Aktieninstitut e.V. 2021). Für nachhaltige Investments sprechen viele Faktoren. Anleger und Investoren bleiben dem Unternehmen oft treu und stehen ihm auch in Krisensituationen bei. Das Marktwachstum ist gewaltig und Unternehmen, welche auf lange Sicht relevant bleiben wollen, müssen eine Nachhaltigkeitsstrategie entwickeln, welche den Finanzbereich nicht außen vor lässt. Durch die Aufnahme in Fonds, welche sich auf ökologische und soziale Nachhaltigkeit spezialisiert haben, kann das eigene Image weiter verbessert werden, und diesbezügliche Ratings von Dritten helfen dabei, kontinuierliche Fortschritte bei der Umsetzung von Nachhaltigkeitsbestrebungen zu machen (Thomaschewski/Völker 2016).

Was ist bei einer nachhaltigen Finanzierung anders? Es stellt sich also die Frage, was eine nachhaltige Finanzierung von der üblichen Herangehensweise im Finanzwesen unterscheidet. Dabei liegt die Grundlage im ansteigenden Ansehen von Nachhaltigkeit allgemein. Es ist auf viele Weisen darstellbar, dass nachhaltig agierende Unternehmen genauso wie Unternehmen, welche nachhaltige Projekte finanzieren, erhöhtes Ansehen in der Gesellschaft genießen. Vielmehr noch sind die Auswirkungen negativer, also nicht nachhaltiger Aktivitäten von Unternehmen deutlich zu sehen (Philipps et al. 2012, S. 2). Grundlegend soll durch eine nachhaltige Finanzierung auch das Finanzwesen im Sinne der Nachhaltigkeit langfristig gesichert werden. Hierzu müssen die Finanzierungsziele mit den globalen Nachhaltigkeitszielen in Einklang gebracht werden (Duscha 2018, S. 9). Somit sollen auch das Finanzwesen und damit verbundene Investitionen jeder Art ihren Beitrag zur Bekämpfung des Klimawandels und Erreichung der Nachhaltigkeitsziele leisten (Duscha/Winkler 2018, S. 4).

Eine Möglichkeit der Finanzierung nachhaltigen Wirtschaftens ist die Förderung durch das Bundesamt für Wirtschaft und Ausfuhrkontrolle (BAFA). Das BAFA bietet verschiedene Förderprogramme zur Nutzung erneuerbarer Energien und effizienter Ressourcen. Hierbei werden vor allem Projekte in der Baubranche unterstützt (BAFA 2021). Dementsprechend gibt es für die Vielfalt der Branchen, in welche das Finanzwesen verwickelt ist und durch eine nachhaltige Ausrichtung Einfluss nehmen kann, auch eine Vielzahl verschiedener Fördermittel für die unterschiedlichsten Branchen und Projekte. Ein weiteres Beispiel ist eine Förderung durch die Kreditanstalt für Wiederaufbau, welche mit der „Klimaschutzoffensive für den Mittelstand" die Einführung und Nutzung umweltfreundlicher Transportmittel unterstützt (KfW 2022). Für die private nachhaltige Geldanlage hat der WWF Österreich einen Guide veröffentlicht: https://www.wwf.at/wp-content/uploads/2021/10/WWF_guide_nachhaltige_fi nanzen_2021_c_WWF.pdf

Die Herausforderung in der Finanzbranche ist die Umwandlung der Hauptziele und Anpassung des gesamten Prozesses. Für die langfristige Umsetzung einer nachhaltigen Finanzierung darf für Banken und Finanzsysteme nicht mehr der Profit im Mittelpunkt stehen, sondern die Erhaltung der natürlichen Ressourcen. Sowohl die Prozesse im Finanzwesen müssen nachhaltig gestaltet werden als auch deren Ergebnis. Nachhaltigkeit muss die Grundlage und das Ziel jeder Aktion der Banken darstellen (Brandes 2019). Von 2019 auf 2020 stieg die Summe des nachhaltig angelegten Geldes in Deutschland um 25 Prozent auf 335,3 Milliarden Euro (FNG 2021). Die Sparkassen bieten ihren Kunden die Möglichkeit zur Information über nachhaltige Geldanlagen. Außerdem können Sparkassenkunden ihr Geld in Deka Investmentfonds anlegen. Bereits seit 2006 arbeitet die Deka Investment mit nachhaltigen Fonds, deren Geld in Firmen investiert wird, welche sich überwiegend mit dem Thema Energie auseinandersetzen. Trotz des Risikos einer Geldanlage wird die Investition in Nachhaltigkeit durch deren Notwendigkeit als weniger riskant angesehen (Sparkasse o. J.).

Wie kann zur Finanzierung von Projekten beigetragen werden? Crowdfunding gibt jedem die Möglichkeit, gesellschaftliche Unterstützung zu erlangen. Crowdfunding ist eine Form der Finanzierung (engl. „funding") durch eine Menge (engl. „crowd") von Internetnutzern. Durch diverse Crowdfunding-Plattformen, persönliche Homepages und professionelle Websites kann hierdurch selbst ein Einzelner finanzielle Unterstützung für sein persönliches Projekt sammeln. Crowdfunding ermöglicht es, jede noch so kleine oder außergewöhnliche Idee durch die Mithilfe von Fürsprechern umzusetzen und zu fördern.

Beim Crowdfunding unterscheidet man grundsätzlich vier verschiedene Varianten. Neben dem sogenannten Crowddonating, was die Spende einer Geldsumme für das beschriebene Projekt meint, gibt es auch andere Möglichkeiten des Sammelns von Finanzmitteln, welche eine Gegenleistung beinhalten. Hier wird das Crowdinvesting, -lending und -supporting unterschieden. Die erste Form beschreibt eher die Finanzierung in ein Unternehmen als in ein einzelnes Projekt, wobei die Geldgeber durch ihre Unterstützung finanziell am Unternehmen beteiligt sind. Sie erwerben durch ihre Spende eine Beteiligung. Das Crowdlending funktioniert ähnlich, wobei das Geld hier eher als Kredit an ein Unternehmen anzusehen ist. Das finanzierte Unternehmen oder Projekt hat das geliehene Geld mit dem dadurch zukünftig erwirtschafteten Umsatz inklusive Zinsen zurückzuzahlen. Als Beispiel wären hier die nachhaltigen, modularen Smartphones „SHIFTPHONES" zu nennen, die sich zu einem großen Teil über diese Art finanzieren. Das Unternehmen schreibt auf seiner

Website: „Hinsichtlich unserer Produktionskapazitäten ist es immer hilfreich, bei Bedarf auf mehr Kapital zurückgreifen zu können. Dadurch können wir mehr Komponenten einkaufen, erhalten bessere Einkaufskonditionen und sind somit in der Lage, viele Prozesse zu beschleunigen. Interessant sind für uns Kurzzeitdarlehen zwischen 20.000 und 100.000 EUR oder auch mehr. Die Laufzeit sollte max. 6 bis 12 Monate betragen. I.d.R. vereinbaren wir eine Verzinsung in Höhe von 2 Prozent. Die Zinsauszahlung erfolgt am Ende der Laufzeit. Darlehen über geringere Beträge ziehen wir eher nicht in Betracht, da sie sehr viel Administrationsaufwand für uns bedeuten" (Shiftphones 2022). Das Crowdlending erinnert daher eher an eine Investitionsmöglichkeit. Das Crowdsupporting ist auch mit einer Gegenleistung verbunden, wobei diese einmalig und der Spende entsprechend ausfällt. So kann im touristischen Bereich durch die finanzielle Unterstützung eines Projektes beispielsweise eine Freikarte oder Ähnliches für den Spender erwirtschaftet werden (Amrein et al. 2016, S. 3 f.).

Insgesamt leistet Crowdfunding auch in der Tourismusbranche immer wieder seinen Beitrag zur Entwicklung. Digitale Projekte wie die virtuelle Urlaubsreise wurden durch Crowdfunding-Aktionen unterstützt. Im Tourismussektor hat sich Crowdfunding aber vor allem im Zusammenhang mit sozialen Projekten als sehr erfolgreich erwiesen. Laut einer Studie von 2020 scheint es bei solchen Projekten im Tourismus ausschlaggebend, welche Plattformen für die Suche nach gesellschaftlicher Unterstützung verwendet werden (Bonn/Kim/Lee 2020, S. 244 ff.). Des Weiteren vertrauen die potenziellen Spender eher einer Gruppe von Spendensammlern als einer einzelnen Person, wie eine Studie aus dem Jahr 2015 belegt (Beier/Wagner 2014, S. 2). Vor allem im asiatischen Raum wird Crowdfunding zur Finanzierung kultureller Veranstaltungen wie Festivals oder Kunstausstellungen verwendet. Grundsätzlich ist die Publikation über die sozialen Medien am erfolgreichsten, da hierdurch sowohl eine breite Masse an Menschen angesprochen wird als auch die globale Verbreitung sehr einfach gestaltet wird. Im Tourismus finden vor allem Crowdfunding-Projekte, welche sich für Maßnahmen zum Schutz der Umwelt oder gegen den Klimawandel einsetzen, am meisten Unterstützung in der Gesellschaft (Kim/Petrick 2021, S. 948 ff.). Regierungen sind auf die Beihilfe der Bürger angewiesen, da die Investitionen in eine nachhaltige Entwicklung des touristischen Angebotes oft mit hohen finanziellen Ausgaben verbunden sind. Gerade in ländlichen Gebieten und ärmeren Ländern, die vom Tourismus abhängig sind, sind finanzielle Unterstützungsmaßnahmen ausschlaggebend (Gulev/Temelkov 2019, S. 73 ff.). Dem Thema Crowdfunding ist allerdings mehr als die finanzielle Stärkung nachhaltiger Projekte zuzuschreiben. Durch dieses Fördermittel erlangen Initiativen überwiegend sozialer und auch ökologischer Nachhaltigkeit Aufmerksamkeit, wodurch auf schwierige oder bisher eher vernachlässigte Themen hingedeutet werden kann. Somit kann Crowdfunding mittlerweile auch in der Tourismusbranche als wichtiges Marketing- und Kommunikationsmittel angesehen werden (Amrein et al. 2016, Management Summary).

Zwei internationale Crowdfunding-Plattformen, welche unter anderem touristische und nachhaltige Projekte unterstützen, sind „Indiegogo" und „Kickstarter". Hier hat jeder User die Möglichkeit, einen kleinen Beitrag zu Projekten wie dem Aufbau einer Meeresfarm oder der Implementierung einer Modemarke, welche Kleidung aus Eukalyptus-Fasern herstellt, zu leisten (Kickstarter 2022). Auch auf dem Portal „wemakeit" werden Ideen wie ein interaktiver Pistenplan in Adelboden-Lenk, eine nachhaltige Tourismusbroschüre in der Schweiz, ein Fischerboot für Mosambik oder Projekte zum Natur- und Kulturerhalt in Kenia mittels Crowdfunding finanziert. Gerade nachhaltige Projekte und Initiativen stehen hier besonders im Vordergrund und können durch die Plattform Menschen dazu bewegen, finanzielle Mittel zur Realisierung der Projekte zur Verfügung zu stellen (Wemakeit 2022).

Obwohl die nachhaltige Finanzierung (inkl. Crowdfunding) dem ökonomischen Sockel der Nachhaltigkeit zugeordnet wird, kann sie als Fundament für die gesamte globale Nachhaltigkeitsentwicklung angesehen werden. Gleichgültig, welche Säule der Nachhaltigkeit – ökonomisch, ökologisch oder sozial – betrachtet wird, jede Maßnahme ist auf die Notwendigkeit finanzieller Ressourcen in unterschiedlichem Ausmaß zurückzuführen. Das heißt, langfristig bildet die nachhaltige Finanzierung das grundlegende Fundament zur globalen Nachhaltigkeit und dient somit der Sicherung der Wirtschaft, unserer Gesellschaft und des Tourismus. Der Gastbeitrag von Theresa Pleye gibt Einblicke, wie die GLS Bank Nachhaltigkeit in ihre Finanzierungsentscheidungen integriert.

Gastbeitrag: Nachhaltiger Tourismus beginnt mit der Finanzierung
Theresa Pleye, GLS Bank

Banken lenken über Kreditentscheidungen Kapital in nachhaltige oder nicht nachhaltige Unternehmen – und beeinflussen damit unsere gemeinsame Zukunft. Ausschlaggebend über die positive Wirkung von Geld sind dabei die Kriterien, nach denen Kredite vergeben oder abgelehnt werden. Steht allein der maximale Profit im Vordergrund, haben viele nachhaltige Projekte keine Chance. Jedoch können wir uns als globale Gesellschaft klimaschädliche Finanzströme nicht länger leisten: Die Fakten über die planetaren Grenzen sind in der Wissenschaft belegt und der Klimawandel hat in den letzten Jahren erschreckend an Fahrt gewonnen. Die Politik muss den geeigneten Rahmen schaffen, um Geldströme in nachhaltige Wirtschaft umzulenken. Dazu gehört neben dem Abbau klimaschädlicher Subventionen eine Offenlegungspflicht von nachhaltigen Investitionen von Seiten der Banken. Doch um die Umwelt zu schützen, gesellschaftlichen Frieden zu bewahren und langfristige ökonomische Sicherheit zu garantieren, braucht es deutlich mehr Kraftaufwendung, als Nachhaltigkeit als zusätzliches Kriterium neben vielen zu denken. Die Mehrheit der Konsumenten fordert „grünes Investment", doch oft ist für Kunden nicht auf den ersten Blick erkennbar, wie nachhaltig ein Unternehmen tatsächlich agiert.

Die GLS Bank hat seit ihrer Gründung Nachhaltigkeit ins Zentrum ihrer Finanzierungsentscheidungen gestellt. Erst wenn ein positiver sozialer oder ökologischer Nutzen erkennbar ist, stellt die GLS Bank die klassische Kreditwürdigkeitsprüfung an. Grundlage hierfür sind die Anlage- und Finanzierungsgrundsätze, die viele Branchen von vornherein ausschließen. Waffen, Atom, Gas und Massentierhaltung sind nur einige Kriterien, die für die GLS Bank eine Finanzierung ausschließen.

Zukunftsbilder als gemeinsames Werteverständnis

Neben den Finanzierungskriterien stellt die GLS Bank zudem für jede der sechs GLS-Branchen (Erneuerbare Energien, Ernährung, Wohnen, Nachhaltige Wirtschaft, Soziales & Gesundheit, Bildung & Kultur) ein eigenes Zukunftsbild auf. Damit definiert die Bank:

–   Welche Veränderungen innerhalb der Branche sind für eine sozial-ökologische Transformation notwendig?
–   Auf welchen Indikatoren beruht Nachhaltigkeit?
–   Auf welche Zukunft ist das Bankgeschäft ausgerichtet?

Für die Branche Nachhaltige Wirtschaft – und damit für den Tourismus, Hotellerie und Gastronomiebereich – hat die GLS Bank gemeinsam mit Kunden, Mitgliedern und Mitarbeitern folgendes Zukunftsbild entwickelt:

Genügsamkeit
–   Maßvolle Gesamtnutzung von Produkten und Dienstleistungen
–   zu einer gesamtgesellschaftlichen Reduktion der ökologischen Auswirkungen
–   Effizienz statt Wachstumsdogma

Sinnstiftend
–   Verständnis für menschliche Grundbedürfnisse sowie deren aktive Berücksichtigung
–   sozialverträgliche Produkte und Dienstleistungen
–   auf den Basisnutzen der Menschen ausgerichtete Produkte und Dienstleistungen

Selbstbestimmt
–   Stärkung finanzieller Eigenmittel zur Absicherung der ethischen und sozial-ökologischen Ausrichtung
–   Verbesserung der ökonomischen Resilienz
–   Stärkung von Stimmrechten und Eigentumsverhältnissen zur Förderung der Eigenständigkeit und Selbstbestimmung eines Unternehmens und dessen Belegschaft

Faire Partnerschaften
–   Durchsetzung von fairen, vertrauensvollen, transparenten, langfristigen Partnerschaften und regionaler Verantwortung
–   Stärkung partnerschaftlicher Qualitäten wie Vertrauen, Transparenz und Solidarität

Transformativ
–   Etablierung sozial-ökologischer Alternativen und Innovationen, die bestehende Produkte und Dienstleistungen ablösen, einen neuen nachhaltigen Markt eröffnen oder etablierte Märkte deutlich beeinflussen

Partnerin für die nachhaltige Transformation

Die GLS Bank versteht sich nicht nur als Finanziererin, sondern als Partnerin und Beraterin für die Weiterentwicklung von nachhaltigen Geschäftsmodellen. Der gesellschaftliche Gestaltungsanspruch endet daher nicht mit der Vergabe von Krediten an besonders nachhaltige Unternehmen. Mit den Zukunftsbildern und der Erhebung von Wirkindikatoren der Kunden bietet die GLS Bank Wirkprofile an, die die individuelle Nachhaltigkeitsleistung von Unternehmen mit Leistungen anderer Unternehmen vergleichen, Verbesserungspotenziale identifizieren und beraten.

In der Hotellerie achtet die GLS Bank beispielsweise besonders auf nachhaltige Konzepte zur Versorgung von Gästen, ökologische Reinigungsmittel, Ökostrom, Ausbau von Photovoltaik, eine ökologische Bauweise und Wärmeversorgung. Darüber hinaus werden unsere Zukunftsbilder anhand von zahlreichen Wirkindikatoren abgefragt. Dabei kommt es beispielsweise auch auf den fairen Umgang mit Mitarbeiter*innen oder Geschäftspartner*innen an.

Beispiel aus der Praxis: forum anders reisen

Ein starker Partner der GLS Bank ist das forum anders reisen. Der Verband von Reiseveranstaltern stärkt seit 20 Jahren nachhaltigen Tourismus. Aus den zwölf Gründungsmitgliedern sind mittlerweile 140 geworden, die jährlich über 300 Millionen Euro erwirtschaften. Das Ziel: Die Reise darf nicht zulasten der Umwelt oder der Menschen des jeweiligen Urlaubsorts gehen. Wichtig ist vor allem der sorgsame Umgang mit Ressourcen. Konkret gilt es darauf zu achten, in dürren oder wasserarmen Regionen keine Golf- oder Wellness-Hotelressorts zu bauen oder Übernachtungen in diesen anzubieten. Ein weiterer Punkt ist die Müllvermeidung, wo immer es geht. Tourismus erzeugt leider unglaublich viel Abfall, egal ob bei Plastik oder bei Lebensmitteln. Besonders problematisch sind die All-inclusive Angebote, bei denen Essen in großen Mengen zu jeder Tageszeit auf reichhaltigen Buffets verfügbar ist. Da bleibt am Ende zwangsläufig eine sehr große Menge übrig. Die Mitglieder von forum anders reisen haben sich verbindlich auf einen strengen Kriterienkatalog geeinigt, dessen Einhaltung von einem unabhängigen externen Zertifizierungsrat überprüft wird. Die Reiseangebote der Verbandsmitglieder sind umweltfreundlich, sozialverträglich und wirtschaftlich fair zugleich.

7.2 Berichterstattung

Ein regelmäßiges Berichtswesen ist wesentlicher Bestandteil eines authentischen, nachhaltigen Engagements und erfolgt meist am Ende als Ergebnis aller nachhaltigen Aktivitäten. Es macht die nachhaltige Entwicklung eines Unternehmens zeitlich sichtbar und bietet allen Stakeholdern Transparenz und Nachvollziehbarkeit. Dabei sollen die Informationen sowohl über die ökonomischen als auch die ökologischen und sozialen Auswirkungen berichten. Durch die Vielzahl der Stakeholder muss die nachhaltige Berichterstattung diverse Interessen berücksichtigen. Die Arbeitsbedingungen der Mitarbeiter sind beispielsweise für Anteilseigner nur von sekundärem Interesse. Diese möchten über Liquidität und Risikodaten unterrichtet werden. Somit sollte ein Unternehmen zur Zufriedenstellung aller Stakeholder umfassend in einem regelmäßigen Zeitabschnitt über die Unternehmensaktivitäten extern berichten.

Während kleine und mittelständische Unternehmen freiwillig eine Berichterstattung abgeben können, gibt es Unternehmen, welche aufgrund ihrer Größe und Art der Gesellschaft einer Berichtspflicht unterliegen. Hierzu zählen gemäß § 289c, 315b Handelsgesetzbuch kapitalmarktorientierte Gesellschaften, Kreditinstitute und Versicherungen sowie Unternehmen mit mehr als 500 Mitarbeitern oder einer Bilanzsumme von mehr als 20 Millionen Euro beziehungsweise einem Umsatz von mehr als 40 Millionen Euro. Unternehmen, die nicht in eine der angegebenen Kategorien fallen, dürfen sich frei dazu entscheiden, eine nichtfinanzielle Berichterstattung zu erstellen und somit ihre Stakeholder über den Grad der Nachhaltigkeit im Unternehmen zu informieren.

Im Juni 2019 hat die Europäische Kommission neue Leitlinien für die Berichterstattung veröffentlicht, welche vor allem auch die Vorteile für die Unternehmen betonen. Hierbei werden die Optimierung des Risikomanagements sowie finanzielle Vorteile durch die Ausweitung der Investorenbasis genannt. Nicht zuletzt sorgt eine nachhaltige Berichterstattung für ein positives Image des Unternehmens in der Gesellschaft, da die Konsumenten einen transparenten Einblick in die nachhaltigen Entscheidungen, Ziele und Entwicklungen des Unternehmens erhalten (Müller 2019a). Diese Transparenz ist entscheidend bei der nachhaltigen Berichterstattung eines Unternehmens. Der Bericht der Unternehmenstätigkeiten nach außen gibt allen Interessenten einen Überblick in die Integration der nachhaltigen Versprechen und Leitbilder in die tatsächlichen fortlaufenden Tätigkeiten. Darüber hinaus wird die individuelle Gestaltung des unternehmerischen Verständnisses von Nachhaltigkeit für alle Stakeholder bewertbar gemacht (Feichtenbeiner et al. 2021, S. 384).

Die charakteristischen Aspekte einer nachhaltigen Berichterstattung sind zum einen die marktorientierten Motive wie beispielsweise die Sensibilisierung des Endkonsumenten. Dieser bekommt durch die nachhaltige Berichterstattung die Möglichkeit, sich mit den Prozessen zur Produktentwicklung auseinanderzusetzen und somit eine individuelle Meinung über den unternehmerischen Beitrag zur Nachhaltigkeit zu entwickeln.

Weiterhin geht es um managementorientierte Motive, also die Förderung von Nachhaltigkeit innerhalb des Unternehmens. Hierbei soll den Stakeholdern aufgezeigt werden, welche Maßnahmen das Unternehmen ergreift, um interne Prozesse nachhaltiger zu gestalten. Die managementorientierten Motive befassen sich beispielsweise mit den Arbeitsbedingungen der Mitarbeiter, also langfristig der Förderung der Arbeitnehmerzufriedenheit.

Ein dritter Aspekt kann durch die öffentlichkeitsorientierten Motive beschrieben werden. Schließlich ist die Promotion eines Unternehmens über nachhaltige Produkte und Aktivitäten stets förderlich für die Positionierung im Wettbewerb. Eine nachhaltige Unternehmensausrichtung impliziert langfristig immer eine positive Entwicklung des Unternehmens hinsichtlich des Leistungspotenzials (Kirchhoff 2019, S. 111 f.).

Für Unternehmen, welche zur Berichterstattung verpflichtet sind, gibt es fünf vorgeschriebene Aspekte, über die es zu berichten gilt. Hierzu zählen Umweltbelange sowie die Interessen der Arbeitnehmer und soziale Bestrebungen. Des Weiteren muss das Unternehmen Stellung beziehen zur Achtung der Menschenrechte und seinem Beitrag zur Bekämpfung von Bestechung und Korruption (Gawenko et al. 2020, S. 269).

Grundsätzlich gibt es viele Möglichkeiten der Darstellung des externen Berichts bezüglich der Nachhaltigkeit im Unternehmen. Am umfangreichsten ist dabei die anerkannte Leitlinie der Global Reporting Initiative (GRI).

Global Reporting Initiative (GRI)

GRI wurde von UNEP und CERES entwickelt, welche Modellindikatoren, Richtlinien und Hilfsmittel für die Erstellung von Nachhaltigkeitsberichten bereitstellen. Alle Leitfäden, Ergänzungen und Anhänge sind auf der GRI-Website zu finden. GRI beurteilt die Qualität der Nachhaltigkeitsberichte anhand ihrer Genauigkeit, Ausgewogenheit, Verständlichkeit, Vergleichbarkeit, Zuverlässigkeit und Aktualität. Inhaltlich wird das Dokument auf die Einbindung von Anspruchsgruppen, den Nachhaltigkeitskontext, die Wesentlichkeit und die Vollständigkeit überprüft (Kübbeler 2022). Die GRI-Standards sind in universelle sowie spezifische Kategorien unterteilt, welche nacheinander die ökonomischen, ökologischen und sozialen Themen behandeln. Die Themen der Ökonomie umfassen beispielsweise die wirtschaftliche Leistung des Unternehmens, die lokale Beschaffung und die Fairness im Wettbewerb. Im ökologischen Teil werden Energie, Wasser, Abfall und Ähnliches bearbeitet sowie die Lieferanten hinsichtlich ökologischer Kriterien bewertet. Die sozialen Themen umfassen z. B. die Anstellungsbedingungen für potenzielle Mitarbeiter, Kinderarbeit, Sicherheitspraktiken sowie den Schutz der Privatsphäre der Kunden. Die Anwendung dieser GRI-Standards macht die Berichterstattung verschiedener Unternehmen miteinander vergleichbar, wobei es auch bei der Anwendung dieser standardisierten Berichterstattung verschiedene Möglichkeiten der Offenlegung der Unternehmenstätigkeiten gibt (Gawenko et al. 2020, S. 269).

Deutscher Nachhaltigkeitskodex (DNK)

Eines der bekanntesten deutschen Berichtsformate ist der Deutsche Nachhaltigkeitskodex (DNK). Er wurde im Jahr 2012 vom Rat für Nachhaltige Entwicklung ins Leben gerufen und fungiert als Hilfsmittel für den Aufbau einer Nachhaltigkeitsstrategie und die ordentliche Berichterstattung darüber. Die DNK-Datenbank umfasst die veröffentlichten Berichte von über 600 Organisationen, welche jeweils Aussagen zu 20 DNK-Kriterien sowie nichtfinanziellen Leistungsindikatoren inkludieren. Zu diesen 20 Kriterien zählen Strategie, Wesentlichkeit und Ziele ebenso wie Ressourcenmanagement, Chancengerechtigkeit und politische Einflussnahme. Der Deutsche Nachhaltigkeitskodex ist ein kostenloses Instrument, mitentwickelt von Vertretern aus Politik, Organisationen, Unternehmen und dem Finanzmarkt.

Die DNK-Mentoren und DNK-Schulungspartner unterstützen bei der vollständigen und qualitativ hochwertigen Berichterstattung, um nachhaltige Entwicklungen transparent sichtbar zu machen (DNK o. J.).

Environmental – Social – Governance (ESG)

Environmental – Social – Governance – das sind die von der Europäischen Union festgelegten Standards für nachhaltige Investments. Das Ziel von ESG ist es, den Anlegern eine transparente, verständliche und überprüfbare Bewertungsgrundlage zu schaffen und einen weiteren Schritt zur Einhaltung des Pariser Klimaabkommens und der Sustainable Development Goals zu leisten.

Environmental – Ökologisch: Beim ökologischen Aspekt von ESG geht es darum, Pläne und Maßnahmen zur Verringerung und Adaption an den Klimawandel zu entwickeln. Dies beinhaltet u. a. den Schutz und sparsamen Umgang mit natürlichen Ressourcen, den Erhalt der Biodiversität und die Reduktion des CO_2-Fußabdrucks. In Hinblick auf die zunehmende Wasserknappheit beinhaltet dies auch eine sparsame Wassernutzung, z. B. durch Abwasseraufbereitung und die Verwendung von Grauwasser. Bei benötigten Infrastrukturen und Fahrzeugen ist auf niedrige Emissionsmengen zu achten, und im Betrieb eingesetzte Produkte und Technologien sollten im Idealfall Nachhaltigkeitskriterien erfüllen. Letztendlich ist auf ein ganzheitliches umweltfreundliches Gebäudemanagement Wert zu legen.

Social – Sozial: Die soziale Ebene betrachtet vor allem das Wohlergehen der Mitarbeiter eines Unternehmens. Dies beinhaltet Aspekte des Gesundheitsschutzes, die Gleichbehandlung aller Mitarbeiter unter Beachtung der Chancengleichheit, unabhängig von Geschlecht, Herkunft und sexueller Orientierung. Damit geht die faire Bezahlung von allen Beteiligten in der Lieferkette einher. Zudem sollten die Angestellten eines Unternehmens Möglichkeiten zur Fortbildung und persönlichen Weiterentwicklung wahrnehmen können. Nicht zu vernachlässigen ist aber auch die Kundenperspektive. Kundenzufriedenheit sollte im Vordergrund stehen, weshalb auch die Haftung für die eigenen Produkte berücksichtigt werden muss. Dazu gehört auch die vertrauliche Behandlung persönlicher Daten durch Gewährleistung von Datenschutz und Privatsphäre. Ein ausgewogenes Stakeholder-Management ist die Grundlage der sozialen Dimension. Um weiterhin eine positive Berichterstattung zu erzielen, können Unternehmen auch verschiedene Formen der gesellschaftlichen Verantwortungsübernahme umsetzen. Dies beinhaltet beispielsweise Spendenaktionen für soziale, kulturelle und ökologische Initiativen und Projekte (Corporate Giving) oder aber ehrenamtliches Engagement durch Mitarbeiter (Corporate Volunteering).

Governance – Unternehmensführung: Governance gilt mittlerweile als die Voraussetzung für die ökologische und soziale Komponente von ESG. Eine ethische und skandalfreie Unternehmensführung ist unbedingt notwendig, um ganzheitlich agieren zu können. Unternehmen müssen transparent und verantwortungsvoll handeln; die Einhaltung von Gesetzen und Regelwerken (Compliance) ist die Grundlage für eine erfolgreiche ESG-Ausrichtung. Es gilt, die eigenen Werte und Richtlinien klar gegenüber der Öffentlichkeit, Kunden und Geschäftspartnern zu kommunizieren. Außerdem ist es im Branchenwettbewerb wichtig, Fairness zu zeigen. Des Weiteren ist es notwendig, alle internen Prozesse hinreichend zu steuern und zu kontrollieren. Hierfür benötigt es vielfältig zusammengesetzte Kontrollorgane, welche unabhängig voneinander agieren. Dies kann beispielsweise der Aufsichtsrat, bestehend aus Mitgliedern mit verschiedenen Hintergründen, Fähigkeiten und Erfahrungen, sein. Im Unternehmen sollten weiterhin die Vergütungsrichtlinien klar und unmissverständlich definiert werden und alle Positionen unabhängig von der Hierarchie Chancengleichheit erfahren. Für eine erfolgreiche Unternehmensführung ist ebenfalls ein gutes Risiko- und Reputationsmanagement unerlässlich (Haberstock 2019).

Obwohl die nachhaltige Berichterstattung für viele Unternehmen das Risiko des Imageverlustes mit sich bringt, sollte sie als eine wichtige Maßnahme gesehen werden, um die Nachhaltigkeit branchenübergreifend in den Unternehmen jeder Größe zu fördern. Indem sich ein Unternehmen mit der nichtfinanziellen Berichterstattung auseinandersetzt, werden Möglichkeiten zur Optimierung herausgearbeitet. Dies kann zur langfristigen Zielformulierung beitragen, wodurch wiederum Maßnahmen zu mehr Nachhaltigkeit im Unternehmensalltag definiert werden können.

Eine 2020 veröffentlichte Studie zeigt kontrovers auf, dass sich die meisten Unternehmen für jene Form der Berichterstattung entscheiden, welche nur geringe Berichtspflichten umfasst. In der Studie wurden die nichtfinanziellen Berichte von 29 DAX-Unternehmen untersucht. Die Forschung zeigte weiterhin, dass kaum Bereitschaft zur umfassenden Prüfung der Angaben besteht. Von den begutachteten Unternehmen ließen nur zwei ihre Erklärungen tiefgreifend extern überprüfen (Gawenko et al. 2020, S. 276). Außerdem liegt der Fokus der Berichterstattung auf ökologischen Aspekten, wohingegen die sozialen Themen nur oberflächlich behandelt werden. Ein Grund hierfür wird in der mangelnden Standardisierung der sozialen Bewertungsansätze vermutet (Gawenko et al. 2020, S. 281).

In der Tourismusbranche gibt es einige positive Beispiele für die nichtfinanzielle, nachhaltige Berichterstattung von Unternehmen. Der Reiseveranstalter Neue Wege, welcher auf achtsame Reisen im Zusammenhang mit Meditation und Ähnlichem spezialisiert ist, hat sich die nachhaltige Reisegestaltung zur Aufgabe gemacht. In seinem über 30 Seiten langem Nachhaltigkeitsbericht von 2018 geht das Unternehmen auf die verschiedenen Aspekte der Nachhaltigkeit ein, welche es sich zum Ziel gesetzt hat. Neben dem fairen Umgang mit Geschäftspartnern und dem Engagement entlang der gesamten Lieferkette hat sich das Unternehmen zur Einhaltung der globalen Sozial- und Umweltstandards verpflichtet. Außerdem werden soziale Projekte unterstützt und die lokale Bevölkerung am Unternehmensgewinn beteiligt. Der Bericht ist gemäß den Standards des Tourismuszertifikats TourCert erstellt und von einer unabhängigen Stelle geprüft worden. Was das Unternehmen Neue Wege weiterhin zu einem positiven Beispiel für die nachhaltige Berichterstattung macht, ist die Angabe von geplanten Optimierungen. Im Jahr 2018 hat sich das

Unternehmen beispielsweise vorgenommen, für mehr Transparenz bezüglich des nachhaltigen Engagements der Firma gegenüber den Kunden zu sorgen (NEUE WEGE Seminare & Reisen GmbH 2018, S. 2ff.).

Ein weiteres Beispiel ist die Hotelkette Scandic, welche weltweit als barrierefreier Anbieter bekannt ist. Durch das Leitbild der Inklusion beschreibt das Unternehmen bereits seinen Beitrag vor allem zur sozialen Nachhaltigkeit. Im Jahresbericht des Unternehmens werden jährlich die Fortschritte bezüglich der vier Hauptnachhaltigkeitsziele veröffentlicht. Diese umfassen im Jahr 2018 die Zufriedenheit der Mitarbeiter sowie die Diversität in der Zusammensetzung der Arbeitnehmer. Außerdem waren bereits für das Jahr 2020 die alleinige Nutzung erneuerbarer Energien und die weitere Verringerung des Abfalls durch das Unternehmen zum Ziel gesetzt (Scandic 2019, S. 50).

Um das eigene touristische Unternehmen hinsichtlich der Nachhaltigkeit zu überprüfen, dient die folgende Checkliste. Diese ist stichpunktartig formuliert und dient als grobe Struktur für die Umsetzung. Detaillierte Inhalte finden sich in den einzelnen Kapiteln zu den verschiedenen Leistungsträgern. Jedes Unternehmen sollte sich überlegen, welche Maßnahmen für ein nachhaltiges 360°-Management relevant sind, und diese im 1. Schritt nach der Wichtigkeit priorisieren (von 1 sehr wichtig bis 3 weniger wichtig). Im 2. Schritt erfolgt dann die erfolgreiche Umsetzung in der Praxis und die Kontrolle, ob die Maßnahme erfolgreich realisiert wurde (✓).

8 Checkliste für die nachhaltige Umsetzung in der Praxis

Maßnahmen für ein nachhaltiges 360°-Management im Tourismus	1. Schritt Wichtigkeit für mein Unternehmen 1 sehr wichtig 2 wichtig 3 weniger wichtig – unwichtig	2. Schritt Umsetzung in der Praxis (✓)
1. Management und Kommunikation		
CSR-Beauftragten oder -Verantwortlichen im Unternehmen bestimmen		
Das Unternehmen stellt sicher, dass rechtliche Verpflichtungen oder Rechtsvorschriften eingehalten werden.		
Nachhaltige Kernkompetenzen erarbeiten und festlegen		
Leitbild als Unternehmensleitbild erstellen (Wie und wo wird das Thema Nachhaltigkeit integriert?)		
Leitbild veröffentlichen und an Stakeholder (als Erstes an Mitarbeiter) kommunizieren		
Zielgruppen mit Nutzen definieren		
Nachhaltigkeit in der Corporate Identity abbilden		
Einheitliches, nachhaltiges Erscheinungsbild bei allen Kommunikationsmitteln		
Regelmäßige Kommunikation der nachhaltigen Entwicklungen und Ziele des Unternehmens		
Interne und externe Zielgruppen offline und online ansprechen		
Aktuelle Trends und Entwicklungen als Angebote formulieren (z. B. Bioprodukte, vegan, Freizeit, Sport, Gesundheit)		
Prüfung der Berichtspflicht auf freiwilliger oder verpflichtender Basis		
Nachhaltigkeitsbericht verfassen nach Europäischen Leitlinien (GRI-, ESG-, DNK-Standards)		

https://doi.org/10.1515/9783110748505-008

(fortgesetzt)

Maßnahmen für ein nachhaltiges 360°-Management im Tourismus	1. Schritt Wichtigkeit für mein Unternehmen 1 sehr wichtig 2 wichtig 3 weniger wichtig – unwichtig	2. Schritt Umsetzung in der Praxis (✓)
Nachhaltigkeitsbericht veröffentlichen (intern/extern und offline/online, je nach Zielgruppe)		
2. Umwelt		
Klimarelevante Verbräuche beobachten		
Regelmäßige Erhebung der Verbräuche von Energie, Wasser und Abfall (Dokumentation der Verbräuche)		
Zielgrößen für Energie, Wasser und Abfall festlegen		
Erarbeitung eines Planes zur Reduktion (Was kann kurz- bis mittelfristig umgesetzt werden? Was muss langfristig geplant sein?)		
Energieeffizienzmaßnahmen einführen:		
– Strombezug aus erneuerbaren Quellen		
– Produktion von eigenem Strom aus erneuerbaren Quellen		
– Heizenergie aus ressourcenschonenden Quellen		
– Einsatz von Zeitschaltuhren, Bewegungsmeldern, LED etc.		
– Automatische Abschaltfunktion für Heizung, Lüftung und Klimaanlage		
– Keine Minibars oder Einsatz mit Energiesparfunktion		
– Energiesparende Alternativen bei Neuanschaffungen		
– Regelmäßige Wartung von Kühlschränken und Kühlzellen		
– Ausschalten von Computer, Bildschirmen, Drucker nach Arbeitsbeendigung		
– Benennung eines Energiebeauftragten/ Verantwortlichen		

(fortgesetzt)

Maßnahmen für ein nachhaltiges 360°-Management im Tourismus	1. Schritt Wichtigkeit für mein Unternehmen 1 sehr wichtig 2 wichtig 3 weniger wichtig – unwichtig	2. Schritt Umsetzung in der Praxis (✓)
Wassereinsparungsmaßnahmen einführen:		
– Einsatz von Perlatoren für Wasserhähne und Toilettenspülungen		
– Nutzung wasserschonender Küchengeräte		
– Sensorgesteuerte Armaturen		
– Nutzung von umweltschonenden Reinigungsmitteln und sparsamer Umgang mit diesen		
– Entkalkung der Wasserhähne, Duschen, WC-Spülkästen		
– Aufbereitung von Grau- und Regenwasser		
– Ermutigung der Gäste, Handtücher mehrfach zu nutzen (Anreiz?)		
Abfalleinsparungsmaßnahmen einführen:		
– Digitalisierung im Unternehmen ermöglicht die Einsparung von Papier, Drucker und Patronen		
– Post- und Paketversand erfolgt über einen klimafreundlichen Anbieter (DHL GoGreen etc.), plastikfreier Versand, recyclebares Füllmaterial		
– Schriftverkehr digital gestalten		
– Digitale Ablagesysteme einführen		
– Digitales Rechnungswesen und Controlling		
– Abfall vermeiden und korrekt entsorgen		
– Mehrwegverpackung einsetzen		
– Wenn Einwegverpackung (Außer-Haus-Verkauf), dann aus ökologischem Material		
– Einwegverpackungen vermeiden (inkl. PET-Flaschen)		
– Mülltrennung in allen Bereichen einführen (inkl. beschriftetem System)		

(fortgesetzt)

Maßnahmen für ein nachhaltiges 360°-Management im Tourismus	1. Schritt Wichtigkeit für mein Unternehmen 1 sehr wichtig 2 wichtig 3 weniger wichtig – unwichtig	2. Schritt Umsetzung in der Praxis (✓)
– Einführung von Cradle-to-Cradle (z. B. eigener Komposthaufen, gebrauchte Textilien für Putzlappen)		
– Nachfüllbare Seifenspender		
– Prüfung der Weitergabe von Lebensmitteln vor Entsorgung (z. B. Tafel, Too Good To Go)		
– Weiterverarbeitung von Abschnitten, Gemüseresten, Knochen etc.		
– Korrekte Entsorgung von Sonderabfällen		
Sensibilisierung der Mitarbeiter und Gäste für den sparsamen Umgang mit Ressourcen (Aufklärung und Anreize setzen)		
3. Biodiversität und kulturelles Erbe		
Artenkartierung vor Baubeginn durchführen		
Urban Gardening (z. B. Kräuter- und Naschgärten einführen)		
Insektenhotels oder Streublumenwiesen anlegen		
Nisthilfen schaffen		
Dächer begrünen		
Insektenfreundliche Außenbeleuchtung		
Kulturelles Erbe pflegen und in die Angebotsgestaltung integrieren (z. B. Local Heroes)		
Heimische Flora und Fauna bewahren (Gibt es Programme, die unterstützt werden können?)		
Speisen, die unter den Artenschutz fallen, vermeiden (z. B. Schildkrötensuppe)		
Schonzeiten bei Fisch- und Wild beachten		

(fortgesetzt)

Maßnahmen für ein nachhaltiges 360°-Management im Tourismus	1. Schritt Wichtigkeit für mein Unternehmen 1 sehr wichtig 2 wichtig 3 weniger wichtig – unwichtig	2. Schritt Umsetzung in der Praxis (✓)
4. Einkauf		
Gute Einkaufs- und Verbrauchsplanung in regelmäßigen Abständen prüfen		
Regionale Produkte einkaufen (kurze Lieferwege sind nachhaltiger, sparen Emissionen und stärken die Region)		
Saisonale Produkte verwenden (Saisonkalender einführen)		
Selbst hergestellte Speisen und Getränke anbieten (Marmeladen, Schokolade, Wein, Gin etc.)		
Dekoration und Souvenirs aus der Region		
Mittelbare und unmittelbare Lieferanten kritisch prüfen (Beachtung des Lieferkettensorgfaltspflichtengesetzes)		
Als nachhaltig zertifizierte Produkte einkaufen (z. B. Fairtrade, GOTS, Bio, Blauer Engel)		
Fleischalternativen aus Hülsenfrüchten prüfen		
Vegetarische Angebote		
Frische vegane Speisen- und Getränkeangebote		
Fleisch aus biologischer oder artgerechter Aufzucht		
Information über die Herkunft der Produkte (Speisen- & Getränkekarte)		
Allergikerfreundliche Angebote (Laktose, Gluten, Fruktose)		
Nachhaltige branchenübergreifende Lieferanten und Partner prüfen (z. B. Versicherungen, Krankenkassen)		
Die Möglichkeiten von digitalen Zulieferern überdenken (z. B. Hosting, Suchmaschinen, Gästemappe, Dienstplanung)		
Amenities für Gäste auf Nachhaltigkeit prüfen		

(fortgesetzt)

Maßnahmen für ein nachhaltiges 360°-Management im Tourismus	1. Schritt Wichtigkeit für mein Unternehmen 1 sehr wichtig 2 wichtig 3 weniger wichtig – unwichtig	2. Schritt Umsetzung in der Praxis (✓)
5. Regionalität und Mobilität		
Mitarbeitende aus der Region		
E-Ladesäule für Fahrräder und Autos		
Ausleihmöglichkeiten von Fahrrädern, E-Bikes oder E-Autos		
ÖPNV-Ticket gegen Ermäßigung oder in Arrangements integrieren		
Besucherlenkung von Gästen (z. B. Auslastung der Strände)		
Zusammenarbeit der Destinationen, um gemeinsame nachhaltige Angebote zu schaffen (Netzwerk)		
Bau von Park-and-ride-Anlagen		
Hotelleitsysteme einführen, um die Lärm- und Luftbelästigung zu reduzieren		
Ausarbeitung von klimafreundlichen Reiserouten		
Anreizsysteme für klimafreundliche Anreise (z. B. Bahnticket)		
Carsharing-Angebote bereitstellen, um Mobilität der Gäste vor Ort sicherzustellen		
Auf Barrierefreiheit bei allen Leistungsträgern achten		
Bei eigenen Geschäftsreisen wird auf eine klimafreundliche Reise geachtet (Bahn, Bus, Auswahl der Hotels etc.)		
6. Qualitätsmanagement und nachhaltige Entwicklung		
Erstellung eines Umweltprogramms		
Berücksichtigung einer Auswahl der 17 Klimaziele (SDGs) im Umweltprogramm		
Mögliche passende Zertifizierungen prüfen und durchführen		

(fortgesetzt)

Maßnahmen für ein nachhaltiges 360°-Management im Tourismus	1. Schritt Wichtigkeit für mein Unternehmen 1 sehr wichtig 2 wichtig 3 weniger wichtig – unwichtig	2. Schritt Umsetzung in der Praxis (✓)
Befragung der Zufriedenheit von Gästen und Kunden		
Einen Qualitätsbeauftragten benennen		
Mitarbeiterzufriedenheit regelmäßig erfragen		
Verbesserungsvorschlagswesen einführen		
Schulung der Mitarbeitenden im Bereich Unternehmensökologie		
Erstellung eines CO_2-Fußabdrucks		
Erarbeitung von Maßnahmen zur Verbesserung des CO_2-Fußabdrucks		
Kompensation der entstandenen CO_2-Emissionen		
7. Soziale Verantwortung		
Achtung der Menschrechte (Arbeitsbedingungen, Entlohnung etc.)		
Fairer Umgang mit allen Stakeholdern		
Verbindung zwischen lokaler Bevölkerung und wirtschaftlichen Leistungsträgern (Wie können Angebote mit Einheimischen geschaffen werden? Wie können Bürger vor Ort vor Overtourism geschützt werden?)		
Unterstützung lokaler Initiativen oder Projekte einer nachhaltigen Entwicklung		
Wohlstand der lokalen Bevölkerung fördern		
Einführung eines betrieblichen Gesundheitssystems (z. B. Sport, Entspannung, frisches Obst, optimal gestalteter Arbeitsplatz)		
Vorzüge für Mitarbeiter schaffen (z. B. Überstundenregelung, Jobticket, Förderprogramme für Auszubildende, Mitarbeiterversammlungen etc.)		

(fortgesetzt)

Maßnahmen für ein nachhaltiges 360°-Management im Tourismus	1. Schritt Wichtigkeit für mein Unternehmen 1 sehr wichtig 2 wichtig 3 weniger wichtig – unwichtig	2. Schritt Umsetzung in der Praxis (✓)
Möglichkeiten der Kombination von Familie und Beruf schaffen (z. B. veränderte Schichtzeiten, eigener Kindergarten)		
Weiterbildungsprogramme auf den einzelnen Mitarbeiter abstimmen		
Verankerung von Diversity im Unternehmensleitbild (z. B. Gleichstellung, soziale Gerechtigkeit)		
8. Wirtschaftliche Verantwortung		
Wichtigste Kennzahlen regelmäßig überprüfen (finanzielle und nichtfinanzielle)		
Mitarbeiter über Kennzahlen informieren		
Risikoreduktion durch finanzielle Diversifikation (keine Abhängigkeit von einzelnen Stakeholdern)		
Investitionen in regionale Projekte (Wertschöpfung in der Destination steigern)		
Investitionen in Forschung und Entwicklung im Bereich der Nachhaltigkeit (z. B. grünes Kerosin)		
Investitionen in soziale Projekte		
Investitionen in ökologische Projekte		
Prüfung von Förderprogrammen (BAFA, EU-Fördertöpfe)		
An Crowdfunding-Portale bei innovativen nachhaltigen Ideen denken		

Quellenverzeichnis

Aachener Stiftung Kathy Beys (2015): Greenwashing; https://www.nachhaltigkeit.info/artikel/greenwashing_1710.htm?sid=es4541692pl3morbj6hkcsqb04 (letzter Aufruf: 27.09.2021)

ABC New Media AG (2021): Interos: Laut einer neuer Studie kosten Unterbrechungen der globalen Lieferketten Unternehmen jährlich durchschnittlich 184 Millionen US-Dollar; https://www.finanznachrichten.de/nachrichten-2021-06/53243638-interos-laut-einer-neuen-studie-kosten-unterbrechungen-der-globalen-lieferketten-unternehmen-jaehrlich-durchschnittlich-184-millionen-us-dollar-382.htm (letzter Aufruf: 05.02.2022)

Agyeman, J.; Kollmuss, A. (2002): Mind the Gap: Why do people act environmentally and what are the barriers to pro-environmental behavior?, in: Environmental Education Research, Vol. 8, Nr. 3, S. 239–260

Ahaus digital (o. J.): Willkommen in der Digitalstadt Ahaus! Smart and the City; https://ahaus.digital/ (letzter Aufruf: 05.02.2022)

Air France (2022): Gemeinsam für umweltbewusstes Reisen; https://www.airfrance.de/DE/de/common/page_flottante/information/developpement-durable.htm?_ga=2.226727261.1731293874.1641839250-1739105404.1641839250 (letzter Aufruf: 12.01.2022)

Albert, F.; Werner, M. (2020): Akzeptanzstudie "Mobility Trends". Internationaler Vergleich der Nutzerakzeptanz hinsichtlich neuer Mobilitätstrends; https://publizirkafraunhofer.de/eprints/urn_nbn_de_0011-n-6221536.pdf (letzter Aufruf: 10.01.2022)

Allgemeine Hotellerie und Gastronomie-Zeitung (2020): Der digitale Meldeschein kann starten; https://www.ahgz.de/hotellerie/news/der-digitale-meldeschein-kann-starten-275798 (letzter Aufruf:17.11.2021)

Amrein, S.; Dietrich, A.; Duss, C.; Wernli, R. (2016): Crowdfunding im Kulturbereich. Eine Studie im Auftrag der Schweizer Kulturstiftung Pro Helvetia und des Bundesamts für Kultur; https://blog.hslu.ch/crowdfunding/?sourceurl=%2Fcrowdfunding (letzter Aufruf: 02.02.2022)

Anderson, S.; Costanza, R.; de Groot, R.; Farber, S.; Kubiszewski, I.; Sutton, P.; Turner, R.; van der Ploeg, S. (2014): Changes in the global value of ecosystem services, in: Global Environmental Change, Vol. 26, S. 152–158

Anderson, S.; Ray, P. (2000): The cultural creatives. How 50 million people are changing the world, Crown, New York.

Antonschmidt, H.; Fritz, K.; Lund-Durlacher, D. (2018): Nachhaltigkeit im gastronomischen Angebot: ein Erklärungsmodell und Implementierungsansätze; https://www.researchgate.net/profile/Dagmar-Lund-Durlacher/publication/316338684_Nachhaltigkeit_im_gastronomischen_Angebot_Ein_Erklarungsmodell_und_Implementierungsansatze/links/5a97a7400f7e9ba42974dff8/Nachhaltigkeit-im-gastronomischen-Angebot-Ein-Erklaerungsmodell-und-Implementierungsansaetze.pdf (letzter Aufruf: 12.12.2021)

Antonschmidt, H.; Rein, H. (2015): Nachhaltiger Tourismus: Einführung, UVK-Verlags-Gesellschaft, Konstanz.

atmosfair gGmbH (2020): Was macht atmosfair?; https://www.atmosfair.de/de/ueber_uns/was_macht_atmosfair/ (letzter Aufruf: 08.01.2022)

atmosfair gGmbH (2021): Sorgenfrei fliegen mit E-Kerosin; https://www.atmosfair.de/wp-content/uploads/sorgenfrei-fliegen-mit-e-kerosin.pdf (letzter Aufruf: 09.01.2022)

Aviation Media & IT GmbH (2019): "Nachhaltig" ist das neue "Billig" im Airline-Marketing; https://www.aero.de/news-33282/Airlines-entdecken-Nachhaltigkeit-als-Verkaufsargument.html (letzter Aufruf: 12.12.2021)

BAFA (2021): Elektromobilität; https://www.bafa.de/DE/Energie/Energieeffizienz/Elektromobilitaet/Neuen_Antrag_stellen/neuen_antrag_stellen.html (letzter Aufruf: 26.01.2022)

https://doi.org/10.1515/9783110748505-009

b-wise GmbH (2021): DIN EN ISO 26000 als Leitfaden und Standard der CSR; https://www.busi
ness-wissen.de/hb/corporate-social-responsibility-nach-din-iso-26000 (letzter Aufruf:
04.11.2021)

Balàs; M. (2016): Nachhaltigkeit in Destinationen; https://www.bte-tourismus.de/2016/05/18/
nachhaltigkeit-in-destinationen/ (letzter Aufruf: 12.09.2021)

Balàs, M.; Strasdas, W. (2018): Themenpapier im Auftrag des Umweltbundesamtes: Nachhaltigkeit
im Tourismus: Entwicklungen, Ansätze und Begriffsklärung; https://www.umweltbundesamt.
de/sites/default/files/medien/1410/publikationen/2019-03-12_texte_22-2019_nachhaltigkeit-
tourismus.pdf (letzter Aufruf: 21.01.2022)

Balluchi, F.; Lazzini, A.; Torelli, R. (2019): Greenwashing and environmental communication: Effects
on stakeholders' perceptions; https://onlinelibrary.wiley.com/doi/full/10.1002/bse.2373
(letzter Aufruf: 12.12.2021)

Barr, S.; Coles, T.; Prillwitz, J.; Shaw, G. (2010): 'A holiday is a holiday': practicing sustainability,
home and away, in: Journal of Transport Geography, Vol. 18, Nr. 3, S. 474–481

Baumgartner, C.; Röhrer, C. (1998): Nachhaltigkeit im Tourismus: Umsetzungsperspektiven auf
regionaler Ebene, Manz-Verlag, Wien 1998.

Bayerische Beamten Lebensversicherung a.G. (2018): LOHAS: Die Generation der bewussten
Konsumenten; https://umdenken.diebayerische.de/lohas-die-neue-verbrauchergeneration/
(letzter Aufruf: 30.01.2022)

B&B Hotels (2022): Soziale Verantwortung; https://www.hotel-bb.com/de/unternehmen/soziale-
verantwortung (letzter Aufruf: 27.1.2022)

Becken, S. (2004): How tourists and tourism experts perceive climate change and carbonoffsetting
schemes, in: Journal of Sustainable Tourism, Vol. 12, Nr. 4, S. 332–345

Behnke, J.; Behnke, N. (2006): Grundlagen der statistischen Datenanalyse. Eine Einführung für
Politikwissenschaftler, 1. Aufl., VS Verlag für Sozialwissenschaften, Wiesbaden.

Beier, M.; Wagner, K. (2014): Crowdfunding Success of Tourism Projects. Evidence from
Switzerland, in: SSRN Electronic Journal; https://papers.ssrn.com/sol3/papers.cfm?abstract_
id=2520925 (letzter Aufruf: 02.02.2022)

Benoit-Moreau, F.; Parguel, B.; Russell, C. A. (2015): Can evoking nature in advertising mislead
consumers? The power of 'executional greenwashing'; https://www.researchgate.net/profile/
Cristel-Russell/publication/280556163_Can_Nature-Evoking_Elements_in_Advertising_Green
wash_Consumers_The_Power_of_%27Executional_Greenwashing/links/
55b8e6a408ae9289a08f6fb6/Can-Nature-Evoking-Elements-in-Advertising-Greenwash-
Consumers-The-Power-of-Executional-Greenwashing.pdf (letzter Aufruf: 30.10.2021)

Berger, S.; Kilchenmann, A.; Lenz, O.; Schlöder, F. (2022): Willingness-to-pay for carbon dioxide
offsets: Field evidence on revealed preferences in the aviation industry, in: Global
Environmental Change, Vol. 73; https://doi.org/10.1016/j.gloenvcha.2022.102470 (letzter
Aufruf: 16.02.2022)

Bergin-Seers, S.; Mair, J. (2009): Emerging green tourists in Australia: Their behaviours and
attitudes, in: Tourism and Hospitality Research, Vol. 9, Nr. 2, S. 109–119

Berners-Lee, M.; Blair, G. S.; Freitag, C.; Friday, A.; Knowles, B.; Widdicks, K. (2021): The real
climate and transformative impact of ICT: A critique of estimates, trends, and regulations, in:
Patterns, Vol. 2, Nr. 9; https://doi.org/10.1016/j.patter.2021.100340 (letzter Aufruf:
20.01.2022)

Berndtson (2021): Sustainibility & Leadership 2020/2021; https://www.odgersberndtson.com/
media/10709/sustainability-leadership-studie.pdf (letzter Aufruf: 16.2.2022)

Berry, L.; Parasuraman, A.; Zeithaml, V. (1992): Qualitätsservice: Was Ihre Kunden erwarten – was
Sie leisten müssen, Campus, Frankfurt/Main.

Betterspace (2018): Energieeinsparung bis zu 28 % im Hotel – AZIMUT setzt auf Smart Hotel System von Betterspace; https://betterspace360.com/presse/azimut-smart-hotel-system/ (letzter Aufruf: 19.11.2021)

Betterspace (2021a): Hotelbarometer Juli 2021; https://betterspace360.com/hotel-barometer-digitaler-check-in-und-nachhaltigkeit-im-hotel/ (letzter Aufruf: 08.11.2021)

Betterspace (2021b): Hotelbarometer Mai 2021; https://betterspace360.com/umfrageergebnisse-das-verraet-uns-das-hotel-barometer/ (letzter Aufruf: 08.11.2021)

Bieger, T.; Beritelli, P. (2013): Management von Destinationen, De Gruyter Oldenbourg, Berlin.

Bieger, T.; Laesser, C. (2020): Einschätzung der Zukunft des Tourismus im Zuge der Lockerung von SARS-CoV-2 Massnahmen. Universität St. Gallen, Institut für Systematisches Management und Public Governance; https://imp.unisg.ch/-/media/dateien/instituteundcenters/imp/imp-publikationen/report-zukunft-ch-tourismus.pdf (letzter Aufruf: 25.01.2022)

Bilan, Y.; Gajda, W.; Horák, J.; Pimonenko, T.; Starchenko, L. (2020): Green Brand of Companies and Greenwashing under Sustainable Development Goals; https://www.mdpi.com/2071-1050/12/4/1679 (letzter Aufruf: 27.09.2021)

Biosphere Responsible Tourism Inc. (2021): Biosphere Sustainable. A pioneering and visionary initiative; https://www.biospheretourism.com/ (letzter Aufruf: 04.11.2021)

BKK24 (2022): Warum zur BKK24. Krankenkasse mit starken Leistungen!; https://www.bkk24.de/warum-zur-bkk24.html (letzter Aufruf: 19.01.2022)

BKK ProVita (o. J.): Gemeinsam für eine gesunde Welt; https://bkk-provita.de/ (letzter Aufruf: 05.02.2022)

BKK VBU (o. J.): Kunden Meine Krankenkasse. Unsere Verantwortung; https://www.meine-krankenkasse.de/verantwortung/unsere-verantwortung/kunden/ (letzter Aufruf: 05.02.2022)

Boje, L. (2021): Nachhaltig bauen – Warum und wann es sich für Dein Hotel lohnt; https://die-hotelharmonisierer.com/nachhaltig-bauen/ (letzter Aufruf: 10.12.2021)

Bonn, M.; Kim, M. J.; Lee, C.-K. (2020): The effects of motivation, deterrents, trust, and risk on tourism crowdfunding behavior, in: Asia Pacific Journal of Tourism Research, Vol. 25, Nr. 3, S. 244–260

Booking.com (2017): Booking veröffentlicht Studie zu nachhaltigem Tourismus 2017; https://news.booking.com/de/bookingcom-veroffentlicht-studie-zu-nachhaltigem-tourismus-2017/ (letzter Aufruf: 26.01.2022)

Booking.com (2019): Booking.com reveals key findings from its 2019 sustainable travel report; https://globalnews.booking.com/bookingcom-reveals-key-findings-from-its-2019-sustainable-travel-report/ (letzter Aufruf: 14.02.2022)

Booking.com (2021a): Booking.com führt die erste Kennzeichnung für nachhaltiges Reisen ein – Damit ermöglicht die Online-Reiseplattform das Angebot einer größeren Vielfalt an nachhaltigen Aufenthalten; https://news.booking.com/de/bookingcom-fuehrt-die-erste-kennzeichnung-fuer-nachhaltiges-reisen-ein–damit-ermoeglicht-die-online-reiseplattform-das-angebot-einer-groesseren-vielfalt-an-nachhaltigen-aufenthalten/ (letzter Aufruf: 16.02.2022)

Booking.com (2021b): Die Studie zu nachhaltigem Tourismus 2021 von Booking.com bekräftigt einen möglichen Wendepunkt für Industrie und Verbraucher; https://news.booking.com/de/die-studie-zu-nachhaltigem-tourismus-2021-von-bookingcom-bekraeftigt-einen-moeglichen-wendepunkt-fuer-industrie-und-verbraucher/ (letzter Aufruf: 20.11.2021)

Boston Consulting Group (2017): Total Societal Impact: A New Lens for Strategy; https://www.bcg.com/publications/2017/total-societal-impact-new-lens-strategy (letzter Aufruf: 28.01.2022)

Brandes, E. (2019): Banken als Klimaretter; https://www.fr.de/meinung/banken-klimaretter-11416363.html (letzter Aufruf: 08.11.2022)

Breitkopf, A. (2021): Verkehr – CO2-Emissionen in Deutschland bis 2019; https://de.statista.com/ statistik/daten/studie/12188/umfrage/co2-emissionen-durch-verkehr-in-deutschland-seit-1990/ (letzter Aufruf: 27.12.2021)

Briem, C.; Hiendlmeier, S. (2021): Nachhaltigkeit in Versicherungen: Status Quo und konkrete Lösungsansätze; https://www.haufe.de/finance/haufe-finance-office-premium/nachhaltig keit-in-versicherungen-status-quo-und-konkrete-loesungsansaetze_idesk_PI20354_ HI14509416.html (letzter Aufruf: 8.11.2022)

Buer C.; Oehler, J. (2017): Macht Einkauf: Power-Methoden für erfolgreiches Einkaufsmanagement in der Hotellerie, dfv Matthaes Verlag, Stuttgart.

Bundesamt für Naturschutz (2021): Sanfter Tourismus; https://www.bfn.de/oekotourismus (letzter Aufruf: 11.01.2022)

Bundesamt für Wirtschaft und Ausfuhrkontrolle (2021a): Unternehmerische Sorgfaltspflichten in Lieferketten; https://www.bafa.de/DE/Lieferketten/lieferketten_node.html (letzter Aufruf: 15.02.2022)

Bundesanstalt für Landwirtschaft und Ernährung (2022): Lebensmittelabfälle in Unternehmen und privaten Haushalten; https://www.zugutfuerdietonne.de/lebensmittelabfaelle-in-deutschland /lebensmittelabfaelle-in-unternehmen-und-privaten-haushalten (letzter Aufruf: 14.01.2022)

Bundesanzeiger Verlag (2021): Gesetz über die unternehmerischen Sorgfaltspflichten in Lieferketten; https://www.bgbl.de/xaver/bgbl/start.xav?startbk=Bundesanzeiger_ BGBl&jumpTo=bgbl121s2959.pdf#__bgbl__%2F%2F*%5B%40attr_id%3D%27bgbl121s2959. pdf%27%5D__1644941591350 (letzter Aufruf: 15.02.2022)

Bundesministerium für Umwelt, Naturschutz, nukleare Sicherheit und Verbraucherschutz (2021): Novelle des Klimaschutzgesetzes vom Bundestag beschlossen; https://www.bmuv.de/presse mitteilung/novelle-des-klimaschutzgesetzes-vom-bundestag-beschlossen/ (letzter Aufruf: 21.01.2022)

Bundesministerium für Umwelt, Naturschutz, nukleare Sicherheit und Verbraucherschutz (2022): Umweltbewusstsein in Deutschland 2020. Ergebnisse einer repräsentativen Bevölkerungsumfrage, Berlin.

Bundesministerium für Wirtschaft und Energie (2021): EEG-Umlage 2022: Fakten & Hintergründe 2021; https://www.bmwi.de/Redaktion/DE/Downloads/E/zahlen-und-fakten-zur-eeg-umlage-2022.pdf?__blob=publicationFile&v=4 (letzter Aufruf: 02.01.2022)

Bundesministerium für wirtschaftliche Zusammenarbeit und Entwicklung (2021a): Globalisierung gerecht gestalten – Lieferketten; https://www.bmz.de/de/entwicklungspolitik/lieferketten (letzter Aufruf: 18.12.2021)

Bundesministerium für wirtschaftliche Zusammenarbeit und Entwicklung (2021b): Das Lieferkettengesetz; https://www.bmz.de/de/entwicklungspolitik/lieferkettengesetz (letzter Aufruf: 16.02.2022)

Bundesregierung (2021a): Die UN-Nachhaltigkeitsziele; https://www.bundesregierung.de/breg-de/ themen/nachhaltigkeitspolitik/die-un-nachhaltigkeitsziele-1553514(letzter Aufruf: 30.05.2021)

Bundesregierung (2021b): Einwegplastik wird verboten; https://www.bundesregierung.de/breg-de/themen/nachhaltigkeitspolitik/einwegplastik-wird-verboten-1763390 (letzter Aufruf: 23.01.2022)

Bundesregierung (2021c): EU soll bis 2050 klimaneutral sein; https://www.bundesregierung.de/ breg-de/themen/klimaschutz/mehr-klimaschutz-in-der-eu-1790042 (letzter Aufruf: 25.10.2021)

Bundesregierung (2021d): Nachhaltigkeitsziele verständlich erklärt; https://www.bundesregie rung.de/breg-de/themen/nachhaltigkeitspolitik/nachhaltigkeitsziele-verstaendlich-erklaert-232174 (letzter Aufruf: 11.01.2021)

Bundesverband CarSharing e.V. (2021): Aktuelle Zahlen und Fakten zum CarSharing in Deutschland; https://carsharing.de/alles-ueber-carsharing/carsharing-zahlen/aktuelle-zahlen-fakten-zum-carsharing-deutschland (letzter Aufruf: 07.01.2022)

Bundesverband der Systemgastronomie e.V. (2022): Corporate Social Responsibility; https://www.bundesverband-systemgastronomie.de/de/csr.html (letzter Aufruf: 14.01.2022)

Bundesverband Materialwirtschaft, Einkauf und Logistik e.V. (2019): Nachhaltiges Lieferketten-Management mit sustainabill; https://www.bme.de/nachhaltiges-lieferketten-management-mit-sustainabill-3022/ (letzter Aufruf: 28.01.2022)

Bundesverband Nachhaltige Wirtschaft e.V. (2021): Wirtschaftsverband startet Kampagne für wirkungsvolles Lieferkettengesetz; https://www.bnw-bundesverband.de/blog/2021/03/26/kampagne-fuer-wirkungsvolles-lieferkettengesetz/ (letzter Aufruf: 28.01.2022)

Campbell, B. M.; Ingram, J. S. I.; Vermeulen, S. J. (2012): Climate Change and Food Systems, in: Annual Review of Environment and Resources, Vol. 37; https://www.annualreviews.org/doi/abs/10.1146/annurev-environ-020411-130608 (letzter Aufruf: 25.01.2022)

Carlile, C.; McDonald, S.; Oates, C. J.; Timmis, A. J. (2015): Flying in the face of environmental concern: why green consumers continue to fly, in: Journal of Marketing Management, 2015, Vol. 31 (13–14), S. 1503–1528

Carstens, P. (2019): Was sind eigentlich Netto-Null-Emissionen?; https://www.geo.de/natur/nachhaltigkeit/21960-rtkl-un-klimagipfel-was-sind-eigentlich-netto-null-emissionen (letzter Aufruf: 14.01.2022)

Ceballos-Lascurain, H. (2008): Ecotourism and Ecolodge Development in the 21 Century, in: Durham, W.; Stronza, A. (Hrsg.): Ecotourism and Conservation in the Americas, CAB International, London, S. 193–204

Certqua (2013): Nachhaltigkeitsmanagement und Qualitätsmanagement – Eine erfolgsversprechende Symbiose; https://www.certqua.de/qm-blog/nachhaltigkeits-und-qualitaetsmanagement-eine-erfolgsversprechende-symbiose/ (letzter Aufruf: 27.1.2022)

ClimatePartner (2022a): ClimatePartner ist Ihr Partner für Klimaschutz; https://www.climatepartner.com/de (letzter Aufruf: 08.01.2022)

ClimatePartner (2022b): Mehr als CO2-Einsparung; https://www.climatepartner.com/de/klimaschutzprojekte (letzter Aufruf: 08.01.2022)

Cocoon (2022): Die nachhaltigen Hotels von coocon – unser Maßnahmen; https://cocoon-hotels.de/de/nachhaltigkeit/wirtschaftliches.html (letzter Aufruf: 27.1.2022)

comdirect (2021): Megatrend mit Einfluss auf die Wirtschaft und meine Finanzen; https://magazin.comdirect.de/finanzwissen/anlegen-und-investieren/nachhaltigkeit-megatrend-mit-einfluss-auf-die-wirtschaft-und-meine-finanzen#bedeutung-nachhaltig (letzter Aufruf: 08.01.2022)

Creativhotel Luise (o. J.): Das nachwachsende Hotelzimmer®; https://www.hotel-luise.de/das-nachwachsende-hotelzimmer/ (letzter Aufruf: 06.02.2022)

Cvelbar, L.; Dolnicar, S.; Grün, B. (2019): A Sharing-Based Approach to Enticing Tourists to Behave More Environmentally Friendly, in: Journal of Travel Research, Vol. 58, Nr. 2, S. 241–252

Dahl, R. (2010): Green Washing: Do you know what you're buying?; https://ehp.niehs.nih.gov/doi/pdf/10.1289/ehp.118-a246 (letzter Aufruf: 12.12.2021)

DEHOGA Bundesverband (2016): Nachhaltiges Wirtschaften in Hotellerie und Gastronomie – Tipps und Handlungsempfehlungen; https://www.dehoga-bundesverband.de/fileadmin/Startseite/05_Themen/Energie/DEHOGA_Umweltbroschu__re_Oktober_2016.pdf (letzter Aufruf: 18.11.2021)

Deloitte (2021): Lieferkettensorgfaltspflichtengesetz – LkSG; https://www2.deloitte.com/de/de/pages/sustainability1/articles/lieferkettensorgfaltspflichtengesetz-lksg.html?gclid=Cj0KCQiAu62QBhC7ARIsALXijXReQDNBc0khZD_a4XZS9tcZpFnblAZEIlfRO65ICY_JcsAwg5HN0_kaAtb1EALw_wcB (letzter Aufruf: 15.02.2022)

Demeter (o. J.a): Biodynamisches Wofür wir stehen; https://www.demeter.de/biodynamisches (letzter Aufruf: 06.02.2022)

Demeter (o. J.b): Demeter als Qualitätsführer Unterschied zwischen Bio zu Demeter; https://www.demeter.de/unterschied-bio-demeter#tab2 (letzter Aufruf: 06.02.2022)

Dena (2018): Leitfaden Gästekommunikation im nachhaltigen Hotel; https://www.dena.de/filead min/dena/Dokumente/Pdf/9241_dena-Leitfaden_Gaestekommunikation_im_nachhaltigen_Hotel.pdf (letzter Aufruf: 26.01.2022)

De Salvo, A. (2021): Fünf Gründe, warum du nachhaltig reisen solltest; https://holidayverde.de/fuenf-gruende-warum-du-nachhaltig-reisen-solltest (letzter Aufruf: 26.01.2022)

Deutsche Bahn (2021): Mehr Tempo bei Bauvorhaben: Deutsche Bahn bildet Artenspürhunde aus; https://www.deutschebahn.com/de/presse/pressestart_zentrales_uebersicht/Mehr-Tempo-bei-Bauvorhaben-Deutsche-Bahn-bildet-Artenspuerhunde-aus-6868364?view=&contentId=1170726 (letzter Aufruf: 25.01.2022)

Deutsche Gesellschaft für internationale Zusammenarbeit GmbH (o. J.a): Der Grüne Knopf; https://www.gruener-knopf.de/ (letzter Aufruf: 18.12.2021)

Deutsche Gesellschaft für internationale Zusammenarbeit GmbH (o. J.b): Orientierung beim Einkauf; https://www.gruener-knopf.de/verbraucher (letzter Aufruf: 18.12.2021)

Deutsche Lufthansa AG (2020): Factsheet Nachhaltigkeit 2020; https://www.lufthansagroup.com/media/downloads/de/verantwortung/LH-Factsheet-Nachhaltigkeit-2020.pdf (letzter Aufruf: 28.11.2021)

Deutscher Städtetag (2018): Nachhaltige städtische Mobilität für alle. Agenda für eine Verkehrswende aus kommunaler Sicht. Positionspapier des Deutschen Städtetages; https://repository.difu.de/jspui/bitstream/difu/249784/1/DS1837.pdf (letzter Aufruf: 27.12.2021)

Deutscher Tourismusverband e.V. (2016): Praxisleitfaden für Nachhaltigkeit im Deutschlandtourismus – Anforderungen, Empfehlungen, Umsetzungshilfen; https://www.bte-tourismus.de/wp-content/uploads/2019/01/LF-Nachhaltigkeit-Deutschlandtourismus.pdf (letzter Aufruf: 12.07.2021)

Deutscher Tourismusverband e.V. (2017): Report Nachhaltigkeit. Bundeswettbewerb 2016/17 Nachhaltige Tourismusdestinationen; https://www.bmuv.de/fileadmin/Daten_BMU/Down load_PDF/Tourismus_Sport/nachhaltige_tourismusdestinationen_report_bf.pdf (letzter Aufruf: 12.07.2021)

Deutsche Umwelthilfe (2021): Umweltproblem „Coffee-to-go-Einwegbecher"; https://www.duh.de/fileadmin/user_upload/download/Projektinformation/Kreislaufwirtschaft/Coffee_to_go/Um weltproblem_Coffee-to-go_Becher_die_wichtigsten_Fakten.pdf (letzter Aufruf: 28.01.2022)

Deutsches Aktieninstitut e.V. (2021): Unternehmensfinanzierung im Zeichen der Nachhaltigkeit; https://www.dai.de/fileadmin/user_upload/Studie_Unternehmensfinanzierung_im_Zeichen_der_Nachhaltigkeit.pdf (letzter Aufruf: 14.11.2021)

Dibella (2021): Persönliches Interview mit R. Hellmann (Geschäftsführer der Dibella b.v.) am 16.06.2021

Dibella (o. J.): Wäsche.Service.Lösungen. Das Dibella Clean&Lean Konzept; https://www.dibella.de/ (letzter Aufruf: 08.01.2022)

Die Bundesregierung (2016): Nachhaltigen Konsum stäken; https://www.bundesregierung.de/breg-de/aktuelles/nachhaltigen-konsum-staerken-408428 (letzter Aufruf: 30.01.2022)

Djovani, S. (2021): Travel the world through Metaverse; https://www.upworlds.org/post/travel-the-world-through-metaverse (letzter Aufruf: 15.01.2022)

DNK Deutscher Nachhaltigkeitskodex (o. J.): Der Nachhaltigkeitskodex; https://www.deutscher-nachhaltigkeitskodex.de/de-DE/Home/DNK/DNK-Overview (letzter Aufruf: 18.12.2021)

Dolnicar, S.; Juvan, E. (2014): The attitude-behaviour gap in sustainable tourism, in: Annals of Tourism Research, Vol. 48, S. 76–95

Donat, E. (2020): Dekarbonisierung des Verkehrs in Deutschland: Politikoptionen für eine Verlagerung auf die Schiene; https://www.germanwatch.org/sites/default/files/Politikoptio nen%20für%20eine%20Verlagerung%20auf%20die%20Schiene.pdf (letzter Aufruf: 27.01.2022)

Duscha, M. (2018): Das Finanzsystem nachhaltiger gestalten; https://oekologisches-wirtschaften. de/index.php/oew/article/view/1615/1577 (letzter Aufruf: 12.01.2022)

Duscha, M.; Winkler, E. (2018): Finanzialisierung der Nachhaltigkeit? Mögliche Auswirkungen des EU-Aktionsplans zu „Sustainable Finance"; https://www.fair-finance-institute.de/wp-content/ uploads/2018/10/FaFin_Diskussionspapier_Finanzialisierung_Nachhaltigkeit_2018-10-30.pdf (letzter Aufruf: 14.01.2022)

dwif-Consulting GmbH (o. J.): Nachhaltige Tourismusmobilität: Neu denken, vernetzen & erleben; https://www.dwif.de/wissenswert/spannende-geschichten/story/item/tourismusmobilitaet. html (letzter Aufruf: 08.01.2022)

EarthCheck (2021): EarthCheck Certified; https://earthcheck.org/products-services/certification/ certification/ (letzter Aufruf: 04.11.2021)

easyJet Airline Company Limited (o. J.): Besser Reisen; https://www.easyjet.com/de/nachhaltigkeit (letzter Aufruf: 10.01.2022)

Eckhardt, P.; Pierrat, A.-C. (2020): Die künftige EU-Strategie zur nachhaltigen Finanzierung. Fragwürdige Maßnahmen am regulatorischen Horizont; https://www.cep.eu/fileadmin/user_ upload/cep.eu/Studien/cepInput_EU-Strategie_nachhaltige_Finanzierung/cepInput_Die_kuenf tige_EU-Strategie_zur_nachhaltigen_Finanzierung__2_.pdf (letzter Aufruf: 08.01.2022)

EcoHotels (2021): Persönliches Interview mit S. Hein (Chief Sales Officer der EcoHotels) am 27.05.2021

EcoHotels.com (o. J.): EcoHotels.com. A booking site with a heart; https://admin.ecohotels.com/As sets/Files/Ecohotels.com.pdf (letzter Aufruf: 19.01.2022)

Ecosia (o. J.): Die Suchmaschine, die Bäume pflanzt; www.ecosia.org (letzter Aufruf: 08.01.2022)

Edenhofer, O.; Eggers, J; Fuss, S.; Kalkuhl, M.; Merfort, A.; Minx, J. C.; Strefler, J. (2021): Wissensstand zu CO2-Entnahmen. Bedarf & Potenziale, Technologien & Politikinstrumente, weltweit & in Deutschland; https://www.mcc-berlin.net/fileadmin/data/C18_MCC_Publicati ons/2021_MCC_Wissensstand_zu_CO2-Emissionen.pdf (letzter Aufruf: 21.11.2021)

Egger, N.; Gatterer, H.; Kirig, A.; Muntschick, V.; Pfuderer, N.; Schuldt, C.; Varga, C. (2019): Der neue Resonanz-Tourismus. Frankfurt, Deutschland: Zukunftsinstitut.

Eisenkopf, A. (2018): Verkehrspolitik, in: ARL – Akademie für Raumforschung und Landesplanung (Hrsg.): Handwörterbuch der Stadt- und Raumentwicklung, S. 2817–2827, https://shop.arl-net. de/media/direct/pdf/HWB%202018/Verkehrspolitik.pdf (letzter Aufruf: 14.01.2022)

EMAS (2021): Home: Umweltmanagementsystem EMAS; https://www.emas.de/ (letzter Aufruf: 04.11.2021)

EPA (2021): U.S. Environmental Protection Agency; https://www.epa.gov/ (letzter Aufruf: 21.11.2021)

Ernst & Young GmbH (2020): Nachhaltiger Konsum Befragungsergebnisse; https://assets.ey.com/ content/dam/ey-sites/ey-com/de_de/news/2020/05/ey-nachhaltiger-konsum-2020.pdf (letzter Aufruf: 30.01.2022)

EU Ecolabel (2021): Das Umweltzeichen Ihres Vertrauens; https://eu-ecolabel.de/ (letzter Aufruf: 11.10.2021)

Europäische Union (2019): Finanzierung nachhaltigen Wachstums; https://ec.europa.eu/info/ sites/default/files/business_economy_euro/banking_and_finance/documents/finance-events-190321-factsheet_de.pdf (letzter Aufruf: 08.01.2022)

European Commission (2022): Transition Pathway to Tourism, Brüssel.

EVZ (2021): Greenwashing im Tourismus: So erkennen Sie Grünfärberei; https://www.evz.de/rei sen-verkehr/reiserecht/nachhaltig-reisen/greenwashing-im-tourismus.html (letzter Aufruf: 12.12.2021)

Excelsior (2022): CSR bei den Geisel Privathotels; https://www.excelsior-hotel.de/hotel/corporate-social-responsibility (letzter Aufruf: 27.1.2022)

Fact Sheet Tourismus (o.J): Biodiversität im Tourismussektor; https://www.google.de/url?sa= t&rct=j&q=&esrc=s&source=web&cd=&cad=rja&uact=8&ved=2ahUKEwj-7Z3Eg8_ 1AhV9hf0HHQPvByUQFnoECAoQAQ&url=https%3A%2F%2Fwww.business-biodiversity.eu% 2Fbausteine.net%2Ff%2F8389%2FFactSheetTourismus_de.pdf%3Ffd%3D3&usg=AO vVaw2v9n-KDvpO2emTmnI3dquz (letzter Aufruf: 26.01.2022)

Fairtrade (o. J.a): Fairtrade Standards; https://www.fairtrade.net/standard (letzter Aufruf: 18.12.2021)

Fairtrade (o. J.b) How we set standards; https://www.fairtrade.net/standard/how-we-set-standards (letzter Aufruf: 18.12.2021)

Fairtrade (o. J.c): What ist Fairtrade?; https://www.fairtrade.net/about (letzter Aufruf: 18.12.2021)

fairunterwegs (2014): Tourismus und Artenschutz; https://www.fairunterwegs.org/fair-unterwegs/ augen-auf-beim-ferienkauf/artenvielfalt/ (letzter Aufruf: 12.12.2021)

Feda (2021): Biodiversität über den Tellerrand; https://www.feda.bio/de/wissenschaft/projekte/ bite/ (letzter Aufruf: 26.01.2022)

Feichtenbeiner, R.; Goldmann, E.; Hantsch, R.; Weber, H.; Wittberg, V. (2021): Indikatoren nachhaltiger Lernorte im Spannungsfeld von Gestaltung und Berichterstattung, in: Kretschmer, S.; Kuhlmeier, W.; Melzig, C. (Hrsg.): Berufsbildung für nachhaltige Entwicklung. Die Modellversuche 2015–2019 auf dem Weg vom Projekt zur Struktur, Bundesinstitut für Berufsbildung, Bonn 2021, S. 382–403

FEINHEIMISCH (2021): Start; https://feinheimisch.de/ (letzter Aufruf: 26.01.2022)

Festinger, L. (1957): A theory of cognitive dissonance, Stanford University Press, Stanford.

Fiedler, S.; Mahler, A.; Zerzawy, F. (2017): Subventionen für fossile Energien in Deutschland; https://foes.de/pdf/2017-05-FOES-Studie-Subventionen-fossile-Energien-Deutschland.pdf (letzter Aufruf: 19.01.2022)

Fischer, M. (2019): Weltbiodiversitätsrat warnt vor drastisch beschleunigtem Artensterben; https://www.unibe.ch/aktuell/medien/media_relations/medienmitteilungen/2019/medienmit teilungen_2019/weltbiodiversitaetsrat_warnt_vor_drastisch_beschleunigtem_artensterben/ index_ger.html (letzter Aufruf: 20.2.2022)

Flatley, A. (2020): Die bittere Wahrheit über Tee; https://utopia.de/ratgeber/die-bittere-wahrheit-ueber-tee/ (letzter Aufruf: 16.01.2022)

FlixBus (o.J): Klimaneutral reisen? Mit FlixBus und FlixTrain geht das!; https://www.flixbus.de/unter nehmen/umwelt (letzter Aufruf: 29.01.2022)

FNG (2021): FNG-Marktbericht 2021. Marktbericht Deutschland. Nachhaltige Geldanlagen und verantwortliche Investments in Deutschland; https://fng-marktbericht.org/de/deutschland (letzter Aufruf: 08.01.2022)

Forschungsgemeinschaft Urlaub und Reisen e.V. (2020): Reiseanalyse 2020; https://reiseanalyse. de/wp-content/uploads/2020/03/RA2020_Erste-Ergebnisse_DE.pdf (letzter Aufruf: 28.01.2022)

Frankfurter Allgemeine Personaljournal (2021): Studie Mitarbeiter wünschen sich von Unternehmen mehr Nachhaltigkeit und Purpose; https://www.faz-personaljournal.de/ausgabe/01-2021-ausgabe/studie-mitarbeiter-wuenschen-sich-von-unternehmen-mehr-nachhaltigkeit-und-purpose-2035/ (letzter Aufruf: 28.01.2022)

Fraport (2019): Nachhaltigkeitsbericht Nachhaltig verbinden; https://www.fraport.com/de/investo
ren/publikationen.html (letzter Aufruf: 28.02.2022)

Freyer, W.; Schreyer, M. (2010): Ökologische Innovationen als Grundlage nachhaltiger
Wettbewerbsvorteile für touristische Destinationen, in: Zeitschrift für Tourismuswissenschaft,
Jg. 2, Nr. 1, S. 5–18; https://doi.org/10.1515/tw-2010-0103 (letzter Aufruf: 12.12.2021)

FUR (2014): Reiseanalyse 2014, Kiel.

FUR (2020): Reiseanalyse 2020, Kiel.

Füssler, J.; Kessler, S. (2020): Teil 2: Rolle des Handels mit Treibhausgas-Zertifikaten, in: Kanton
Zürich und Stadt Zürich (Hrsg.): Negative Emissionen und Treibhausgas-Zertifikatehandel.
Potenziale, Kosten und mögliche Handlungsoptionen, S. 60–82; https://www.infras.ch/
media/filer_public/c8/b7/c8b7392c-aa8e-419a-a93b-3b9c907ba8a2/grundlagenbericht_sen
ken_zertifikate_200602_final.pdf (letzter Aufruf: 12.01.2022)

Futouris (2016): Futouris Tools; http://www.futouris.org/online-tools/ (letzter Aufruf: 26.01.2022)

Futouris (2018): Futouris veröffentlicht Handbuch zur Gästekommunikation von nachhaltigen
Speisen; https://www.futouris.org/aktuelles/futouris-veroeffentlicht-handbuch-zur-
gaestekommunikation-von-nachhaltigen-speisen/ (letzter Aufruf: 26.01.2022)

Gastro Academy (2022): 9 Tipps für Nachhaltigkeit in der Gastronomie; https://www.gastro-
academy.com/wachsen/nachhaltigkeit/tipps-nachhaltigkeit-gastronomie/ (letzter Aufruf:
22.01.2022)

Gawenko, W.; Götze, U.; Hinz, M.; Richter, F. (2020): Interne Ansätze zur Nachhaltigkeitsbewertung
in der externen Berichterstattung – konzeptionelle und empirische Analyse der DAX-
Unternehmen, in: Die Unternehmung, 74. Jg., Nr. 3, 2020, S. 264–284; https://web.archive.
org/web/20201210095924id_/https://www.nomos-elibrary.de/10.5771/0042-059X-2020-3-
264.pdf (letzter Aufruf: 18.12.2021)

GDV (2021): Deutsche entdecken nachhaltige Versicherungen; https://www.gdv.de/de/themen/ak
tuelle-themen/makro-und-maerkte/deutsche-entdecken-nachhaltige-versicherungen–70552
(letzter Aufruf: 02.01.2022)

GfK & Bayerisches Zentrum für Tourismus (2020): Reisen in Zeiten von Corona. Bayerisches
Zentrum für Tourismus; https://bzt.bayern/wp-content/uploads/2021/04/Reisen_in_Zeiten_
von_Corona_Stu-die_Mai_2020.pdf (letzter Aufruf: 25.10.2021)

GfK Studie (2020): Lebensmittelabfälle in privaten Haushalten 2020; https://www.zugutfuerdie
tonne.de/service/publikationen/studien (letzter Aufruf: 26.02.2022)

GHG Protocol (2011): Corporate Value Chain (Scope 3) Accounting and Reporting Standard –
supplement to the GHG Protocol Corporate Accounting and Reporting Standard;
https://ghgprotocol.org/sites/default/files/standards/Corporate-Value-Chain-Accounting-
Reporing-Standard_041613_2.pdf (letzter Aufruf: 17.02.2022)

Gigliotti, L. M. (1994): Environmental issues: Cornell students' willingness to take action, in: The
Journal of Environmental Education, Vol. 25, Nr. 1, S. 34–42

Gilbrich, C. (2020): Massentourismus: Diese Folgen hat Overtourismus; https://utopia.de/ratge
ber/massentourismus-diese-folgen-hat-overtourism/ (letzter Aufruf: 19.09.2021)

Giraldo, M.; Kück, F.; Lehners, S.; Lund-Durlacher, D.; Strasdas, W. (2020, Juli): Die Corona- Krise
und ihre Implikationen für die nachhaltige Entwicklung des Tourismus; https://www.futouris.
org/aktuelles/befragung-zeigt-hohe-nachhaltigkeitsorientierung-im-tourismus-auch-nach-
corona-krise/ (letzter Aufruf: 25.10.2020)

Global Footprint Network (2019): Pressemitteilung zum Earth Overshoot Day 2019; https://www.
overshootday.org/newsroom/press-release-july-2019-german/ (letzter Aufruf: 28.05.2021)

Global Footprint Network (2021): Earth Overshoot Day; https://www.overshootday.org/ (letzter
Aufruf: 28.05.2021)

Global Standard gGmbH (2021a): About Us; https://global-standard.org/about-us (letzter Aufruf: 18.12.2021)

Global Standard gGmbH (2021b): The Gots Story; https://global-standard.org/the-standard/story (letzter Aufruf: 18.12.2021)

Global Sustainable Tourism Council (2021): GSTC Criteria. Global standards for sustainable travel and tourism; https://www.gstcouncil.org/ (letzter Aufruf: 26.10.2021)

Graefe, L. (2020): Was hält dich am ehesten davon ab, nachhaltig zu reisen?;https://de.statista.com/statistik/daten/studie/1098951/umfrage/umfrage-zum-aufpreis-zur-co2-kompensation-bei-fluegen-in-deutschland/ (letzter Aufruf: 08.01.2022)

Green Destinations DACH Region (2021a): Awards & Zertifizierung; https://www.greendach.org/zertifizierung (letzter Aufruf: 04.06.2021)

Green Destinations DACH Region (2021b): Ihr Prozess zur Nachhaltigkeit: Systematisch in 5 Schritten; https://www.greendach.org/ (letzter Aufruf: 04.06.2021)

Green Destinations DACH Region (2021c): Top 100; https://www.greendach.org/top100 (letzter Aufruf: 04.06.2021)

Greenglobe (2021): The Global leader in Sustainable Tourism Certification; https://www.greenglobe.com/ (letzter Aufruf: 04.11.2021)

GreenKey (2021): Unlocking sustainability in the hospitality industry; https://www.greenkey.global/ (letzter Aufruf: 04.11.2021)

GreenLine Hotels (2021a): Auf der Grünen Welle surfen – Nachhaltige Suchmaschinen im Vergleich; https://www.greenline-hotels.com/gruene-lebensart/green-lifestyle/item/auf-der-gruenen-welle-surfen-nachhaltige-suchmaschinen-im-vergleich (letzter Aufruf: 08.01.2022)

GreenLine Hotels (2021b): Aus alt mach neu – Recycling, upcycling und downcycling erklärt: https://www.greenline-hotels.com/gruene-lebensart/green-lifestyle/item/aus-alt-mach-neu-recycling-upcycling-und-downcycling-erklaert (letzter Aufruf: 08.01.2022)

GreenLine Hotels (2021c): Too Good To Go sagt Lebensmittelverschwendung den Kampf an! Machst du mit? https://www.greenline-hotels.com/gruene-lebensart/green-lifestyle/item/too-good-to-go-sagt-lebensmittelverschwendung-den-kampf-an-machst-du-mit (letzter Aufruf: 12.01.2022)

GreenPearls (o. J.): Unique Places; https://www.greenpearls.com/de/ (letzter Aufruf: 16.02.2022)

Green Planet Energy eG (2022a): Politik & Engagement. Energiewende aktiv gestalten; https://green-planet-energy.de/politik-engagement.html (letzter Aufruf: 19.01.2022)

Green Planet Energy eG (2022b): Privatkunden. Echter Ökostrom nach Greenpeace Kriterien; https://green-planet-energy.de/privatkunden.html (letzter Aufruf: 19.01.2022)

GreenSign Zertifizierung InfraCert GmbH (2021): GreenSign Hotel; https://www.greensign.de (letzter Aufruf: 19.01.2022)

Greensurance (2021): Greensurance Für einen nachhaltigen Versicherungsschutz; https://www.greensurance.de/system-greensurance/ (letzter Aufruf: 02.01.2022)

Greentable e.V. (2016): 15 Fakten für Nachhaltigkeit in der Gastronomie; https://www.greentable.de/15-fakten-fur-nachhaltigkeit-in-der-gastronomie/ (letzter Aufruf: 26.01.2022)

Greentable e.V. (2022a): Böden als CO_2 Speicher; https://www.zerofoodprint.de/boden/ (letzter Aufruf: 26.01.2022)

Greentable e.V. (2022b): Unsere nachhaltigen Restaurants; https://www.greentable.org/restaurants/ (letzter Aufruf: 26.01.2022)

Grigat, F. (2019): Wissenschaft endlich ernst nehmen; https://www.forschung-und-lehre.de/politik/wissenschaft-endlich-ernst-nehmen-1982/ (letzter Aufruf: 29.03.2020)

Grober, U. (2013): Die Entdeckung der Nachhaltigkeit. Kulturgeschichte eines Begriffs, 1. Aufl., Verlag Antje Kunstmann GmbH, München.

Gruner, A.; Hübschmann, M.; von Freyberg, B. (2015): Nachhaltigkeit als Erfolgsfaktor in der Hotellerie und Gastronomie, Matthaes Verlag, Stuttgart.

Gulev, G.; Temelkov, Z. (2019): Role of Crowdfunding Platforms in rural Tourism Development, in: SocioBrains, Vol. 56, S. 73–79

Haberstock, P. (2019): ESG-Kriterien, in: Gabler Wirtschaftslexikon; https://wirtschaftslexikon.gab ler.de/definition/esg-kriterien-120056/version-369280 (letzter Aufruf: 16.02.2022)

Haffhus GmbH (2022): Unser Energiekonzept; https://www.haffhus.de/energie/ (letzter Aufruf: 12.01.2022)

Hamilton, B.; Mac Ghlionn, J. (2022): Metaverse clothing, travel, plastic surgery: Experts predict life in 2030; https://nypost.com/2022/01/08/experts-predict-living-in-the-metaverse-by-2030/ (letzter Aufruf: 12.01.2022)

Handelsblatt GmbH (2015, 30. Juli): Jeder vierte Deutsche vermeidet Gluten oder Laktose; https://www.handelsblatt.com/technik/medizin/ernaehrung-jeder-vierte-deutsche-vermeidet-gluten-oder-laktose/12126150.html?ticket=ST-7637264-am0dLoDkB9ZW41pAVyqh-cas01. example.org (letzter Aufruf: 19.01.2022)

Harris, C.; Leistner, A. (2020): „Flightshaming": Flugreisende am Pranger, Schweden fliegen weniger; https://de.euronews.com/2020/01/13/flight-shaming-flugreisende-am-pranger-schweden-fliegen-weniger (letzter Aufruf: 15.01.2022)

Hauff, V. (1987): Brundtland Bericht; https://www.nachhaltigkeit.info/artikel/brundtland_report_ 563.htm (letzter Aufruf: 15.12.2021)

Heimpel, E. (2021): Carbon-Neutral vs. Net-Zero: what's the difference?; https://ecologi.com/arti cles/blog/carbon-neutral-vs-net-zero-whats-the-difference (letzter Aufruf: 21.01.2022)

Heinrich Böll Stiftung (2021): Fleischatlas 2021; https://www.boell.de/sites/default/files/2021-01/ Fleischatlas2021_0.pdf (letzter Aufruf: 19.01.2022)

Helaba (o. J.): Was ist nachhaltige Finanzierung?; https://www.helaba.com/de/nachhaltigkeit/ sustainable-finance/glossar-sustainable-finance.php (letzter Aufruf: 04.11.2021)

Held, A.; Meadows, D.; Meadows, D. H.; Randers, J.; Weizsäcker, E. (2016): Grenzen des Wachstums – Das 30-Jahre-Update, Hirzel Stuttgart.

Held, M. (2007): Nachhaltige Mobilität, in: Canzler, W.; Knie, A.; Schöller, O. (Hrsg.): Handbuch Verkehrspolitik, VS Verlag für Sozialwissenschaften, Wiesbaden, S. 851–876

Helmes, I. (2020): "Für den Urlaub geben wir uns eine Ausnahmegenehmigung";https://www.sued deutsche.de/reise/nachhaltigkeit-reisen-interview-1.4748361 (letzter Aufruf: 08.01.2022)

Helms, L.; Neumann, F. (2019): Treibhausgas–Emissionen im Deutschland Tourismus. Themenpapier im Rahmen des Projektes „Weiterentwicklung des nachhaltigen Tourismus: Identifizierung von Synergieeffekten zur Stärkung der Kooperation mit und zwischen wichtigen Akteuren"; https://www.umweltbundesamt.de/sites/default/files/medien/479/publikatio nen/texte_149-2020_treibhausgas-emissionen_im_deutschland-tourismus.pdf (letzter Aufruf: 12.01.2022)

Henschel, U. (2008): Hotelmanagement; 3. Auflage Oldenburg Verlag, München.

Cavaliere, C.; Cohen, S.; Higham, J. (2014): Climate Change, Discretionary Air Travel, and the "Flyers' Dilemma", in: Journal of Travel Research, Vol. 53, Nr. 4, S. 462–475

Cohen, S.; Higham, J.; Reis, A. (2016): Australian climate concern and the 'attitude–behaviour gap', in: Current Issues in Tourism, Vol. 19, Nr. 4, S. 338–354

HOGAPAGE (2022): Der Öschberghof revolutioniert die Kochausbildung; https://www.hogapage. de/nachrichten/arbeitswelt/karriere/der-oeschberghof-revolutioniert-die-kochausbildung/ (letzter Aufruf: 06.02.2022)

HOGAST Einkaufsgenossenschaft f. d. (2018): Geschäfts- und Nachhaltigkeitsbericht 2017/2018; https://www.hogast.at/wp-content/uploads/sites/3/2018/11/HOGAST_GB_2018_ 210x280mm_RGB_16_sRGB_IEC61966_RZ_144dpi.pdf (letzter Aufruf: 28.01.2022)

Höhler, G. (2021): Eine Ägäisinsel wird zum Zukunftslabor für emissionsfreie Mobilität; https://www.handelsblatt.com/unternehmen/industrie/volkswagen-eine-aegaeisinsel-wird-zum-zukunftslabor-fuer-emissionsfreie-mobilitaet/27251484.html?ticket=ST-2475056-WE4VAEegmXhj4twbx2VJ-ap4 (letzter Aufruf: 04.01.2022)

Hotel Daniel (o. J.): Hotel Daniel Urban Gardening; https://hoteldaniel.com/de/wien/ueber-das-daniel/urban-gardening/ (letzter Aufruf: 26.01.2022)

HRS GmbH (2022): Green Stay; https://www.hrs.com/enterprise/en/integrations/green-stay/ (letzter Aufruf: 18.01.2022)

Hung, S.-W.; Tseng, S.-C. (2014): A strategic decision-making model considering the social costs of carbon dioxide emissions for sustainable supply chain management, in: Journal of Environmental Management, Nr. 133, S. 315–322; https://e-tarjome.com/storage/btn_uploaded/2020-10-14/1602656308_11402-etarjome%20English.pdf (letzter Aufruf: 08.01.2022)

IFC (2007): Environmental, Health, and Safety Guidelines for Tourism and Hospitality Development; https://ec.europa.eu/environment/emas/takeagreenstep/pdf/BEMP-6-FINAL.pdf (letzter Aufruf: 28.01.2022)

IHA (2019): Digitalisierungsumfrage mit Roland Berger; https://www.oehv.at/fileadmin/user_upload/MediaLibrary/Downloads/OEHV/Hotellerie4.1_Umfrageergebnisse_2019_DE.pdf (letzter Aufruf: 16.02.2022)

InfraCert (o. J.): GreenSign ist das führende Nachhaltigkeits-Zertifikat für die Hotellerie in Europa; https://www.greensign.de/ (letzter Aufruf: 04.11.2021)

InfraCert (2020): Nachhaltigkeit – Deutsch Wörterbuch für die Hotellerie; Busche Verlag, Dortmund.

InfraCert (2021): Trinkwasser ohne Plastikflaschen: BRITA hat die perfekte Lösung für die Hotellerie und Gastronomie; https://www.greensign.de/blog/item/sauberes-trinkwasser-ohne-plastikflaschen-brita-hat-die-perfekte-loesung-fuer-die-hotellerie (letzter Aufruf: 16.01.2022)

Internationale Energieagentur (IEA) (2020): Klimakiller Nr. 1? Daten für 2018. https://www.klimaschutz-portal.aero/klimakiller-nr-1/ (letzter Aufruf: 28.02.2022)

IPCC (2021): Climate Change 2021: The Physical Science Basis. Summary for Poliycmakers; https://www.ipcc.ch/report/ar6/wg1/downloads/report/IPCC_AR6_WGI_SPM_final.pdf (letzter Aufruf: 12.01.2022)

ISO (2021): ISO 14000 Family. Environmental Management; https://www.iso.org/iso-14001-environmental-management.html (letzter Aufruf: 04.11.2021)

ITP (2017): Hotel Global Decarbonisation Report; https://sustainablehospitalityalliance.org/resource/global-hotel-decarbonisation-report/ (letzter Aufruf: 28.01.2022)

IUCN (2021): IUCN Red List of Threatened Species; https://www.iucn.org/resources/conservation-tools/iucn-red-list-threatened-species (letzter Aufruf: 11.01.2021)

Jans, T. (2018): Greenwashing – Die dunkle Seite der CSR; https://reset.org/corporate-social-responsibility-csr-die-verantwortung-der-unternehmen/ (letzter Aufruf: 12.12.2021)

Kant, R. (o. J.): Biodiversitätscheck für Unternehmen; https://www.baumev.de/News/7919/BiodiversittsCheckfrUnternehmen.html (letzter Aufruf: 26.01.2022)

Karl, W.-T. (2021): Grün und sozial. Transformation des nachhaltigen Tourismus in Folge der Corona-Pandemie.

KfW (2022): Weiterdenker wechseln fürs Klima auf die Überholspur; https://www.kfw.de/inlandsfoerderung/Unternehmen/Energie-und-Umwelt/Nachhaltig-Mobil/?kfwmc=vt.sea.bing.SEA_VT_EEU_Klimaschutzoffensive_GC.F%C3%B6rderung_Klimaschutz_Allgemein_GC.%Bf%C3%B6rderung%20%2Bnachhaltige%20%2Bwirtschaft&wt_cc1=umwelt&wt_cc2=unt|energie-umwelt&wt_cc3=79440114628429_79439870486021_bb_c (letzter Aufruf: 08.01.2022)

Kickstarter (2022): Gastronomie & Kunsthandwerk; https://www.kickstarter.com/food-craft?ref=section-homepage-nav-click-food-craft (letzter Aufruf: 02.02.2022)

Kim, M. J.; Petrick, J. F. (2021): The Effect of Herding Behaviors on Dual-Route Processing of Communications Aimed at Tourism Crowdfunding Ventures, in: Journal of Travel Research, Vol. 60, Nr. 5, S. 947–964

Kirchhoff, K. R. (2019): Integrated Reporting für die Praxis. Wertschaffend berichten, Springer Gabler, Wiesbaden.

Klein, A. (2017): Nachhaltiger Konsum im Tourismus, in: Rein, H./Stradas, W.: Nachhaltiger Tourismus – Einführung, UVK Verlag, Konstanz, S. 171–204

Klima-Kollekte-Kirchlicher Kompensationsfonds gGmbH (o. J.): Fact Sheet: CO2-Bilanzierung von Videokonferenzen; https://klima-kollekte.de/fileadmin/user_upload/Videokonferenzen_CO2_Bilanz.pdf (letzter Aufruf: 19.01.2022)

Klimapatenschaft Tourismus GmbH (2021): Destinationen; https://klimapatenschaft.de/tourismus/destinationen/ (letzter Aufruf: 26.07.2021)

Klug, K. (2021): Ohne Müll durchs Leben: Wie Zero Waste die Konsumwelt verändert; https://www.twenty.blue/insights/b_263-precycling/ (letzter Aufruf: 30.01.2022)

Koch, M. (2020): Nachhaltige Finanzierung: Der Aktionsplan der Europäischen Kommission zur Finanzierung nachhaltigen Wachstums, in: Fischler, F.; Sihn-Weber, A. (Hrsg.): CSR und Klimawandel. Unternehmenspotenziale und Chancen einer nachhaltigen und klimaschonenden Wirtschaftstransformation, Springer Gabler, Berlin 2020, S. 99–110

Kübbeler, M. (2022): Global Reporting Initiative (GRI); https://www.csr-einfach.de/global-reporting-initiative/ (letzter Aufruf: 13.02.2022)

Kompetenzzentrum Tourismus des Bundes (2021): Phänomen „Revenge Travel": Nachholbedarf für Reisen in Deutschland größer als erwartet?; https://www.kompetenzzentrum-tourismus.de/wissen/insights/347-phaenomen-revenge-travel-nachholbedarf-fuer-reisen-in-deutschland-groesser-als-erwartet (letzter Aufruf: 14.02.2022)

Kords, M. (2022): Zugelassene E-Autos in Deutschland bis 2021; https://de.statista.com/statistik/daten/studie/265995/umfrage/anzahl-der-elektroautos-in-deutschland/ (letzter Aufruf: 11.02.2022)

Lifeverde (o. J.): Grüne und nachhaltige Versicherungen; https://www.lifeverde.de/nachhaltigkeitsmagazin/gesellschaft/gruene-und-nachhaltige-versicherungen (letzter Aufruf: 05.02.2022)

Lombardi, A. (2020): Zur Nachhaltigkeitskommunikation im Tourismus am Beispiel deutscher und italienischer Green Hotels, in: Gansel, C.; Luttermann, K. (Hrsg.): Nachhaltigkeit – Konzept, Kommunikation, Textsorten, LIT Verlag, Münster 2020, S. 313–364

Lindner Hotels (2021): Persönliches Interview mit C. Bouchon (Director PR) am 13.09.2021

Lotter, C. (2010): Nachhaltige Entwicklung im Tourismus: Strategieansätze und Handlungsoptionen für die effiziente Entwicklung einer touristischen Destination, 1. Aufl., Diplomica Verlag, Hamburg.

Gössling, S.; Lund-Durlacher, D. (2021): An analysis of Austria's food service sector in the context of climate change, in: Journal of Outdoor Recreation and Tourism, Vol. 34, Nr. 100342, S. 1–18

Maatsch, H. (2021): Wie Unternehmen sinnvoll Ökostrom beschaffen können; https://background.tagesspiegel.de/energie-klima/wie-unternehmen-sinnvoll-oekostrom-beschaffen-koennen (letzter Aufruf: 19.01.2022)

Maier-Albang, M. (2020): "Wir müssen jetzt radikal umdenken". Greenwashing im Tourismus; https://www.sueddeutsche.de/reise/nachhaltigkeit-reisen-greenwashing-interview-1.4830632 (letzter Aufruf: 12.12.2021)

manager magazin new media GmbH & Co. KG (2021): Paris führt großflächig Tempo 30 ein; https://www.manager-magazin.de/politik/europa/paris-tempolimit-30-auf-fast-allen-strassen-von-frankreichs-metropole-a-c0570961-645e-42f3-9e91-c736b07f2877 (letzter Aufruf: 07.01.2022)

Markwart, M. (2020): Nachhaltige Krankenkassen – woran du sie erkennst und warum sich ein Wechsel lohnt; https://www.lifeverde.de/nachhaltigkeitsmagazin/gesellschaft/nachhaltige-krankenkassen-woran-du-sie-erkennst-und-warum-sich-ein-wechsel-lohnt (letzter Aufruf: 19.01.2022)

Meadows, D.; Meadows, D. H.; Milling, P.; Zahn, E. (1972): Die Grenzen des Wachstums. Bericht des Club of Rome zur Lage der Menschheit, Deutsche Verlags-Anstalt, München.

me & all Hotels (2021): Persönliches Interview mit C. Bouchon (Director PR) am 13.09.2021

me & all Hotels (2022): Urban Gardening local heroes und andere großartige Aussichten; https://meandallhotels.com/presse-medien/mitteilung/article/urban-gardening-local-heroes-und-andere-grossartige-aussichten.html (letzter Aufruf: 26.01.2022)

Mederle, S. (2020): Ampelsysteme, Ticketing, Betretungsverbote: Digitale Besucherlenkung in Touristen-Hotspots; https://bzt.bayern/besucherlenkung-app-tagestourismus/ (letzter Aufruf: 27.1.2022)

Merkel, K. (2020): Risikogebiet Schweiz: Was gilt für Geschäftsreisen nach Deutschland? Handelszeitung; https://www.handelszei-tung.ch/beruf/risikogebiet-schweiz-was-gilt-fur-geschaftsreisen-nach-deutschland (letzter Aufruf: 25.01.2022)

Meyer, C. (2019): Was ist ein nachhaltiger Lebensstil?; https://www.christianhmeyer.de/was-ist-ein-nachhaltiger-lebensstil/ (letzter Aufruf: 1.2.2022)

Michailow, M. (1994): Lebensstilsemantik. Soziale Ungleichheit und Formationsbildung in der Kulturgesellschaft, in: Fröhlich, G.; Mörth, I. (Hrsg.): Das symbolische Kapital der Lebensstile. Zur Kultursoziologie der Moderne nach Pierre Bourdieu, Frankfurt/ New York, S. 107–128

Michelin (2021): MICHELIN Grüner Stern 2021 – nachhaltige Gastronomie gefragter denn je; https://guide.michelin.com/de/de/article/sustainable-gastronomy/michelin-gruner-stern-2021-nachhaltige-gastronomie-gefragter-denn-je (2021) (letzter Aufruf: 25.01.2022)

Ministerium für Umwelt, Klima und Energiewirtschaft Baden-Württemberg (o. J.): Über die WIN-Charta; https://www.nachhaltigkeitsstrategie.de/wirtschaft/win-charta/ueber-die-win-charta (letzter Aufruf: 18.12.2021)

Ministerium für Umwelt, Klima und Energiewirtschaft Baden-Württemberg (2021): WIN CHARTA. Der Weg zu mehr Nachhaltigkeit; https://www.nachhaltigkeitsstrategie.de/fileadmin/Downloads/Publikationen/Wirtschaft/WIN/2021_WIN_Charta_Flyer_BF.pdf (letzter Aufruf: 14.01.2022)

Mittelstand 4.0 (2020): Mobilitätskonzepte im Smart Hotel; https://www.kompetenzzentrum-rostock.digital/wp-content/uploads/2021/07/Mobilitaetskonzepte-im-Smart-Hotel.pdf (letzter Aufruf: 26.1.2022)

Müller, D. (2021): Dominic Müller über Nachhaltigkeit & E-Mobilität im Hotelgewerbe; https://www.elektroauto-news.net/2021/folge-155-dominic-mueller-nachhaltigkeit-e-mobilitaet-hotelgewerbe (letzter Aufruf: 26.1.2022)

Müller, H. (2007): Tourismus und Ökologie: Wechselwirkungen und Handlungsfelder, 2. Aufl., R. Oldenbourg Verlag, München/Wien.

Müller, S. (2019a): Leitlinien für die Berichterstattung über klimabezogene Informationen; https://www.haufe.de/finance/jahresabschluss-bilanzierung/%0Bnichtfinanzielle-berichterstattung-leitlinien_188_493500.html (letzter Aufruf: 18.12.2021)

Müller, V. (2019b): Warum Erholungsphasen im Beruf wichtig sind. Forschung & Lehre – Alles was die Wissenschaft bewegt; https://www.forschung-und-lehre.de/karriere/warum-erholungsphasen-im-beruf-wich-tig-sind-1927/ (letzter Aufruf: 25.01.2022)

Muntschick, V. (2022): Lebensstile: Eine neue Sicht auf Kunden und ihre Bedürfnisse; https://www.zukunftsinstitut.de/artikel/lebensstile/lebensstile-eine-neue-sicht-auf-kunden-und-ihre-beduerfnisse/ (letzter Aufruf: 1.2.2022)

Myclimate (o. J.): Was bedeutet «Netto-Null-Emissionen»?; https://www.myclimate.org/de/informie ren/faq/faq-detail/was-bedeutet-netto-null-emissionen/ (letzter Aufruf: 31.01.2022)

MyGreenChoice (2021): Grünes Hosting: 11 Anbieter im Vergleich (2021); https://my-green-choice.de/magazin/gruenes-hosting-vergleich/#toggle-id-1 (letzter Aufruf: 06.02.2022)

MyGreenChoice (2022): 5 nachhaltige Suchmaschinen im Vergleich; https://my-green-choice.de/magazin/5-nachhaltige-suchmaschinen-vergleich/ (letzter Aufruf: 06.02.2022)

Nachhaltig Handeln Baden Württemberg (o. J.): Nachhaltig dabei sein; https://www.nachhaltigkeits strategie.de/wirtschaft/win-charta/ueber-die-win-charta (letzter Aufruf: 18. Dezember 2021)

NEUE WEGE Seminare & Reisen GmbH (2018): 4. Nachhaltigkeitsbericht; https://www.vistabus.de/images/Katalog_und_Internet_28/Neue_Wege_Reisen_10147/wwwneuewegecom_12379/doku mente_13397/4_Nachhaltigkeitsbericht_CSR_8102.images (letzter Aufruf: 18.12.2021)

OEHV (o. J.): Abfallvermeidung in der Österreichischen Hotellerie; Leitfaden für weniger Müll im operativen Hotelbetrieb; https://www.oehv.at/fileadmin/user_upload/MediaLibrary/Down loads/Leitfaeden/OEHV-Leitfaden_Abfallvermeidung_in_der_Hotellerie.pdf (letzter Aufruf: 26.01.2022)

Öschberghof (2021): Persönliches Interview mit L. Wißmann am 1.09.2021

Ostdeutscher Sparkassenverband (2019): Sparkassen-Tourismusbarometer Ostdeutschland 2019; https://osv-online.de/wp-content/uploads/1_Kurzbericht_1_2019_Erste-Ergebnisse.pdf (letzter Aufruf: 02.01.2022)

Pichai, S. (2021): Mehr nachhaltige Optionen mit Google; https://blog.google/intl/de-de/unterneh men/engagement/nachhaltige-entscheidungen-mit-google/ (letzter Aufruf: 16.02.2022)

Philipps, S.; Pratt, N.; Raab, C.; Wagner, T. (2012): Nachhaltige Finanzierung in mittelständischen Unternehmen; https://www.globalcompact.de/migrated_files/wAssets/docs/Weitere-Themen /nachhaltige_finanzierung_in_mittelstaendischen_unternehmen.pdf (letzter Aufruf: 08.01.2022)

Praktikumsjahr (o. J.): Mit dem Praktikumsjahr unterschiedliche Berufe ausprobieren; https://praktikumsjahr.de/ (letzter Aufruf: 30.01.2022)

Presse- und Informationsamt der Bundesregierung (2022): EU soll bis 2050 klimaneutral sein; https://www.bundesregierung.de/breg-de/themen/klimaschutz/mehr-klimaschutz-in-der-eu-1790042 (letzter Aufruf: 21.01.2022)

Preuß, O. (2021): Die Hauptstadt der fahrerlosen Autos; https://www.welt.de/regionales/ham burg/article235829148/Wie-Moia-und-Vay-Hamburg-zur-Stadt-der-Autos-ohne-Fahrer-machen-koennten.html (letzter Aufruf: 08.02.2022)

PricewaterhouseCoopers GmbH (2018): Ausblick 2030: Mobilitätstrends in Deutschland bieten 22 Prozent mehr Wertschöpfung für Automobilzulieferer; https://www.pwc.de/de/pressemitteilun gen/2018/mobilitaetstrends-in-deutschland-bieten-22-prozent-mehr-wertschoepfung-fuer-automobilzulieferer.html (letzter Aufruf: 13.01.2022)

ProVeg (2021): Wie sich die industrielle Tierhaltung auf den Klimawandel auswirkt; https://proveg.com/de/5-pros/pro-umwelt/wie-sich-die-industrielle-tierhaltung-auf-den-klimawandel-auswirkt/ (letzter Aufruf: 25.01.2022)

Pufé, I. (2017): Nachhaltigkeit, 3. Aufl., UTB GmbH, München.

PwC Deutschland (2021): PwC Studie 2021 Biolebensmittel im Aufwind; https://www.pwc.de/de/handel-und-konsumguter/biolebensmittel-im-aufwind.html (letzter Aufruf: 19.01.2022)

Rabbit Publishing GmbH (2019): Qatar: VW to launch self-driving fleet with e-Bullis (ID. Buzz); https://www.electrive.com/2019/12/16/vw-to-launch-self-driving-fleet-in-qatar-with-e-bullis-id-buzz/ (letzter Aufruf: 05.01.2022)

Rammert, A.; Schwedes, O. (2021): Moderne Verkehrspolitik, in: Siebenpfeiffer, W. (Hrsg.): Mobilität der Zukunft, S. 303–319; https://www.ivp.tu-berlin.de/fileadmin/fg93/Dokumente/Publikationen_Schwedes/Schwedes_Rammert.pdf (letzter Aufruf: 27.12.2021)

Responsible Tourism Institute (2021): Über Uns; https://www.responsibletourisminstitute.com/de (letzter Aufruf: 04.11.2021)

Ricoh Austria GmbH (2021): Studie: Europäische Unternehmen erkennen noch nicht, wie digitale Lösungen ihre Nachhaltigkeit verbessern; https://www.ricoh.at/news-events/news/studie-europaische-unternehmen-erkennen-noch-nicht-wie-digitale-losungen-ihre-nachhaltigkeit-verbessern/ (letzter Aufruf: 15.01.2022)

Rittenau, N. (2022): Vegan-Klischee ade wissenschaftliche Antworten auf kritische Fragen zu veganer Ernährung, 2. Aufl. Ventil Verlag, Mainz.

Rohleder, B (2020): Digitaler Tourismus 2020: So smart reisen die Deutschen; https://www.bit kom.org/sites/default/files/2020-03/bitkomprasentation_tourismus2020.pdf (letzter Aufruf: 08.11.2021)

Romeiß-Stracke, F. (1995): Service-Qualität im Tourismus: Grundsätze und Gebrauchsanweisungen für die touristische Praxis, Allgemeiner Deutscher Automobil-Club München.

Rosa, H. (2020): Resonanz: Eine Soziologie der Weltbeziehung, 3. Aufl., Suhrkamp Verlag AG, Berlin.

ruf Reisen GmbH (2016, März): ruf Young Traveler Kompass 2016: Das Informations- und Reiseverhalten junger Urlauber; http://www.jugendreise-news.de/wp-content/uploads/2016/11/Young-Traveler-Kompass-2016.pdf (letzter Aufruf: 16.02.2022)

Rützlers, H. (2020): Hanni Rützlers Foodreport 2021 Trends, Entwicklungen und Zukunftsthemen für Food and Beverage, Zukunftsinstitut GmbH Frankfurt.

sattgrün (2022): sattgrün vegane restaurants + cafés; https://www.sattgruen.com/ (letzter Aufruf: 26.01.2022)

Scandic (2019): Scandic Annual Report 2018; https://www.scandichotelsgroup.com/sustainability/sustainability/ (letzter Aufruf: 04.01.2022)

Schimmel, A. (2020): Chefs Culinar beteiligt sich an Huuskes; https://stammgast.online/news/de tail/chefs-culinar-beteiligt-sich-an-huuskes.html (letzter Aufruf: 28.01.2022)

Schmidt, G. R. (2022): Ist das Internet umweltfreundlicher als gedruckte Medien?; https://www.umdex.de/klimakiller-internet/ (letzter Aufruf: 20.01.2022)

Schmidt, H. (2021): Green City Trip Münster, in: Green Lifestyle – Das Magazin für einen nachhaltigen Lebensstil, Jg. 2021, Nr. 2.

Schrader, A. (2020): Achim Schrader Qualitätsmanagement Gastronomie – Erfolg mit Qualität; https://projektgast-beratung.de/qualitaetsmanagement-gastronomie/ (letzter Aufruf: 26.01.2022)

Schrage, O. (2021): 10 Greenwashing Beispiele → falsche Fairsprechen; https://nachhaltige-deals. de/nachhaltiger-leben/greenwashing-beispiele/#Green_Cruising (letzter Aufruf: 12.12.2021)

Schulz, R.; von Hauff, M.; Wagner, R. (2018): Deutschlands Nachhaltigkeitsstrategie, UVK Verlagsgesellschaft mbH, Konstanz/München.

Schwedes, O. (2019): Grundlagen der Verkehrspolitik und die Verkehrswende, in: Canzler, W.; Radtke, J. (Hrsg.): Energiewende, Springer Verlag, Berlin/Heidelberg, S. 193–220

Securvita (o. J.): Grüne Geldanlagen stehen hoch im Kurs und sichern die Zukunft unserer Kinder; https://www.securvita.de/oeko-investment.html (letzter Aufruf: 05.02.2022)

Shiftphones (2022): Dein Darlehn für unsere SHIFT GmbH; https://www.shiftphones.com/invest/ (letzter Aufruf: 2.2.2022)

Skopos (2016): 1,3 Millionen Deutsche leben vegan; https://www.skopos-group.de/news/13-millionen-deutsche-leben-vegan.html (letzter Aufruf: 09.01.2022)

Smartel (o. J.): Good Life, good Night, Kein Hotel. Ein smartel!; https://smartel.com/ (letzter Aufruf: 05.02.2022)

Soapaid (2021): Recycling soap and saving lives; https://soapaid.org/home/ (letzter Aufruf: 25.02.2022)

Sodomann, K. (2021): Wie „grün" ist die Bahn wirklich?; https://www.tagesschau.de/wirtschaft/un ternehmen/deutsche-bahn-klimaschutz-oekostrom-101.html (letzter Aufruf: 29.01.2022)

Sparkasse (o. J.): Nachhaltige Geldanlagen; https://www.sparkasse.de/themen/wertpapiere-als-geldanlage/nachhaltige-geldanlagen.html (letzter Aufruf: 08.01.2022)

Statista (2021a): Anzahl der umsatzsteuerpflichtigen Restaurants in Deutschland; https://de.statista.com/statistik/daten/studie/155685/umfrage/anzahl-der-umsatzsteuerpflichtigen-restaurants-seit-2002/ (letzter Aufruf: 26.01.2022)

Statista (2021b): Ökologischer Fußabdruck: Ländervergleich 2021; https://de.statista.com/statistik/daten/studie/588224/umfrage/oekologischer-fussabdruck-der-laender-mit-den-hoechsten-werten/ (letzter Aufruf: 28.05.2021)

Statista (2022a): Anteil an Reisenden weltweit, die planen im nächsten mindestens einmal in einer nachhaltigen Unterkunft zu übernachten in den Jahren 2016 bis 2021; https://de.statista.com/statistik/daten/studie/1253857/umfrage/nachfrage-nach-nachhaltigen-unterkuenften-unter-reisenden-weltweit/ (letzter Aufruf: 09.02.2022)

Statista (2022b): Anzahl veganer Gastronomiebetriebe in Deutschland; https://de.statista.com/statistik/daten/studie/381076/umfrage/anzahl-veganer-gastronomiebetriebe-in-deutschland/ (letzter Aufruf: 26.01.2022)

Statista (2022c): Entwicklung der Strompreise in Deutschland; https://de.statista.com/statistik/daten/studie/914784/umfrage/entwicklung-der-strompreise-in-deutschland-verivox-verbraucherpreisindex/ (letzter Aufruf: 26.01.2022)

Statistisches Bundesamt (2021): Bis 2035 wird die Zahl der Menschen ab 67 Jahre um 22 % steigen; https://www.destatis.de/DE/Presse/Pressemitteilungen/2021/09/PD21_459_12411.html;jsessionid=CDA06461A94A102F6E6703E60AE80811.live721 (letzter Aufruf: 28.01.2022)

Steinecke, A. (2010): Populäre Irrtümer über Reisen und Tourismus, 1. Aufl., Oldenbourg Wissenschaftsverlag, München.

Stiftung Allianz für Entwicklung und Klima (o. J.): Kompensationspartner Planetly; https://allianz-entwicklung-klima.de/kompensationspartner/planetly/ (letzter Aufruf: 08.01.2022)

Stiftung myclimate (o. J.): Über myclimate; https://www.myclimate.org/de/informieren/ueber-uns/ (letzter Aufruf: 08.01.2022)

T.D.G. Vertriebs GmbH & Co. KG (o. J.): STOP THE WATER. START RELAXING!; https://www.stop-the-water.com/pages/b2b (letzter Aufruf: 06.02.2022)

Straaß, V., Lieckfeld, C.-P. & Völkmann, U. (2013): Baum für Baum, 4. aktualisierte Aufl., oekom Verlag,München, Deutschland.

Straiv (2021): Persönliches Interview mit B. Müller (Leiter Geschäftsentwicklung) am 22.09.2021

Strasdas, W. (2017): Einführung Nachhaltiger Tourismus, in: Rein, H; Strasdas, W. (Hrsg.): Nachhaltiger Tourismus, 2. Aufl., UVK Verlagsgesellschaft mbH, München/ Konstanz,S. 13–44

Strobel, S. (2019): Digitale Lösungen für mehr Nachhaltigkeit im Hotel; (letzter Aufruf: 15.01.2022) https://www.code2order.com/de/blog/digitale-loesungen-fuer-mehr-nachhaltigkeit-im-hotel#:~:text=%20Digitale%20L%C3%B6sungen%20f%C3%BCr%20mehr%20Nachhaltigkeit%20im%20Hotel,G%C3%A4steservice.%20Informieren%20Sie%20Ihre%20G%C3%A4ste%20%C3%BCber...%20More%20

Sustainable Hospitality Alliance (2017): Global Hotel Decarbonisation Report; https://sustainablehospitalityalliance.org/resource/global-hotel-decarbonisation-report/ (letzter Aufruf: 21.11.2021)

Technische Universität Dresden (o. J.): Kulturelles Erbe; https://tu-dresden.de/gsw/phil/irget/unesco-portal/forschung/forschungsfelder/kulturelles-erbe (letzter Aufruf: 28.01.2022)

The Guardian (2021): Global climate strike: thousands join coordinated action across world; https://www.theguardian.com/science/2021/sep/24/people-in-99-countries-take-part-in-global-climate-strike (letzter Aufruf: 30.01.2022)

Thomaschewski, D.; Völker, R. (2016): Nachhaltige Unternehmensentwicklung: Herausforderungen für die Unternehmensführung des 21. Jahrhunderts, 1. Aufl., Verlag W. Kohlhammer, Stuttgart, S. 110–120

Tölkes, C. (2020): The role of sustainability communication in the attitude-behaviour gap of sustainable tourism, in: Tourism and Hospitality Research, Vol. 20, Nr. 1, S. 117–128

Too Good To Go (o. J.): Rette Essen Schone Die Umwelt; https://toogoodtogo.de/de/ (letzter Aufruf: 16.01.2022)

TourCert gGmbH (2018): Kriterienkatalog für Destination; https://www.tourcert.org/wp-content/uploads/2021/02/TourCert_Kriterienkatalog_Dest_2018-1.pdf (letzter Aufruf: 12.07.2021)

TourCert gGmbH (2021): Destinationen – Von Baden-Württemberg in die Welt; https://www.tourcert.org/angebot/zertifizierung-destinationen/ (letzter Aufruf: 20.07.2021)

TOURIMAR (o. J.): Destinationsmanagement für nachhaltige Destinationen; https://tourimar.de/destinationsmanagement/ (letzter Aufruf: 03.06.2021)

TOURIMAR (2021): Ökologische Nachhaltigkeit für den Erhalt von Natur und Umwelt; https://tourimar.de/oekologische-nachhaltigkeit/ (letzter Aufruf: 03.06.2021)

TOURIMAR (2022): Soziale Maßnahmen; https://tourimar.de/soziale-nachhaltigkeit-im-tourismus/ (letzter Aufruf: 27.01.2022)

Travelife (o. J.): WELCOME. Welcome to Travelife; https://www.travelife.info/index_new.php?menu=home&lang=en (letzter Aufruf: 04.11.2021)

TUTAKA GmbH (o. J.): Das ist nachhaltig; https://tutaka.com/pages/nachhaltigkeit (letzter Aufruf: 18.01.2022)

Umweltbundesamt (o. J.): Grafik Verwertungswege biogener Abfälle; https://www.umweltbundesamt.de/daten/ressourcen-abfall/verwertung-entsorgung-ausgewaehlter-abfallarten/bioabfaelle#nutzung-der-garreste-und-des-komposts (letzter Aufruf: 26.10.2021)

Umweltbundesamt (2020a): Ökostrom; https://www.umweltbundesamt.de/umwelttipps-fuer-den-alltag/elektrogeraete/oekostrom#unsere-tipps (letzter Aufruf: 15.01.2022)

Umweltbundesamt (2020b): Touristische Mobilität im ländlichen Raum; https://www.umweltbundesamt.de/sites/default/files/medien/479/publikationen/texte_78-2020_themenpapier_mobilitaet.pdf (letzter Aufruf: 09.01.2022)

Umweltbundesamt (2020c): Umweltbewusstsein in Deutschland; https://www.umweltbundesamt.de/themen/nachhaltigkeit-strategien-internationales/gesellschaft-erfolgreich-veraendern/umweltbewusstsein-in-deutschland; (letzter Aufruf: 21.04.2021)

Umweltbundesamt (2021a): Carbon Capture and Storage; https://www.umweltbundesamt.de/themen/wasser/gewaesser/grundwasser/nutzung-belastungen/carbon-capture-storage#grundlegende-informationen (letzter Aufruf: 31.01.2022)

Umweltbundesamt (2021b): Die Treibhausgase; https://www.umweltbundesamt.de/themen/klima-energie/klimaschutz-energiepolitik-in-deutschland/treibhausgas-emissionen/die-treibhausgase (letzter Aufruf: 21.11.2021)

Umweltbundesamt (2021c): Erdüberlastungstag: Deutschland lebt auf Kosten anderer Länder; https://www.umweltbundesamt.de/themen/erdueberlastungstag-deutschland-lebt-auf-kosten (letzter Aufruf: 11.01.2022)

Umweltbundesamt (2021d): TourCert für Nachhaltigkeit im Tourismus; https://www.umweltbundesamt.de/umwelttipps-fuer-den-alltag/siegelkunde/tourcert-fuer-nachhaltigkeit-im-tourismus (letzter Aufruf: 20.07.2021)

Umweltbundesamt (2021e): Vergleich der durchschnittlichen Emissionen einzelner Verkehrsmittel im Personenverkehr in Deutschland; https://www.umweltbundesamt.de/bild/vergleich-der-durchschnittlichen-emissionen-0 (letzter Aufruf: 1.02.2022)

Union Investment (2021): Nachhaltigkeitsstudie 2021. Nachhaltigkeit ist für die Mehrheit der Großanleger unverzichtbar; https://institutional.union-investment.de/startseite-de/Kompeten

zen/Nachhaltige-Investments/Studien/Nachhaltigkeitsstudie-2021.html (letzter Aufruf: 08.01.2022)

United Nations (2015): Paris Agreement; https://unfccc.int/sites/default/files/english_paris_agreement.pdf (letzter Aufruf: 21.11.2021)

United Nations (UNCTAD) (2020a): Covid-19 and Tourism.; https://unctad.org/en/PublicationsLibrary/dit-cinf2020d3_en.pdf (letzter Aufruf: 25.10.2021)

United Nations (2020b): Ziele für nachhaltige Entwicklung Bericht 2020; https://www.un.org/Depts/german/millennium/SDG%20Bericht%202020.pdf (letzter Aufruf: 02.08.2021)

United Nations (2021): The Sustainable Development Goals Report 2021; https://unstats.un.org/sdgs/report/2021/The-Sustainable-Development-Goals-Report-2021.pdf (letzter Aufruf: 10.08.2021)

UNWTO (2017): 2017 International Year Of Sustainable Tourism For Development; https://www.unwto.org/tourism4development2017 (letzter Aufruf: 21.1.2022)

UNWTO (2020): International tourism down 70% as travel restrictions impact all regions; https://www.unwto.org/news/international-tourism-down-70-as-travel-restrictions-impact-all-regions (letzter Aufruf: 03.01.2022)

Ustorf, A. (2018): Klimaschutz? Wie unangenehm!, in: Psychologie Heute Compact, Jg. 54, S. 60–62; https://www.psychologie-heute.de/gesellschaft/artikel-detailansicht/39590-klimaschutz-wie-unangenehm.html

Utopia (2020): Utopia-Studie 2020: So kaufen bewusste Konsumenten; w&v Umfrage; https://www.wuv.de/marketing/utopia_studie_2020_so_kaufen_bewusste_konsumenten (letzter Aufruf: 15.02.2022)

Utopia (2021a): Nachhaltige Versicherungen, grüne Rente oder Krankenkasse? Es geht!; https://utopia.de/ratgeber/nachhaltige-versicherung-gruene-rente-krankenkasse/ (letzter Aufruf: 02.01.2022)

Utopia (2021b): Heute ist Earth Overshoot Day 2021 – fast einen Monat früher als im Vorjahr; https://utopia.de/ratgeber/earth-overshoot-day/ (letzter Aufruf: 10.01.2022)

Valentina & Philippa (o. J.): Clean beauty-natürlich nachhaltig; https://www.valentina-philippa.com/de/philosophie/ (letzter Aufruf: 06.02.2022)

VDR Verband Deutsches Reisemanagement e.V. (2020): VDR-Geschäftsreiseanalyse 2020 (18. Ausgabe); https://www.vdr-service.de/fileadmin/services-leistungen/fachmedien/geschaeftsreiseanalyse/VDR-Geschaeftsreiseanalyse-2020.pdf (letzter Aufruf: 26.10.2020)

VDR Verband Deutsches Reisemanagement e.V. (2021): VDR Geschäftsreiseanalyse 2021 (19. Ausgabe); https://www.vdr-service.de/fileadmin/services-leistungen/fachmedien/geschaeftsreiseanalyse/Vorschau_VDR-Geschaeftsreiseanalyse-2021.pdf (letzter Aufruf: 25.01.2022)

Verband Internet Reisevertrieb e.V. (2020): Daten & Fakten zum online Reisemarkt; https://v-i-r.de/wp-content/uploads/2020/03/web_VIR-DF-2020.pdf (letzter Aufruf: 11.01.2021)

VIMCAR (o.D.): Mobilitätstrends (2020): Diese Trends bringt das neue Jahr; https://s3.eu-central-1.amazonaws.com/assets.vimcar.de/190913_mobilitaetstrends_2020.pdf (letzter Aufruf: 05.01.2022)

Viva con Agua de Sankt Pauli e.V. (2022a): Das Viva con Agua de Sankt Pauli e.V. Team; https://www.vivaconagua.org/unser-team/ (letzter Aufruf: 18.01.2022)

Viva con Agua de Sankt Pauli e.V. (2022b): Viva con Agua Family; https://www.vivaconagua.org/family/ (letzter Aufruf: 18.01.2022)

Viva con Agua de Sankt Pauli e.V. (2022c): Überblick; https://www.vivaconagua.org/ueberblick/ (letzter Aufruf: 18.01.2022)

VEGANZ Ernährungsstudie (2020): https://veganz.de/blog/veganz-ernaehrungsstudie-2020/ (letzter Aufruf: 19.01.2022)

Verbraucherzentrale (2021): Glutenfreie Lebensmittel: Boomender Markt; https://www.verbraucher zentrale.de/wissen/lebensmittel/kennzeichnung-und-inhaltsstoffe/glutenfreie-lebensmittel-boomender-markt-10939 (letzter Aufruf:19.01.2022)

Von Hauff, M. (2021): Nachhaltige Entwicklung – Grundlagen um Umsetzung, De Gruyter Oldenbourg, Berlin.

Von Freyberg, B.; Zeugfang, S. (2014): Strategisches Hotelmanagement, 1. Aufl., De Gruyter Oldenbourg, München.

Weaver, D. (2012): Organic, incremental and induced paths to sustainable mass tourism convergence, in: Tourism Management, Vol. 33, S. 1.030–1.037

Weltgipfel Rio de Janeiro (1992): Lexikon der Nachhaltigkeit – Strategien der Nachhaltigkeit; https://www.nachhaltigkeit.info/artikel/weltgipfel_rio_de_janeiro_1992_539.htm (letzter Aufruf: 21.01.2022)

Wemakeit (2022): Was ist wemakeit?; https://wemakeit.com (letzter Aufruf:

Wiegand, T. (2018): Zertifizierung und Prämierung, in: Besedovsky, N.; Boddenberg, M.; Hasenfratz, M.; Neckel, S.; Pritz, M.; Wiegand, T. (Hrsg.): Die Gesellschaft der Nachhaltigkeit: Umrisse eines Forschungsprogramms, transcript Verlag, Bielefeld, S. 41–58

Wirelane GmbH (2021): Persönliches Interview mit H. Ardic am 26.10.2021

wirkungsvoll GmbH (o. J.): Ökostrom; https://web.archive.org/web/20110721234828/http://www.steckdose.de/strom/oekostrom/ (letzter Aufruf: 19.01.2022)

World Commission on Environment and Development WCED (1987): Our Common Future – Brundtland Report; https://sustainabledevelopment.un.org/content/documents/5987our-common-future.pdf (letzter Aufruf: 23.06.2021)

World Tourism Organization UNWTO (2017): 2017 International Year of Sustainable Tourism for Development; https://www.unwto.org/tourism4development2017 (letzter Aufruf: 30.05.2021)

Wortbedeutung (o. J.): Lebensstil; https://www.wortbedeutung.info/Lebensstil/ (letzter Aufruf: 30.01.2022)

WWF (2019): Plastikmüll – Gift für die Natur und fürs touristische Geschäft; https://www.wwf.de/themen-projekte/plastik/plastikmuell-gift-fuer-die-natur-und-fuers-touristische-geschaeft (letzter Aufruf: 28.01.2022)

ZEIT ONLINE GmbH (2020): Nach Gratis-ÖPNV baut Luxemburg weiter an neuen Angeboten; https://www.zeit.de/news/2020-12/26/nach-gratis-oepnvbaut-luxemburg-weiter-an-neuen-angeboten (letzter Aufruf: 09.01.2022)

Autorinnen

Prof. Dr. Carolin Steinhauser arbeitet seit September 2019 an der Hochschule Fresenius in München als Professorin für Tourismus- und Hotelmanagement. Zuvor war sie an der SRH Hochschule Berlin am Campus Dresden als Akademische Leitung und Studiengangsleitung für Internationales Hotelmanagement dual tätig (2012–2019). Sie studierte Betriebswirtschaft an der Ludwig-Maximilians-Universität in München mit den Schwerpunkten Marketing und Innovationsmanagement. Anschließend promovierte sie an der Leopold-Franzens-Universität in Innsbruck im Fachbereich Tourismus. 2009 gründete sie die Reputationsmanagement-Firma Hotelnavigator, die sich mit Gästebewertungen aus Sicht der Hotellerie beschäftigt (2013 verkauft). Zudem war sie bis 2021 die Geschäftsführerin des Vier-Sterne-Hotels Bayerischer Hof Dresden. Sie ist auch als Beraterin und Dozentin mit ihrer Firma Kommpact

(Foto: Thomas Friede)

GmbH tätig. Als Autorin hat sie bereits zahlreiche Veröffentlichungen wie das Buch „Rundum erfolgreich im Hotelmanagement" (2015), „Hotelvertrieb 3.0" (2016) und zahlreicher Fachbeiträge publiziert.

Suzann Heinemann ist Gründerin und Geschäftsführerin des GreenSign Institut für Nachhaltige Entwicklung. Die gelernte Industriekauffrau startete als Miteigentümerin eines großen Tagungshotels ihre Selbständigkeit. 1999 gründete sie Gronowsky & Co. Hotel Consulting, mit der sie mehr als vierzig Betriebe geführt und saniert hat. 2001 gründete sie die Hotelkooperation GreenLine Hotels für mittelständische Hotels, die von ihr im Jahr 2020 zur nachhaltigen Buchungsplattform greenline-hotels.com weiterentwickelt wurde. Zunächst für die Entwicklung von GreenLine Hotels hat Suzann Heinemann 2015 GreenSign Institut gegründet. Das Institut bewertet Hotels, Büros, Thermen und Spas hinsichtlich der Nachhaltigkeitsleistungen mit dem Zertifikat GreenSign. Seit 2016 ist sie zudem Miteigentümerin des Schlosshotel Blankenburg im Harz.

(Foto: Hedrich.Mattescheck)

https://doi.org/10.1515/9783110748505-010

Gastautoren

Franziska Altenrath ist Mitgründerin von TUTAKA, der go-to-source für nachhaltiges Gastgebertum. Bereits seit 2018 unterstützt sie mit ihrem Team Gastgebende bei ihrer Nachhaltigkeitstransformation. Anfangs mit Beratung (www.tutaka.agency) und mittlerweile auch mit einem spannenden Sortiment an Produkten und Dienstleistungen (www.tutaka.com). Franziska ist eine echte Materialistin, begeistert sich für (zirkuläre) Produktlebenszyklen, innovative Materialien, bewegende Unternehmens- und Design-Geschichten und ressourceneffiziente Herstellungsverfahren.Darüber hinaus beschäftigt sie sich damit, wie Nachhaltigkeit partizipativ in Organisationen umgesetzt werden und dadurch ein wirkungsvoller Stakeholder-Value entstehen kann. Franziska hat unter anderem an der Ludwig-Maximilians-Universität München Philosophie, Politik und Wirtschaft studiert. Sie ist regelmäßige Autorin bei hospitalitynet und wurde vom International Hospitality Institute zu den Top 30 Champions of Environmental Sustainability in Hospitality and Tourism 2021 gekürt.

(Foto: Copyright M Spies)

Anja Engel ist gelernte Hotelfachfrau und arbeitete acht Jahre an vorderster Front in der Kettenhotellerie im In- und Ausland. Im Jahr 2008 startete sie als Sales Manager bei den GreenLine Hotels. Mit der Entwicklung der GreenSign-Nachhaltigkeitszertifizierung wuchs auch ihr persönliches Interesse am nachhaltigen Leben und grünen Reisen. Heute ist sie bei GreenLine Hotels und dem InfraCert-Institut für Nachhaltige Entwicklung als Marketing & Communications Manager tätig. Die Mission der Berlinerin ist es, das GreenSign noch bekannter bei Gästen und in der Tourismusbranche zumachen, was sie mit ihren Blogs, Newslettern, Pressemitteilungen, Social-Media-Beiträgen, Marketingkooperationen und Website-Texten umsetzt. Mit Kreativität, Engagement, Loyalität und innerer Überzeugung möchte sie mit GreenSign und den GreenLine Hotels die Hotellerie weiter revolutionieren.

Bibiana Grassinger ist Professorin für Tourismusmanagement an der IU Internationale Hochschule. Nach dem Studium der Tourismusbetriebswirtschaft an der FH Heilbronn und der Promotion an der Universität Innsbruck über das Innovationsverhalten touristischer Unternehmen war sie an verschiedenen Hochschulen und Universitäten im In- und Ausland als Dozentin und Projektleiterin tätig.Ihre Forschungs- und Lehrtätigkeit fokussiert auf Nachhaltigkeitsmanagement, Destinationsmanagement und Marketing. Umfangreiche Praxiserfahrung sammelte sie bei der Entwicklung von Marketingkonzeptionen für

https://doi.org/10.1515/9783110748505-011

verschiedene Tourismusdestinationen und als Projektmanagerin Internationales Marketing in der Automobilzuliefererbranche.

Petra Hedorfer Als Vorsitzende des Vorstandes der Deutschen Zentrale für Tourismus e.V. (DZT) verantwortet Petra Hedorfer seit November 2003 das Marketing für das Reiseland Deutschland.

Nach dem Studium der Wirtschafts- und Sozialwissenschaften mit Abschluss als Diplom-Kauffrau an der Universität Augsburg, ihrer Geburtsstadt, begann Petra Hedorfer ihre Karriere im Jahr 1990 als Konferenzmanagerin bei der Management Circle GmbH in Frankfurt.

1991 folgte der Wechsel zur F.W. Woolworth Co. GmbH, wo sie den Aufbau und die Implementierung eines Total-Quality-Management-Konzeptes leitete. Von 1995 bis 1998 übernahm sie die Marketingleitung der Alten Oper in Frankfurt am Main.

Im Jahr 1998 folgte der Wechsel zur DZT: Hier übernahm Petra Hedorfer die Position der Marketingleitung weltweit und wurde zwei Jahre später, im Jahr 2000, zum Marketingvorstand berufen. Diese Vorstandsposition hatte Petra Hedorfer bis zu ihrer Wahl als Vorsitzende des Vorstandes im Jahr 2003 inne.

Zudem hat Petra Hedorfer verschiedene Mandate in der Touristik, Wirtschaft, Wissenschaft und Politik inne. (Foto: Copyright: DZT/Farideh Diehl)

Alexandra Herget Vor der Gründung von TUTAKA entwickelte Alexandra Hotelkonzepte für hospitality compentence berlin und für die Hotelmarketing-Gruppe. Ein paar Dutzend monotone Plastik-Hotelslipper, aber auch zahlreiche an Nachhaltigkeit interessierte Gastgeber:innen später war die Idee für TUTAKA geboren. Die Nachhaltigkeitsberatung TUTAKA Agency (www.tutaka.agency) markiert den Anfang. 2020 folgte der Launch eines digitalen Marktplatzes für umweltfreundliche und sozialverträgliche Produkte, um nachhaltigen Einkauf für Gastgeber:innen einfach zu machen (www.tutaka.com). Neben ihrer Liebe zur Kommunikation beschäftigt sie sich mit Themen rund um Kreislaufwirtschaft, New Work und Change Management und nutzt ihre Begeisterungsfähigkeit für Herzens-Nebenprojekte wie die erste Fotoausstellung auf der Flasche (www.matrose-matee.com).

(Foto: Copyright: M Spies)

Alexandra hat einen Abschluss in „Interactive Art Direction" von der Stockholmer Design-Thinking-Universität HYPER ISLAND, einen M.Sc. in Strategie & Innovation der Universität Maastricht sowie einen B.A. in Liberal Arts vom University College Maastricht. Des Weiteren ist sie zertifizierte Grafikdesignerin (Mediadesign Hochschule Berlin).

Eva Janka schloss ihr Magisterstudium in Germanistik und Arbeitspsychologie an der Goethe-Universität Frankfurt im Jahr 2008 ab und arbeitete seitdem im Kommunikationsbereich. 2012 wechselte sie als Referentin Nachhaltigkeitsmanagement und -reporting zur Fraport AG. 2014 bis 2019 war sie im Bereich Finanzen und Investor Relations Ansprechpartnerin für den Kapitalmarkt und unterstützte ihre Kollegen bei Nachhaltigkeitsaspekten in Finanzierungs- und Aquisitionsprojekten. Sie verantwortete die Erstellung des Nachhaltigkeitsberichts sowie (in Zusammenarbeitmit den Kollegen der Finanzberichterstattung) des nichtfinanziellen Berichts und die Organisation der Prüfung im Rahmen der Jahresabschlussprüfung. 2019 wechselte sie als Senior Project Manager Konzernstrategie und Digitalisierung in den Bereich Unternehmensentwicklung und ist dort als Strategy Lead Sustainability u. a. für die strategische Neuausrichtung des Nachhaltigkeitsmanagements zuständig.

Wolf-Thomas Karl ist ausgebildeter Fachjournalist, studierte Betriebswirtschaft und hat anschließend einen Master of Business Administration (MBA) in Wirtschaftspsychologie mit den Schwerpunkten Medienpsychologie und Konsumentenpsychologie erworben. Seit rund zehn Jahren ist er außerdem nebenberuflich als Dozent an Hochschulen tätig. Schwerpunkte der Vorlesungen: Nachhaltiger Tourismus, Tourismus, internationales Hospitality Management, Öffentlichkeitsarbeit, Nachhaltiges Mobilitätsmanagement und Sportmanagement. Hauptberuflich ist Wolf-Thomas Karl Partner der PR- und Kommunikationsagentur Wolf. Communication & PR.

Benjamin Köhler ist CEO und einer der Gründer von Betterspace, einem führenden Software-Anbieter von digitalen Lösungen für die Hotellerie. Mit viel Enthusiasmus treibt der engagierte Unternehmer die Digitalisierung von Hotels weiter voran. Dabei gehört seine Leidenschaft der Beratung von Hotels in Bezug auf innovative digitale Lösungen, Umsatzsteigerung, Kostenreduktion und natürlich Nachhaltigkeit.

Theresa Pleye ist seit Januar 2020 in der Abteilung Wirkungstransparenz und Nachhaltigkeit bei der GLS Bank tätig. Sie beschäftigt sich schwerpunktmäßig mit den Themen Nachhaltigkeitsrisiken und ihrer Integration in die Banksteuerung, Weiterentwicklung der integrierten Nachhaltigkeitsberichterstattung und internes Nachhaltigkeitsmanagement. Auch abseits der Praxis begleiten sie diese Themen in ihrem Masterstudium Sustainable Finance & Accounting an der Leuphana Universität Lüneburg.

Julia Rosprich befasste sich in ihrer Studienzeit mit touristischen Dienstleistungen und Konzepten, während sie parallel in der Kommunikation für Automobilhersteller aktiv war. Sie arbeitet bereits seit 2011 im Mobilitätsbereich mit Fokus auf der Automobilbranche. Hierbei war sie sowohl direkt für große deutsche Hersteller tätig als auch extern, um Produkte und Lösungen diverser Hersteller zu präsentieren und deren Entwicklungen kommunikationstechnisch zu begleiten. Neben diesen Tätigkeiten wirkte sie zeitweise auch bei einem Start-up zum Thema Elektromobilität mit.

Aktuell befasst sie sich in ihrem Tätigkeitsfeld mit Netzwerkinfrastruktur und neuen Technologien. Hierbei steht das Thema Vernetzung von Komponenten und intelligentes Management im Fokus. Sie arbeitet als Business Consultant bei Westcon-Comstor, Berlin.

Stephanie Schießl ist 1983 in Regensburg geboren und schloss nach dem Abitur erfolgreich den Studiengang Hotelmanagement als Diplom-Betriebswirtin ab. Es folgten viele Jahre im Ausland bei namhaften Markenhotels wie Hyatt, Westin und Four Seasons in Destinationen wie Sydney, Calgary, London und Maui bis sie 2011 wieder nach Deutschland zurückkehrte und in der Allianz Arena Fuß fasste. 2013 bildete sich die landwirtschaftsaffine ehemalige Miss Vize-Bayern zur Ernährungsberaterin fort und ist in der Freizeit leidenschaftliche Helferin auf einem Biohof. Seit 2021 bringt sie den Student*innen der DHBW Ravensburg als Gastdozentin im Fach Nachhaltiges Management Themen wie „Klimaneutralität" oder „Struktur einer CSR-Stelle" näher. Bereits als Elfjährige hat sie auf dem örtlichen Marktplatz eine Petition gestartet und willensstark zu Unterschriften gegen den damaligen skandalösen Robbenmord aufgefordert, was ihr authentisches Engagement im Umweltschutz bereits in jungen Jahren bestätigte. Seit 2018 durfte sie im mehrfach ausgezeichneten Hotel SCHWARZWALD PANORAMA eine neue Stabsstelle mit dem Titel „Entwicklung nachhaltiges Bewusstsein" aufbauen und wirbelt seitdem als Changemaker quer durch die Wertschöpfungskette und sensibilisiert über BNE die Stakeholder des Hotels. Ihr Leitgedanke dabei ist stets „Teil der Lösung zu sein, nicht Teil des Problems". Ihr Tipp für alle nachhaltige Start-ups: Hat nicht jeder Macht, der etwas macht? Privat findet man sie auf Flohmärkten, hinter der Kameralinse auf der Jagd nach dem Wolf oder im eigenen Atelier beim „Upcyceln" allerlei Materialien.

Anna Schloemann ist 2001 in München geboren. Nach dem Abitur 2019 reiste sie durch Neuseeland. Anschließend hat sie 2020 den Bachelorstudiengang Tourismus-, Hotel- und Eventmanagement an der Hochschule Fresenius begonnen. Derzeit befindet sie sich im fünften Semester. Sie lebt im Süden von München. Ihre Hobbys sind Reisen, Volleyball, Skifahren und Kochen.

Estella Schweizer ist Expertin für pflanzenbasierte Ernährung. Sie ist zertifizierte „Plant Based Chef" und gehört zu den besten veganen Köchinnen Deutschlands. In Regensburg betrieb sie ein veganes Café, heute arbeitet sie als Rezept- und Produktentwicklerin für fairfood Freiburg sowie andere nachhaltige Food-Start-ups, ist Teil des Good Food Collective und setzt sich für nachhaltig produzierte und gehandelte Nüsse ein.

Register

https://doi.org/10.1515/9783110748505-012

www.ingramcontent.com/pod-product-compliance
Lightning Source LLC
Chambersburg PA
CBHW081103220326
41598CB00038B/7207

* 9 7 8 3 1 1 0 7 4 8 3 2 1 *